編者的話

「指定科目考試」是進入大學的主要管道，自 104 學年度起，各大學會依照科系的需求，分發入學採計指定科目考試，各招生校系採計科目由現行 3 到 6 科，降為 3 到 5 科作為招生入學的標準。因此「指考」每一年度的考題，對考生而言都非常重要，都具有參考及練習的價值。

為了提供同學珍貴的資料，我們特別蒐集了 105 年度指考各科試題，做成「**105 年指定科目考試各科試題詳解**」，書後並附有大考中心所公佈的各科選擇題參考答案，及各科成績一覽表，同學在做完題目之後，不妨參考那些統計表，就可以知道有哪些科目需要加強。

這本書的完成，要感謝各科老師協助解題：

英文 / 謝靜芳老師・蔡琇瑩老師・李冠勳老師

葉哲榮老師・謝沛叡老師・藍郁婷老師

劉　毅老師

美籍老師 Laura E. Stewart

美籍老師 Christian Adams

數學 / 吳　俅老師

歷史 / 洪　浩老師　　　　地理 / 劉成霖老師

公民與社會 / 羅　文老師

物理 / 陳怡婷老師　　　　化學 / 陳　毅老師

生物 / 詹宗岳老師　　　　國文 / 李　婕老師

另外，也要感謝白雪嬌小姐設計封面，黃淑貞小姐、蘇淑玲小姐負責打字及排版，李冠勳老師協助校稿。本書編校製作過程嚴謹，但仍恐有缺失之處，尚祈各界先進不吝指正。

劉　毅

目 錄

105 年大學入學指定科目考試試題
英文考科

第壹部分：選擇題 (占 72 分)

一、詞彙 (占 10 分)

說明： 第 1 題至第 10 題，每題有 4 個選項，其中只有一個是正確或最適當的
　　　選項，請畫記在答案卡之「選擇題答案區」。各題答對者，得 1 分；
　　　答錯、未作答或畫記多於一個選項者，該題以零分計算。

1. Microscopes are used in medical research labs for studying bacteria
   or _____ that are too small to be visible to the naked eye.
   (A) agencies　　　(B) codes　　　(C) germs　　　(D) indexes

2. Lisa hopped on her bicycle and _____ as fast as she could through
   the dark narrow backstreets to get home after working the night shift.
   (A) bounced　　　(B) commuted　　　(C) tumbled　　　(D) pedaled

3. Rated as one of the top restaurants of the city, this steak house is
   highly _____ to visitors by the tourism bureau.
   (A) encountered　(B) recommended　(C) outnumbered　(D) speculated

4. The manager _____ agreed to rent his apartment to me. Even
   though the agreement was not put in writing, I am sure he will keep
   his word.
   (A) barely　　　(B) stably　　　(C) verbally　　　(D) massively

5. For Jerry, practicing yoga three times a week is a relaxing _____
   from his tight work schedule.
   (A) diversion　　(B) medication　　(C) nuisance　　(D) fulfillment

6. Parents could be charged with neglect or abandonment if they leave
   their young children home alone without adult _____.
   (A) intuition　　(B) supervision　　(C) compassion　　(D) obligation

7. Walking at a _____ pace for a shorter amount of time burns more calories than walking at a slow pace for a longer period of time.

　(A) joyous　　　(B) superb　　　(C) brisk　　　(D) decent

8. Plants and animals in some deserts must cope with a climate of _____ —freezing winters and very hot summers.

　(A) extremes　　(B) forecasts　　(C) atmospheres　　(D) homelands

9. The success of J.K. Rowling is _____, with her Harry Potter series making her a multi-millionaire in just a few years.

　(A) eligible　　(B) marginal　　(C) confidential　　(D) legendary

10. The high-tech company's _____ earnings surely made its shareholders happy since they were getting a good return on their investment.

　(A) robust　　　(B) solitary　　(C) imperative　　(D) terminal

二、綜合測驗（占 10 分）

說明： 第 11 題至第 20 題，每題一個空格，請依文意選出最適當的一個選項，請畫記在答案卡之「選擇題答案區」。各題答對者，得 1 分；答錯、未作答或畫記多於一個選項者，該題以零分計算。

第 11 至 15 題為題組

　　Have you been irritated by someone standing too close in line, talking too loud or making eye contact for too long? Or, they may have ___11___ you with the loud music from their earphones, or by taking up more than one seat on a crowded subway car. You feel unhappy because your personal space has been violated.

　　According to scientists, personal space involves certain invisible forces imposed on you through all the ___12___. For example, people may feel their space is being invaded when they experience an unwelcome sound, smell, or stare.

In certain situations such as in crowded subway cars or elevators, it is not always possible for people to keep their ___13___ distance from others. They learn coping strategies to deal with their discomfort. For instance, people often avoid eye contact with someone standing ___14___ them, or they pretend that these people are lifeless objects in their personal space. Given the opportunity, they may ___15___ to a corner, putting distance between themselves and strangers. Or, they may sit or stand equidistant from one another like birds on a wire.

11. (A) offended   (B) controlled   (C) acquired   (D) supplied
12. (A) angles   (B) events   (C) senses   (D) regions
13. (A) prefer   (B) preferring   (C) preferred   (D) being preferred
14. (A) long before   (B) close to   (C) aside from   (D) soon after
15. (A) retreat   (B) explore   (C) dispense   (D) connect

第 16 至 20 題爲題組

Alan Turing was one of the leading scientific geniuses of the 20th century. Many scholars consider him the father of modern computer science. He was also the man who cracked the ___16___ uncrackable Enigma code used by Nazi Germany. His code-breaking turned the tide of World War II and helped save two million lives. Nevertheless, ___17___ people have even heard his name.

Turing displayed signs of high intelligence in math and science at a young age. By the time he was 23, he had already come up with the idea of what ___18___ the modern computer—the Turing machine. Today, Turing machines are still used in theoretical computation. He also proposed the now famous Turing test, used to determine whether a computer exhibits intelligent behavior equivalent to that of a human.

The postwar era, however, was a disaster for Turing. He was gay, which was then a crime in Britain. ___19___ being hailed as one of the crucial figures in defeating the Nazis, Turing was convicted of "gross indecency." This ___20___ drove him to commit suicide in 1954, at the age of 41. Nearly 60 years after his death, Queen Elizabeth II granted Turing a formal pardon for his conviction, upon an online petition signed by prominent scientists and technology leaders around the world.

16. (A) eventually   (B) precisely   (C) concernedly   (D) supposedly
17. (A) many   (B) some   (C) any   (D) few
18. (A) would become   (B) should become
    (C) could have become   (D) had become
19. (A) Because of   (B) Instead of
    (C) In addition to   (D) With respect to
20. (A) compromise   (B) procession   (C) humiliation   (D) supplement

三、文意選填（占 10 分）

說明： 第 21 題至第 30 題，每題一個空格，請依文意在文章後所提供的 (A) 到
　　　(L) 選項中分別選出最適當者，並將其英文字母代號畫記在答案卡之
　　　「選擇題答案區」。各題答對者，得 1 分；答錯、未作答或畫記多於
　　　一個選項者，該題以零分計算。

第 21 至 30 題為題組

　　The Great Sphinx in the Giza desert is a mythological creature with the body of a lion and the head of a human being. This monumental ___21___ is often regarded as a national symbol of Egypt, having guarded the famous Egyptian pyramids for 4,000 years. Nevertheless, the stone creature does not look like it did 4,000 years ago; wind, water, pollution, and human contact have slowly ___22___ the rock. Scientists are now trying to restore it. They not only want it to look like it did when it was first built but also are looking for ways to keep it from ___23___ more than it has.

　　Fixing the Sphinx, however, is not an easy job. It takes several years of ___24___ before the work begins. Each stone in the Sphinx is carefully ___25___. Scientists use computers to help figure out the size and shape of each stone. Each old stone is given a number. Then, one by one, replacement stones are carved by hand, just like people did long ago, in the ___26___ sizes and shapes as the ones they are replacing. When the new stones are ready, they are ___27___ and the worn ones removed.

Scientists are also worried about how to keep the Sphinx from falling apart again. They have talked about ___28___ a wall around the Sphinx to protect it from the wind and sand, or perhaps covering it completely with a glass pyramid. Some think that burying part of it in the sand would serve the purpose. One scientist has even suggested building a ___29___ shelter to protect it at night and during bad weather. The walls of the shelter could be retracted into the ground during the day so that visitors could see the Sphinx.

There are no easy solutions to the ___30___, not to mention solutions that are agreeable to all parties. The one thing that is agreed upon is that something needs to be done to protect this ancient sculpture.

(A) movable	(B) installed	(C) diversified	(D) problem
(E) aged	(F) planning	(G) measured	(H) constructing
(I) exact	(J) deteriorating	(K) statue	(L) religious

四、篇章結構（占 10 分）

說明：　第 31 題至第 35 題，每題一個空格。請依文意在文章後所提供的 (A) 到 (F) 選項中分別選出最適當者，填入空格中，使篇章結構清晰有條理，並將其英文字母代號畫記在答案卡之「選擇題答案區」。每題答對者，得 2 分；答錯、未作答或畫記多於一個選項者，該題以零分計算。

第 31 至 35 題為題組

Starting a business on one's own can be quite challenging and costly. To reduce the risks involved in starting a business from scratch, many people buy a franchise instead. ___31___ Under the license, the individual acquires the right to use the big company's brand name and agrees to sell its products.

The concept of the franchise dates back to the 19th century in the U.S. __32__ Then, in the 1930s, Howard Johnson restaurants skyrocketed in popularity, paving the way for restaurant chains and the subsequent franchises that would define the unprecedented rise of the American fast-food industry.

There are many advantages to investing in a franchise. One of the benefits is the ready-made business operation. __33__ Depending on the franchise, the franchisor company may offer support in training and financial planning. Some even provide assistance with approved suppliers. To new business owners, the most recognized advantage of a franchise is perhaps the well-established brand name of the franchisor such as that of McDonald's. __34__

Disadvantages include heavy start-up costs as well as ongoing royalty costs on the part of the franchisee. To take the McDonald's example further, the estimated minimum cost for a franchisee to start a McDonald's is US$500,000. And it has to pay an annual fee equivalent to 12% of its sales to McDonald's. __35__ Other disadvantages include lack of territory control or creativity with one's own business.

(A) Whether a franchise is profitable or not depends largely on the nature of the business.

(B) Research has shown that customers tend to choose a brand they recognize over one they don't.

(C) A franchise comes with a built-in business formula including products, services, and even employee uniforms.

(D) Moreover, the franchisee is given no right to renew or extend the franchise after the term of the contract.

(E) The most famous example was Isaac Singer, who created franchises to distribute his sewing machines to larger areas.

(F) A franchise is a license issued by a large, usually well-known, company to an individual or a small business owner.

五、閱讀測驗（占 32 分）

說明： 第 36 題至第 51 題，每題請分別根據各篇文章之文意選出最適當的一個
選項，請畫記在答案卡之「選擇題答案區」。各題答對者，得 2 分；答
錯、未作答或畫記多於一個選項者，該題以零分計算。

第 36 至 39 題為題組

　　Some people call it a traveling museum. Others refer to it as a
living or open-air museum. Built in Brazil to celebrate the quincentennial
of Columbus' first voyage to the New World, the *Nina*, a Columbus-era
replica ship, provides visitors with an accurate visual of the size and
sailing implements of Columbus' favorite ship from over 500 years ago.

　　I joined the crew of the *Nina* in Gulf Shores, Alabama, in February
2013. As part of a research project sponsored by my university, my goal
was to document my days aboard the ship in a blog. I quickly realized
that I gained the most valuable insights when I observed or gave tours to
school-age children. The field-trip tour of the *Nina* is hands-on learning
at its best. In this setting, students could touch the line, pass around a
ballast stone, and move the extremely large tiller that steered the ships
in Columbus' day. They soon came to understand the labor involved
in sailing the ship back in his time. I was pleased to see the students
become active participants in their learning process.

　　The *Nina* is not the only traveling museum that provides such field
trips. A visit to Jamestown Settlement, for example, allows visitors to
board three re-creations of the ships that brought the first settlers from
England to Virginia in the early 1600s. Historical interpreters, dressed
in period garb, give tours to the *Susan Constant*, *Godspeed*, and
Discovery. These interpreters often portray a character that would have
lived and worked during that time period. Students touring these ships
are encouraged to interact with the interpreters in order to better
understand the daily life in the past.

　　My experience on the *Nina* helps substantiate my long-held belief
that students stay interested, ask better questions, and engage in higher-

order thinking tasks when they are actively engaged in the learning process. The students who boarded the *Nina* came as passive learners. They left as bold explorers.

36. What line of business is the author engaged in?
    (A) Shipping.   (B) Education.
    (C) Ecological tourism.   (D) Museum administration.

37. Which of the following is true about the *Nina* introduced in the passage?
    (A) She is a replica of a ship that Columbus built in Brazil.
    (B) She is always crowded with foreign tourists during holidays.
    (C) She is the boat Columbus sailed in his voyage to the New World.
    (D) She displays a replica of the navigational equipment used in Columbus' time.

38. What is the third paragraph mainly about?
    (A) Guidelines for visitors on the ships.
    (B) Life of the first settlers in Jamestown Settlement.
    (C) Duties of the interpreters in the British museums.
    (D) Introduction to some open-air museums similar to the *Nina*.

39. What does the author mean by the last two sentences of the passage?
    (A) The students are interested in becoming tour guides.
    (B) The experience has changed the students' learning attitude.
    (C) The students become brave and are ready to sail the seas on their own.
    (D) The museums are successful in teaching the students survival skills at sea.

第 40 至 43 題為題組

    An ancient skull unearthed recently indicates that big cats originated in central Asia—not Africa as widely thought, paleontologists reported on Wednesday.

Dated at between 4.1 and 5.95 million years old, the fossil is the oldest remains ever found of a pantherine felid, as big cats are called. The previous felid record holder—tooth fragments found in Tanzania—is estimated to be around 3.8 million years old.

The evolution of big cats has been hotly discussed, and the issue is complicated by a lack of fossil evidence to settle the debate.

"This find suggests that big cats have a deeper evolutionary origin than previously suspected," said Jack Tseng, a paleontologist of the University of Southern California who led the probe.

Tseng and his team made the find in 2010 in a remote border region in Tibet. The fossil was found stuck among more than 100 bones that were probably deposited by a river that exited a cliff. After three years of careful comparisons with other fossils, using DNA data to build a family tree, the team is convinced the creature was a pantherine felid.

The weight of evidence suggests that central or northern Asia is where big cats originated some 16 million years ago. They may have lived in a vast mountain refuge, formed by the uplifting Himalayas, feeding on equally remarkable species such as the Tibetan blue sheep. They then dispersed into Southeast Asia, evolving into the clouded leopard, tiger and snow leopard lineages, and later movements across continents saw them evolve into jaguars and lions.

The newly discovered felid has been called Panthera Blytheae, after Blythe Haaga, daughter of a couple who support a museum in Los Angeles, the university said in a news release.

40. According to the passage, why is the origin of big cats a hot issue?
    (A) Because not many fossils have been found.
    (B) Because they moved across continents.
    (C) Because no equipment was available for accurate analysis.
    (D) Because they have evolved into many different species of felid.

41. Where was the new felid fossil found?
    (A) In Tanzania.   (B) In Tibet.
    (C) In California.   (D) In Southeast Asia.

42. According to the passage, which of the following statements is true
    regarding big cats?
    (A) Some big cats evolved into jaguars 16 million years ago.
    (B) The oldest fossil of big cats ever discovered is 3.8 million years
        old.
    (C) Big cats are descendants of snow leopards living in high
        mountains.
    (D) Tibetan blue sheep was a main food source for big cats in the
        Himalayas.

43. What is the purpose of this passage?
    (A) To promote wildlife conservation.
    (B) To report on a new finding in paleontology.
    (C) To introduce a new animal species.
    (D) To compare the family trees of pantherine felids.

第 44 至 47 題為題組

　American cooking programs have taught audiences, changed
audiences, and changed with audiences from generation to generation.
In October 1926, the U.S. Department of Agriculture created this genre's
first official representative, a fictional radio host named Aunt Sammy.
Over the airwaves, she educated homemakers on home economics and
doled out advice on all kinds of matters, but it was mostly the cooking
recipes that got listeners' attention. The show provided a channel for
transmitting culinary advice and brought about a national exchange of
recipes

　　Cooking shows transitioned to television in the 1940s, and in the
1950s were often presented by a cook systematically explaining
instructions on how to prepare dishes from start to finish. These programs

were broadcast during the day and aimed at middle-class women whose mindset leaned toward convenient foods for busy families. Poppy Cannon, for example, was a popular writer of *The Can-Opener Cookbook*. She appeared on various television shows, using canned foods to demonstrate how to cook quickly and easily.

Throughout the sixties and seventies, a few chef-oriented shows redefined the genre as an exhibition of **haute** European cuisine by celebrity gourmet experts. This elite cultural aura then gave way to various cooking styles from around the world. An example of such change can be seen in Martin Yan's 1982 "Yan Can Cook" series, which demonstrated Chinese cuisine cooking with the catchphrase, "If Yan can cook, you can too!" By the 1990s, these cooking shows ranged from high-culture to health-conscious cuisine, with chefs' personalities and entertainment value being two keys to successful productions.

At the beginning of the 21stcentury, new cooking shows emerged to satisfy celeb-hungry, reality-crazed audiences. In this new millennium of out-of-studio shows and chef competition reality shows, chefs have become celebrities whose fame rivals that of rock stars. Audiences of these shows tend to be people who are interested in food and enjoy watching people cook rather than those who want to do the cooking themselves, leaving the age-old emphasis on following recipes outmoded.

44. Which of the following is closest in meaning to "**haute**" in the third paragraph?
　　(A) Coarse.　　　(B) Civilian.　　　(C) Various.　　　(D) High-class.

45. Which of the following is true about audiences of American cooking shows?
　　(A) Those in the '30s preferred advice on home economics to cooking instructions.
　　(B) Those in the '40s and '50s were interested in food preparation for busy families.

(C) Those in the '60s and '70s were eager to exchange recipes with each other.

(D) Those in the '80s enjoyed genuine American-style gourmet cooking.

46. According to the passage, which of the following is true about the most recent cooking programs?

(A) They are often hosted by rock stars.

(B) They are often not filmed in the studios.

(C) They attract many celebrity viewers.

(D) They invite hungry audience members to be judges.

47. Which of the following would most likely be a hit cooking show in the '90s?

(A) A show dedicated to European cuisine and gourmet food.

(B) A show sponsored by food companies advertising new products.

(C) A show hosted by a humorous chef presenting low-calorie dishes.

(D) A show with a professional cook demonstrating systematic ways of cooking.

第 48 至 51 題爲題組

Screaming is one of the primal responses humans share with other animals. Conventional thinking suggests that what sets a scream apart from other sounds is its loudness or high pitch. However, many sounds that are loud and high-pitched do not raise goose bumps like screams can. To find out what makes human screams unique, neuroscientist Luc Arnal and his team examined a bank of sounds containing sentences spoken or screamed by 19 adults. The result shows screams and screamed sentences had a quality called "roughness," which refers to how fast a sound changes in loudness. While normal speech sounds only have slight differences in loudness—between 4 and 5 Hz, screams can switch very fast, varying between 30 and 150 Hz, thus perceived as being rough and unpleasant.

Arnal's team asked 20 subjects to judge screams as neutral or fearful, and found that the scariest almost always corresponded with roughness. The team then studied how the human brain responds to roughness using fMRI brain scanners. As expected, after hearing a scream, activity increased in the brain's auditory centers where sound coming into the ears is processed. But the scans also lit up in the amygdala, the brain's fear center.

The amygdala is the area that regulates our emotional and physiological response to danger. When a threat is detected, our adrenaline rises, and our body prepares to react to danger. The study discovered that screams have a similar influence on our body. It also found that roughness isn't heard when we speak naturally, regardless of the language we use, but **it** is prevalent in artificial sounds. The most aggravating alarm clocks, car horns, and fire alarms possess high degrees of roughness.

One potential application for this research might be to add roughness to alarm sounds to make them more effective, the same way a bad smell is added to natural gas to make it easily detectable. Warning sounds could also be added to electric cars, which are particularly silent, so they can be efficiently detected by pedestrians.

48. What is the first paragraph mainly about?
    (A) Different types of screams.
    (B) Human sounds and animal cries.
    (C) Specific features of screams.
    (D) Sound changes and goose bumps.

49. According to the passage, which of the following is **NOT** a finding by Arnal's team?
    (A) Changes in volume make screams different from other sounds.
    (B) Only humans can produce sounds with great loudness variation.

(C) Normal human speech sounds vary between 4 to 5 Hz in loudness.

(D) Drastic volume variation in speech can effectively activate the amygdala.

50. What does "**it**" in the third paragraph refer to?

    (A) The study.   (B) Language.   (C) Roughness.   (D) The amygdala.

51. Which of the following devices may be improved with the researchers' findings?

    (A) Smoke detectors.   (B) Security cameras.

    (C) Electric bug killers.   (D) Fire extinguishers.

第貳部份：非選擇題（占 28 分）

說明： 本部分共有二題，請依各題指示作答，答案必須寫在「答案卷」上，並標明大題號（一、二）。作答務必使用筆尖較粗之黑色墨水的筆書寫，且不得使用鉛筆。

一、中譯英（占 8 分）

說明： 1. 請將以下中文句子譯成正確、通順、達意的英文，並將答案寫在「答案卷」上。

      2. 請依序作答，並標明子題號（1、2）。每題 4 分，共 8 分。

1. 蚊子一旦叮咬過某些傳染病的患者，就可能將病毒傳給其他人。

2. 它們在人類中快速散播疾病，造成的死亡遠超乎我們所能想像。

二、英文作文（占 20 分）

說明： 1. 依提示在「答案卷」上寫一篇英文作文。

      2. 文長至少 120 個單詞（words）。

提示： 最近有一則新聞報導，標題為「碩士清潔隊員（waste collectors with a master's degree）滿街跑」，提及某縣市招考清潔隊員，出現 50 位碩士畢業生報考，引起各界關注。請就這個主題，寫一篇英文作文，文長至少 120 個單詞。文分兩段，第一段依據你的觀察說明這個現象的成因，第二段則就你如何因應上述現象，具體（舉例）說明你對大學生涯的學習規劃。

105年度指定科目考試英文科試題詳解

第壹部分：選擇題

一、詞彙：

1. (**C**) Microscopes are used in medical research labs for studying bacteria or <u>germs</u> that are too small to be visible to the naked eye.
   顯微鏡在醫學研究實驗室裡，被用來研究太小以致於肉眼看不到的細菌和病菌。
   (A) agency〔'edʒənsɪ〕*n.* 代辦處　　(B) code〔kod〕*n.* 密碼
   (C) ***germ***〔dʒɝm〕*n.* 病菌　　(D) index〔'ɪndɛks〕*n.* 索引
   * microscope〔'maɪkrə,skop〕*n.* 顯微鏡
     medical〔'mɛdɪkḷ〕*adj.* 醫學的
     research〔'risɝtʃ〕*n.* 研究　　lab〔læb〕*n.* 實驗室 (= *laboratory*)
     study〔'stʌdɪ〕*v.* 研究　　bacteria〔bæk'tɪrɪə〕*n. pl.* 細菌
     ***too…to*~** 太…以致於不~　　visible〔'vɪzəbḷ〕*adj.* 看得見的
     naked〔'nekɪd〕*adj.* 赤裸的　　***the naked eye*** 肉眼

2. (**D**) Lisa hopped on her bicycle and <u>pedaled</u> as fast as she could through the dark narrow backstreets to get home after working the night shift. 上完夜班後，莉莎跳上她的腳踏車，然後儘快騎過昏暗狹窄的後街回家。
   (A) bounce〔bauns〕*v.* 反彈　　(B) commute〔kə'mjut〕*v.* 通勤
   (C) tumble〔'tʌmbḷ〕*v.* 跌倒　　(D) ***pedal***〔'pɛdḷ〕*v.* 踩踏板
   * hop〔hɑp〕*v.* 跳　　dark〔dɑrk〕*adj.* 黑暗的
     narrow〔'næro〕*adj.* 狹窄的　　backstreet〔'bæk,strit〕*n.* 後街；小路
     shift〔ʃɪft〕*n.* 輪班　　***night shift*** 夜班

3. (**B**) Rated as one of the top restaurants of the city, this steak house is highly <u>recommended</u> to visitors by the tourism bureau.
   被評為城市最佳餐廳之一，這間牛排館受到觀光局高度推薦給遊客。
   (A) encounter〔ɪn'kauntɚ〕*v.* 遭遇
   (B) ***recommend***〔,rɛkə'mɛnd〕*v.* 推薦
   (C) outnumber〔aut'nʌmbɚ〕*v.* 數量上超過
   (D) speculate〔'spɛkjə,let〕*v.* 思索

　　＊ rate〔ret〕*v.* 評價　　highly〔'haɪlɪ〕*adv.* 高度地
　　visitor〔'vɪzɪtɚ〕*n.* 觀光客　　tourism〔'tʊrɪzəm〕*n.* 觀光
　　bureau〔'bjʊro〕*n.* 局

4. (**C**) The manager <u>verbally</u> agreed to rent his apartment to me. Even
　　　 though the agreement was not put in writing, I am sure he will
　　　 keep his word. 經理口頭上答應將他的公寓租給我。即使這個約定
　　　 沒有寫成文字，我確信他會信守諾言。

　　(A) barely〔'bɛrlɪ〕*adv.* 幾乎不
　　(B) stably〔'steblɪ〕*adv.* 穩固地
　　(C) ***verbally***〔'vɝblɪ〕*adv.* 口頭上
　　(D) massively〔'mæsɪvlɪ〕*adv.* 大大地

　　＊ manager〔'mænɪdʒɚ〕*n.* 經理　　agree〔ə'gri〕*v.* 答應；同意
　　rent〔rɛnt〕*v.* 出租　　apartment〔ə'partmənt〕*n.* 公寓
　　even though 即使　　agreement〔ə'grimənt〕*n.* 協議；協定
　　writing〔'raɪtɪŋ〕*n.* 書面　　***be put in writing*** 被寫成文字
　　word〔wɝd〕*n.* 諾言　　***keep*** *one's* ***word*** 信守諾言

5. (**A**) For Jerry, practicing yoga three times a week is a relaxing <u>diversion</u>
　　　 from his tight work schedule. 對傑瑞來說，一星期練三次瑜珈，
　　　 是一項讓他從緊湊的工作行程中放鬆的<u>消遣</u>。

　　(A) ***diversion***〔daɪ'vɝʒən〕*n.* 娛樂；消遣
　　(B) medication〔ˌmɛdɪ'keʃən〕*n.* 藥物治療
　　(C) nuisance〔'njusn̩s〕*n.* 討厭的人或物
　　(D) fulfillment〔fʊl'fɪlmənt〕*n.* 履行；實現

　　＊ yoga〔'jogə〕*n.* 瑜珈　　tight〔taɪt〕*adj.* 緊湊的

6. (**B**) Parents could be charged with neglect or abandonment if they
　　　 leave their young children home alone without adult <u>supervision.</u>
　　　 如果父母親在沒有成人監督的情況下，把小孩獨自留在家中，他們
　　　 可能會被控犯了疏於照管或遺棄罪。

　　(A) intuition〔ˌɪntju'ɪʃən〕*n.* 直覺
　　(B) ***supervision***〔ˌsupɚ'vɪʒən〕*n.* 監督；管理
　　(C) compassion〔kəm'pæʃən〕*n.* 同情
　　(D) obligation〔ˌɑblə'geʃən〕*n.* 義務；責任

　　＊ ***be charged with*** 被控告犯了…罪　　neglect〔nɪ'glɛkt〕*n.* 疏忽
　　abandonment〔ə'bændənmənt〕*n.* 遺棄
　　leave〔liv〕*v.* 使處於（某種狀態）

7. (**C**) Walking at a <u>brisk</u> pace for a shorter amount of time burns more calories than walking at a slow pace for a longer period of time.
較短時間內<u>快</u>步走所燃燒的卡路里，比較長時間慢步走還要多。
   (A) joyous (ˈdʒɔɪəs) *adj.* 高興的
   (B) superb (suˈpɝb) *adj.* 極好的
   (C) ***brisk*** (brɪsk) *adj.* 輕快的
   (D) decent (ˈdisn̩t) *adj.* 高尚的

* pace (pes) *n.* 步調；速度　amount (əˈmaʊnt) *n.* 數量
calorie (ˈkælərɪ) *n.* 卡路里 (= *calory*)

8. (**A**) Plants and animals in some deserts must cope with a climate of <u>extremes</u>—freezing winters and very hot summers. 某些沙漠中的植物和動物必須應付<u>極端</u>氣候——嚴寒的冬天和酷熱的夏天。
   (A) ***extreme*** (ɪkˈstrim) *n.* 極端
   (B) forecast (ˈforˌkæst) *n.* 預測；預報
   (C) atmosphere (ˈætməsˌfɪr) *n.* 大氣；氣氛
   (D) homeland (ˈhomˌlænd) *n.* 祖國

* ***cope with*** 應付　climate (ˈklaɪmɪt) *n.* 氣候
freezing (ˈfrizɪŋ) *adj.* 寒冷的

9. (**D**) The success of J.K. Rowling is <u>legendary</u>, with her Harry Potter series making her a multi-millionaire in just a few years.
J. K. 羅琳的成功<u>很傳奇</u>，她的哈利波特系列叢書使她在僅僅幾年內，就成爲身價數百萬美元的富翁。
   (A) eligible (ˈɛlɪdʒəbl̩) *adj.* 有資格的
   (B) marginal (ˈmɑrdʒɪnl̩) *adj.* 邊緣的
   (C) confidential (ˌkɑnfəˈdɛnʃəl) *adj.* 機密的
   (D) ***legendary*** (ˈlɛdʒəndˌɛrɪ) *adj.* 傳奇般的

* series (ˈsɪrɪz) *n.* 一系列；叢書
multi- (ˈmʌltɪ) 表示「多…」的字首
millionaire (ˌmɪljənˈɛr) *n.* 百萬富翁

10. (**A**) The high-tech company's <u>robust</u> earnings surely made its shareholders happy since they were getting a good return on their investment. 這間高科技公司<u>穩固的</u>收入，無疑地使股東們很高興，因爲他們從投資上得到很好的報酬。
   (A) ***robust*** (roˈbʌst) *adj.* 強健的；健全的；穩固的
   (B) solitary (ˈsɑləˌtɛrɪ) *adj.* 孤獨的
   (C) imperative (ɪmˈpɛrətɪv) *adj.* 緊急的；必須的
   (D) terminal (ˈtɝmənl̩) *adj.* 最後的；終點的

* **high-tech** (ˈhaɪˈtɛk) *adj.* 高科技的　　**earnings** (ˈɝnɪŋz) *n. pl.* 收入
  surely (ˈʃʊrlɪ) *adv.* 無疑地；確實
  shareholder (ˈʃɛrˌholdɚ) *n.* 股東
  return (rɪˈtɝn) *n.* 報酬；收益 < *on* >
  investment (ɪnˈvɛstmənt) *n.* 投資

二、綜合測驗：

第 11 至 15 題為題組

Have you been irritated by someone standing too close in line, talking too loud or making eye contact for too long? Or, they may have <u>offended</u>
₁₁
you with the loud music from their earphones, or by taking up more than one seat on a crowded subway car. You feel unhappy because your personal space has been violated.

你曾經因為排隊時有人站太近、說話太大聲，或和你目光接觸太久，而感到生氣嗎？或是他們可能因為耳機裡的音樂聲太大，或是在擁擠的地鐵車廂中，佔據不只一個座位，而激怒你。你會覺得不高興，是因為你的個人空間被侵犯了。

irritate (ˈɪrəˌtet) *v.* 激怒　　**close** (klos) *adv.* 靠近地
line (laɪn) *n.* 行列　　***stand in line*** 排隊　　**loud** (laʊd) *adv.* 大聲地
contact (ˈkɑntækt) *n.* 接觸　　***eye contact*** 目光接觸
earphones (ˈɪrˌfonz) *n. pl.* 耳機　　***take up*** 佔用
crowded (ˈkraʊdɪd) *adj.* 擁擠的　　**subway** (ˈsʌbˌwe) *n.* 地鐵
car (kɑr) *n.* 車廂　　**personal** (ˈpɝsn̩l̩) *adj.* 個人的
space (spes) *n.* 空間　　**violate** (ˈvaɪəˌlet) *v.* 侵犯

11. (**A**) (A) ***offend*** (əˈfɛnd) *v.* 冒犯；觸怒　　(B) **control** (kənˈtrol) *v.* 控制
　　　(C) **acquire** (əˈkwaɪr) *v.* 獲得　　(D) **supply** (səˈplaɪ) *v.* 供給

According to scientists, personal space involves certain invisible forces imposed on you through all the <u>senses</u>. For example, people may feel their
₁₂
space is being invaded when they experience an unwelcome sound, smell, or stare.

根據科學家的說法，個人的空間包含經由所有的感官，施加在你身上的某些無形的力量。例如，當人們體驗到令人不愉快的聲音、氣味，或瞪視時，可能會覺得自己的空間受到侵犯。

involve〔ɪn'vɑlv〕v. 牽涉；包含　　certain〔'sɝtn〕adj. 某些
invisible〔ɪn'vɪzəbḷ〕adj. 看不見的；無形的　　force〔fors〕n. 力量
impose〔ɪm'poz〕v. 強加　　through〔θru〕prep. 經由；透過
invade〔ɪn'ved〕v. 侵略　　experience〔ɪk'spɪrɪəns〕v. 經歷；體驗
unwelcome〔ʌn'wɛlkəm〕adj. 不受歡迎的；不被喜歡的
smell〔smɛl〕n. 氣味　　stare〔stɛr〕n. 瞪視；凝視

12. (**C**) (A) angle〔'æŋgḷ〕n. 角度　　(B) event〔ɪ'vɛnt〕n. 事件
　　　　　 (C) *sense*〔sɛns〕n. 感官　　(D) region〔'ridʒən〕n. 地區

　　In certain situations such as in crowded subway cars or elevators, it is
not always possible for people to keep their <u>preferred</u> distance from others.
　　　　　　　　　　　　　　　　　　　　　　13
They learn coping strategies to deal with their discomfort. For instance,
people often avoid eye contact with someone standing <u>close to</u> them, or
　　　　　　　　　　　　　　　　　　　　　　　　　　14
they pretend that these people are lifeless objects in their personal space.

　　在某些情況中，像是在擁擠的地鐵車廂或電梯裡，人們不一定能和其他人
保持良好的距離。他們學會因應的策略，來處理不舒服的感覺。例如，人們常
會避免和站在身旁的人有目光接觸，或他們會假裝這些人是他們個人空間裡無
生命的物體。

situation〔ˌsɪtʃʊ'eʃən〕n. 情況
elevator〔'ɛləˌvetɚ〕n. 電梯；升降機
not always 未必；不一定　　distance〔'dɪstəns〕n. 距離
coping〔'kopɪŋ〕adj. 應付的；處理的　　strategy〔'strætədʒɪ〕n. 策略
coping strategy 應變策略；因應策略　　*deal with* 應付；處理
discomfort〔dɪs'kʌmfɚt〕n. 不舒服；不快　　*for instance* 例如
avoid〔ə'vɔɪd〕v. 避免　　pretend〔prɪ'tɛnd〕v. 假裝
lifeless〔'laɪflɪs〕adj. 無生命的　　object〔'ɑbdʒɪkt〕n. 物體

13. (**C**) 依句意，選 (C) *preferred*〔prɪ'fɝd〕adj. 優先選取的；更好的。
　　　　　 prefer〔prɪ'fɝ〕v. 比較喜歡

14. (**B**) 依句意，選 (B) *close to*「接近」。而 (A) long before「在…之前很
　　　　　 久」，(C) aside from「除了…之外」，(D) soon after「在…之後不
　　　　　 久」，均不合句意。

Given the opportunity, they may <u>retreat</u> to a corner, putting distance between

themselves and strangers. Or, they may sit or stand equidistant from one
another like birds on a wire.

如果有機會的話，他們會退到角落，讓自己和陌生人保持距離。或者，他們可
能會像電線上的小鳥一樣，彼此隔著同等的距離坐著或站著。

> given〔'gɪvən〕*prep.* 如果有
> opportunity〔ˌɑpɚ'tjunətɪ〕*n.* 機會　　corner〔'kɔrnɚ〕*n.* 角落
> ***put distance between A and B*** 使 A 和 B 保持距離
> stranger〔'strendʒɚ〕*n.* 陌生人
> equidistant〔ˌikwɪ'dɪstənt〕*adj.* 等距離的　　wire〔waɪr〕*n.* 電線

15. (**A**) (A) ***retreat***〔rɪ'trit〕*v.* 撤退
　　　　　(B) explore〔ɪk'splor〕*v.* 探險；探索
　　　　　(C) dispense〔dɪ'spɛns〕*v.* 分送；分發
　　　　　(D) connect〔kə'nɛkt〕*v.* 連結

第 16 至 20 題為題組

　　Alan Turing was one of the leading scientific geniuses of the 20th
century. Many scholars consider him the father of modern computer science.
He was also the man who cracked the <u>supposedly</u> uncrackable Enigma code
　　　　　　　　　　　　　　　　　　　16
used by Nazi Germany. His code-breaking turned the tide of World War II
and helped save two million lives. Nevertheless, <u>few</u> people have even
heard his name.
　　　　　　　　　　　　　　17
　　艾倫・圖靈是二十世紀最優秀的科學天才之一。許多學者認為他是現代電
腦科學之父。他也是破解納粹德國所使用的，據說是不能被破解的Enigma密碼
的人。他破解密碼，改變了第二次世界大戰的形勢，協助拯救了兩百萬人的生
命。然而，很少有人聽過他的名字。

> Alan Turing〔'ælən'tjurɪŋ〕*n.* 艾倫・圖靈【1912-1954，英國電腦科學家、數
> 　　學家、邏輯學家、破密學學家和理論生物學家，他被視為電腦科學與人工智慧之父】
> leading〔'lidɪŋ〕*adj.* 主要的；一流的；卓越的
> genius〔'dʒinjəs〕*n.* 天才　　scholar〔'skɑlɚ〕*n.* 學者
> consider〔kən'sɪdɚ〕*v.* 認為　　father〔'fɑðɚ〕*n.* 創始者；始祖
> modern〔'mɑdən〕*adj.* 現代的　　crack〔kræk〕*v.* 解開（密碼）
> uncrackable〔ʌn'krækəbḷ〕*adj.* 不能破解的
> Enigma〔ɪ'nɪgmə〕*n.* （難理解的）謎；不可解的事物
> Nazi〔'nɑtsɪ〕*adj.* 納粹的　　Germany〔'dʒɝmənɪ〕*n.* 德國
> code〔kod〕*n.* 密碼　　code-breaking *n.* 破解密碼

turn〔tɜn〕*v.* 使轉變　　tide〔taɪd〕*n.* 潮流；形勢
turn the tide 改變形勢　　***World War II*** 第二次世界大戰
nevertheless〔ˌnɛvɚðə'lɛs〕*adv.* 然而

16. (**D**) (A) eventually〔ɪ'vɛntʃʊəlɪ〕*adv.* 最後；終於
　　　　 (B) precisely〔prɪ'saɪslɪ〕*adv.* 準確地
　　　　 (C) concernedly〔kən'sɜndlɪ〕*adv.* 擔心地
　　　　 (D) ***supposedly***〔sə'pozɪdlɪ〕*adv.* 據說；根據推測

17. (**D**) 依句意，「很少」有人聽過他的名字，選 (D) *few*。

　　Turing displayed signs of high intelligence in math and science at a
young age. By the time he was 23, he had already come up with the idea of
what <u>would become</u> the modern computer—the Turing machine. Today,
　　　　　　　 18
Turing machines are still used in theoretical computation. He also proposed
the now famous Turing test, used to determine whether a computer exhibits
intelligent behavior equivalent to that of a human.

　　圖靈在年幼時，就展現出在數學和科學方面高度的聰明才智。到了23歲時，
他已經想出了將成爲現代電腦的概念——圖靈機。現在，圖靈機仍然被用於理論
上的計算。他也提出現在很有名的圖靈測試，用來判定電腦是否能展現出跟人
類同等的智慧行爲。

display〔dɪs'ple〕*v.* 展示；展現　　sign〔saɪn〕*n.* 跡象
intelligence〔ɪn'tɛlədʒəns〕*n.* 智能；聰明
at a young age 在年幼時　　***by the time*** 到了…的時候
come up with 提出；想出　　idea〔aɪ'diə〕*n.* 概念；想法
Turning machine 圖靈機　　today〔tə'de〕*adv.* 現在
theoretical〔ˌθiə'rɛtɪkḷ〕*adj.* 理論上的
computation〔ˌkɑmpjə'teʃən〕*n.* 計算
propose〔prə'poz〕*v.* 提議；提出
Turing test 圖靈測試【圖靈在對人工智慧的研究中，提出了一個叫作 Turing
　　test (圖靈測試) 的實驗，嘗試定出一個決定機器是否有感覺的標準】
determine〔dɪ'tɜmɪn〕*v.* 判定　　whether〔'hwɛðɚ〕*conj.* 是否
exhibit〔ɪg'zɪbɪt〕*v.* 展現　　***intelligent behavior*** 智慧行爲
equivalent〔ɪ'kwɪvələnt〕*adj.* 相等的 < *to* >
human〔'hjumən〕*n.* 人

18. (**A**) 依句意，「將成爲現代電腦的概念」，依句意爲過去式的未來，選
　　　(A) ***would become***。

The postwar era, however, was a disaster for Turing. He was gay, which was then a crime in Britain. <u>Instead of</u> being hailed as one of the
19
crucial figures in defeating the Nazis, Turing was convicted of "gross indecency." This <u>humiliation</u> drove him to commit suicide in 1954, at the
20
age of 41. Nearly 60 years after his death, Queen Elizabeth II granted Turing a formal pardon for his conviction, upon an online petition signed by prominent scientists and technology leaders around the world.

不過，戰後時期對圖靈而言是一場災難。他是個同性戀，當時這在英國是重罪。圖靈並沒有被視為是打敗納粹黨的重要人物之一，而是被判定犯了「嚴重猥褻」罪。這樣的羞辱使得圖靈於 1954 年，41 歲時自殺。在他死後將近 60 年，女王伊莉莎白二世，因為全世界傑出的科學家及科技領袖在網路上的連署請願，而正式赦免圖靈的罪。

postwar〔'post,wɔr〕*adj.* 戰後的　　era〔'ɪrə〕*n.* 時代；時期
disaster〔dɪz'æstə〕*n.* 災難；不幸　　gay〔ge〕*adj.* 同性戀的
crime〔kraɪm〕*n.* 罪　　Britain〔'brɪtṇ〕*n.* 英國
hail〔hel〕*v.* 向…歡呼；向…致敬；認定　　***be hailed as*** 被認定為
crucial〔'kruʃəl〕*adj.* 非常重要的　　figure〔'fɪgjə〕*n.* 人物
defeat〔dɪ'fit〕*v.* 打敗　　***the Nazis*** 納粹黨
convict〔kən'vɪkt〕*v.* 定罪　　***be convicted of*** 被判決犯了…罪
gross〔gros〕*adj.* 下流的；粗野的
indecency〔ɪn'disṇsɪ〕*n.* 下流；猥褻；粗鄙的言行
gross indecency 嚴重猥褻　　drive〔draɪv〕*v.* 驅使；迫使
commit〔kə'mɪt〕*v.* 犯（罪）　　suicide〔'suə,saɪd〕*n.* 自殺
commit suicide 自殺　　***Queen Elizabeth II*** 伊莉莎白二世
grant〔grænt〕*v.* 給予　　formal〔'fɔrml̩〕*adj.* 正式的
pardon〔'pardṇ〕*n.* 赦免；特赦
conviction〔kən'vɪkʃən〕*n.* 有罪的判決
upon〔ə'pan〕*prep.* 依據；按照
online〔'an,laɪn〕*adj.* 線上的；網路上的
petition〔pə'tɪʃən〕*n.* 請願；陳情　　sign〔saɪn〕*v.* 簽名；簽署
prominent〔'pramənənt〕*adj.* 傑出的；有名的
technology〔tɛk'nalədʒɪ〕*n.* 科技　　leader〔'lidə〕*n.* 領導者
around the world 在全世界

19.（**B**）依句意，選 (B) ***Instead of*** 「沒有；而非」。而 (A) 因為，(C) In addition to 「除了…之外」，(D) With respect to 「關於」，均不合。

20. (**C**) (A) compromise（ˋkɑmprəˏmaɪz）*n., v.* 妥協

      (B) procession（prəˋsɛʃən）*n.* 行列

      (C) ***humiliation***（hjuˏmɪlɪˋeʃən）*n.* 羞辱

      (D) supplement（ˋsʌpləmənt）*n.* 補充

三、文意選填：

第 21 至 30 題為題組

    The Great Sphinx in the Giza desert is a mythological creature with the body of a lion and the head of a human being. This monumental [21](**K**) statue is often regarded as a national symbol of Egypt, having guarded the famous Egyptian pyramids for 4,000 years. Nevertheless, the stone creature does not look like it did 4,000 years ago; wind, water, pollution, and human contact have slowly [22](**E**) aged the rock. Scientists are now trying to restore it. They not only want it to look like it did when it was first built but also are looking for ways to keep it from [23](**J**) deteriorating more than it has.

    在吉薩沙漠的人面獅身像是一個神話裡的生物，有著獅子的身軀與人類的頭。這個紀念雕像常常被視為是埃及的國家象徵，四千年來一直守護著埃及。然而，這個石頭做的生物看起來與其四千年前的模樣並不相似。風吹雨打、污染與人類的觸摸已經慢慢地使岩石日漸老化。科學家現在正努力要復原它。他們不只希望使它變回剛蓋好那時的模樣，也正在找尋阻止其進一步惡化的方法。

> Sphinx（sfɪŋks）*n.* 人面獅身像　　***Giza*** 吉薩【一個尼羅河西邊的城市】
> desert（ˋdɛzət）*n.* 沙漠　　mythological（ˏmɪθəˋlɑdʒɪkl）*adj.* 神話的
> creature（ˋkritʃə）*n.* 生物　　monumental（ˏmɑnjəˋmɛntḷ）*adj.* 紀念的
> statue（ˋstætʃʊ）*n.* 雕像　　***be regarded as*** 被視為
> national（ˋnæʃənḷ）*adj.* 國家的　　symbol（ˋsɪmbḷ）*n.* 象徵
> Egypt（ˋidʒɪpt）*n.* 埃及　　guard（gɑrd）*v.* 守護
> Egyptian（ɪˋdʒɪpʃən）*adj.* 埃及的　　pyramid（ˋpɪrəmɪd）*n.* 金字塔
> age（edʒ）*v.* 使老化　　restore（rɪˋstor）*v.* 復原
> ***keep ~ from V-ing*** 阻止；避免　　deteriorate（dɪˋtɪrɪəˏret）*v.* 惡化

    Fixing the Sphinx, however, is not an easy job. It takes several years of [24](**F**) planning before the work begins. Each stone in the Sphinx is carefully [25](**G**) measured. Scientists use computers to help figure out the size and shape of each stone. Each old stone is given a number. Then, one by one, replacement stones are carved by hand, just like people did long ago, in the ²⁶**(I)** exact sizes and shapes as the ones they are replacing. When the new stones are ready, they are ²⁷**(B)** installed and the worn ones removed.

　　然而，修繕這個人面獅身像並不是件容易的事。在工程開始前，要花上數年的時間來計畫。雕像上的每一個石頭都經過謹慎地測量。科學家透過電腦來輔助算出每個石頭的大小與形狀。每一個舊的石頭都被給予一個號碼。然後，一個接一個地，替代用的石塊用手工雕刻，就和幾千年前的人一樣，每一個石塊都跟它即將替代的舊石塊完全同樣大小與形狀。當新的石頭準備好時，它們就會被安裝上去，而老舊的石塊則會被移走。

measure〔ˋmɛʒɚ〕v. 測量	*figure out* 算出
shape〔ʃep〕n. 形狀	replacement〔rɪˋplesmənt〕n. 替代
carve〔kɑrv〕v. 雕刻	exact〔ɪgˋzækt〕adj. 確切的
replace〔rɪˋples〕v. 取代	install〔ɪnˋstɔl〕v. 安置；設置
worn〔wɔrn〕adj. 磨壞的	remove〔rɪˋmuv〕v. 搬動；移開

Scientists are also worried about how to keep the Sphinx from falling apart again. They have talked about ²⁸**(H)** constructing a wall around the Sphinx to protect it from the wind and sand, or perhaps covering it completely with a glass pyramid. Some think that burying part of it in the sand would serve the purpose. One scientist has even suggested building a ²⁹**(A)** movable shelter to protect it at night and during bad weather. The walls of the shelter could be retracted into the ground during the day so that visitors could see the Sphinx.

　　科學家同時也擔憂，如何讓人面獅身像免於破裂崩壞。他們談論過要在人面獅身像的四周築一道牆，來保護它免於風沙的侵襲，或者是用個玻璃的金字塔將其完全覆蓋。有些人認為用沙子將部分的金字塔給埋起來也能達到同樣的目的。甚至還有個科學家建議要蓋一個移動式的遮蔽物，在夜間，或者是壞天氣時保護金字塔。而那些牆能在日間收回到地底下，如此一來，訪客們才能看到人面獅身像。

fall apart 破裂；散開	construct〔kənˋstrʌkt〕v. 建築
cover〔ˋkʌvɚ〕v. 覆蓋	bury〔ˋbɛrɪ〕v. 掩埋
serve the purpose 達到目的	movable〔ˋmuvəbḷ〕adj. 可以動的
shelter〔ˋʃɛltɚ〕n. 遮蔽物	retract〔rɪˋtrækt〕v. 收回
ground〔graʊnd〕n. 地面	

There are no easy solutions to the ³⁰**(D)** problem, not to mention solutions that are agreeable to all parties. The one thing that is agreed upon is that something needs to be done to protect this ancient sculpture.

面對這樣的問題，沒有任何簡單的解決方法，更遑論要讓每一方都滿意了。但大家都有共識的是，一定要採取行動來保護這個古代的雕像。

mention〔ˈmɛnʃən〕v. 提到　　agreeable〔əˈɡriəbḷ〕adj. 令人愉悅的
party〔ˈpɑrtɪ〕n. 一方　　ancient〔ˈenʃənt〕adj. 古老的
sculpture〔ˈskʌlptʃ⋅〕n. 雕刻品

四、篇章結構：

第 31 至 35 題為題組

Starting a business on one's own can be quite challenging and costly. To reduce the risks involved in starting a business from scratch, many people buy a franchise instead. **³¹ (F)** <u>A franchise is a license issued by a large, usually well-known, company to an individual or a small business owner.</u> Under the license, the individual acquires the right to use the big company's brand name and agrees to sell its products.

　　獨自創業極具挑戰性，而且所費不貲。為了要降低白手起家的風險，許多人會選擇加盟。加盟就是大型且通常知名的公司，發放給個人或小型企業主的許可證。有了許可證，可以獲得使用這間大公司品牌名稱的權力，並且同意販售他們的商品。

on one's own 獨自　　challenging〔ˈtʃælɪndʒɪŋ〕adj. 挑戰性的
costly〔ˈkɔstlɪ〕adj. 昂貴的；費用大的
reduce〔rɪˈdus〕v. 減少　　risk〔rɪsk〕n. 風險
involve〔ɪnˈvɑlv〕v. 包含　　***start from scratch*** 白手起家
franchise〔ˈfræntʃaɪz〕n. 經銷權；加盟
license〔ˈlaɪsṇs〕n. 許可證　　issue〔ˈɪʃjʊ〕v. 發給
individual〔͵ɪndəˈvɪdʒʊəl〕n. 個人
acquire〔əˈkwaɪr〕v. 取得；獲得　　***brand name*** 品牌名稱
agree〔əˈgri〕v. 同意　　product〔ˈprɑdəkt〕n. 產品

The concept of the franchise dates back to the 19th century in the U.S. **³² (E)** <u>The most famous example was Isaac Singer, who created franchises to distribute his sewing machines to larger areas.</u> Then, in the 1930s, Howard Johnson restaurants skyrocketed in popularity, paving the way for restaurant chains and the subsequent franchises that would define the unprecedented rise of the American fast-food industry.

　　加盟的概念要回溯到 19 世紀的美國。最為人所知的例子就是以薩辛爾，他為了要讓他的裁縫機流通到大城市，他發明了加盟的概念。後來，在 1930 年代，何爾德強生餐廳的人氣直線上升，為連鎖餐廳，以及隨後造就美國盛況空前速食業的經銷權，奠定下基礎。

concept〔'kɑnsɛpt〕*n.* 概念；想法　　***date back to*** 回溯至
distribute〔dɪ'strɪbjut〕*v.* 使…流通　　sewing〔'soɪŋ〕*n.* 縫紉
sewing machine 縫紉機　　skyrocket〔'skaɪˏrɑkɪt〕*v.* 暴漲
popularity〔ˏpɑpjə'lærətɪ〕*n.* 流行；名望
pave the way for ~ 為 ~ 鋪路；使 ~ 順利進行
chain〔tʃen〕*n.* 連鎖店　　subsequent〔'sʌbsɪˏkwɛnt〕*adj.* 後來的
define〔dɪ'faɪn〕*v.* 下定義
unprecedented〔ʌn'prɛsəˏdɛntɪd〕*adj.* 空前的
rise〔raɪz〕*n.* 上漲；增加　　industry〔'ɪndəstrɪ〕*n.* 工業；產業

There are many advantages to investing in a franchise. One of the benefits is the ready-made business operation. [33] (C) A franchise comes with a built-in business formula including products, services, and even employee uniforms. Depending on the franchise, the franchisor company may offer support in training and financial planning. Some even provide assistance with approved suppliers. To new business owners, the most recognized advantage of a franchise is perhaps the well-established brand name of the franchisor such as that of McDonald's. [34] (B) Research has shown that customers tend to choose a brand they recognize over one they don't.

　　投資購買加盟有許多好處。其中一項好處就是現成的商業運作模式。加盟通常伴隨著既有的商業模式，包含了產品、服務、甚至是員工制服。根據加盟方式，販售加盟權的公司，可能會提供訓練和財務計畫的援助。有些甚至提供信譽佳的供應商作為幫助。對於新企業主來說，加盟最為顯著的優點，或許就是出售加盟權公司信譽卓著的品牌名稱，像是麥當勞。研究顯示，顧客傾向於選擇他們認得的品牌，而不會選擇他們不認得的品牌。

advantage〔əd'væntɪdʒ〕*n.* 好處
invest〔ɪn'vɛst〕*v.* 投資；購買
benefit〔'bɛnəfɪt〕*n.* 益處　　ready-made〔'rɛdɪ'med〕*adj.* 現成的
operation〔ˏɑpə'reʃən〕*n.* 營運；經營
formula〔'fɔrmjələ〕*n.* 一定的方式　　include〔ɪn'klud〕*v.* 包含
service〔'sɜvɪs〕*n.* 服務　　employee〔ˏɛmplɔɪ'i〕*n.* 受僱者；員工
uniform〔'junəˏfɔrm〕*n.* 制服　　***depend on*** 取決於；根據

franchisor〔'fræn,tʃaɪzə˞〕*n.* 出售加盟權的人
offer〔'ɔfə˞〕*v.* 提供　　support〔sə'port〕*n.* 援助
training〔'trenɪŋ〕*n.* 訓練　　financial〔fə'nænʃəl〕*adj.* 財務的
provide〔prə'vaɪd〕*v.* 供給　　assistance〔ə'sɪstəns〕*n.* 援助
approved〔ə'pruvd〕*adj.* 被認可的
supplier〔sə'plaɪə˞〕*n.* 供應者
recognized〔'rɛkəg,naɪzd〕*adj.* 被認可的；顯著的
well-established〔'wɛlɪs'tæblɪʃt〕*adj.* 信譽卓著的
customer〔'kʌstəmə˞〕*n.* 顧客　　***tend to + V.*** 傾向
recognize〔'rɛkəg,naɪz〕*v.* 認得

Disadvantages include heavy start-up costs as well as ongoing royalty costs on the part of the franchisee.　To take the McDonald's example further, the estimated minimum cost for a franchisee to start a McDonald's is US$500,000.　And it has to pay an annual fee equivalent to 12% of its sales to McDonald's. [35] (D) Moreover, the franchisee is given no right to renew or extend the franchise after the term of the contract.　Other disadvantages include lack of territory control or creativity with one's own business.

　　缺點則包含開始的費用相當沈重，以及加盟者持續給付的權利金。進一步拿麥當勞爲例，對於加盟者來說，創辦一間麥當勞，最低額度約爲 50 萬美元。而且還必須付給麥當勞，相當於銷售額 12%的年金。此外，合約期限到了之後，加盟商沒有權利更新或延長加盟權。其他的缺點包含缺乏經銷區域的掌控權，或是自身事業上的開創性。

disadvantage〔,dɪsəd'væntɪdʒ〕*n.* 不利　　***start-up costs*** 開始的費用
as well as 以及　　ongoing〔'ɑn,goɪŋ〕*adj.* 進行中的
royalty〔'rɔɪəltɪ〕*n.* 權利金　　***on the part of*** 在～方面
franchisee〔,fræn,tʃaɪ'zi〕*n.* 特許經營人；加盟者
further〔'fɜ˞ðə˞〕*adv.* 更進一步地
estimated〔'ɛstə,metɪd〕*adj.* 估計的
minimum〔'mɪnəməm〕*n.* 最低限額
annual〔'ænjʊəl〕*adj.* 年度的　　fee〔fi〕*n.* 費用
renew〔rɪ'nu〕*v.* 更新　　extend〔ɪk'stɛnd〕*v.* 延長
term〔tɜ˞m〕*n.* 期限　　contract〔'kɑntrækt〕*n.* 合約
territory〔'tɛrə,torɪ〕*n.* 領土；經銷區域
creativity〔,krie'tɪvətɪ〕*n.* 創造力

五、閱讀測驗：

第 36 至 39 題為題組

Some people call it a traveling museum. Others refer to it as a living or open-air museum. Built in Brazil to celebrate the quincentennial of Columbus' first voyage to the New World, the *Nina*, a Columbus-era replica ship, provides visitors with an accurate visual of the size and sailing implements of Columbus' favorite ship from over 500 years ago.

有些人叫它是旅行博物館。有人稱它為活生生的，或是露天博物館。尼尼亞號在巴西建造，是為了慶祝哥倫布首次到新大陸第五百週年的航程，這艘哥倫布時代的複製船提供參觀者一個精確的視覺材料，關於超過五百年前，哥倫布最愛的一艘船的大小以及航行的器具。

museum〔mjuˈziəm〕*n.* 博物館　　***refer to*** A ***as*** B 把 A 稱為 B
living〔ˈlɪvɪŋ〕*adj.* 活的；現存的　　***open-air*** *adj.* 戶外的；露天的
Brazil〔brəˈzɪl〕*n.* 巴西【位於南美洲】
celebrate〔ˈsɛləˌbret〕*v.* 慶祝
quincentennial〔ˌkwɪnsɛnˈtɛnɪəl〕*n.* 第五百週年（= *the 500th anniversary*）　　Columbus〔kəˈlʌmbəs〕*n.* 哥倫布【義大利航海家，全名是 Christopher Columbus】　　voyage〔ˈvɔɪ·ɪdʒ〕*n.* 航行
the New World 新大陸【指美洲】　　***Nina*** 尼尼亞號【哥倫布首航美洲艦隊中有三條船，尼尼亞號是艦隊中的其中一條輕快帆船，並在聖瑪利亞號擱淺後，成為哥倫布首航艦隊的旗艦】　　era〔ˈɪrə〕*n.* 時代；時期
replica〔ˈrɛplɪkə〕*n.* 複製（品）　　provide〔prəˈvaɪd〕*v.* 提供
provide sb. ***with*** sth. 提供某人某物
accurate〔ˈækjərɪt〕*adj.* 正確的；精準的
visual〔ˈvɪʒuəl〕*n.* 視覺材料；畫面　　sailing〔ˈselɪŋ〕*adj.* 航海的
implement〔ˈɪmpləmənt〕*n.* 用具；器具

I joined the crew of the *Nina* in Gulf Shores, Alabama, in February 2013. As part of a research project sponsored by my university, my goal was to document my days aboard the ship in a blog. I quickly realized that I gained the most valuable insights when I observed or gave tours to school-age children. The field-trip tour of the *Nina* is hands-on learning at its best. In this setting, students could touch the line, pass around a ballast stone, and move the extremely large tiller that steered the ships in Columbus' day. They soon came to understand the labor involved in sailing the ship back in his time. I was pleased to see the students become active participants in their learning process.

2013 年二月，在阿拉巴馬州，格爾夫海岸，我加入尼尼亞號的船員。作為研究計畫中的一部分，由我的大學提供贊助，我的目標是在部落格裡記錄我在船上的日子。我很快就了解到，我得到了最珍貴的領悟，在我觀察和帶學齡孩童遊覽的時候。尼尼亞號的戶外教學遊覽，是最好的親身學習。在這環境中，學生可以觸摸繩索，傳遞壓艙的石塊，以及轉動在哥倫布的年代駕駛船隻的直舵柄，那非常巨大。他們很快就了解在他那個的年代，航行船隻所需要的辛勞。我很高興看到，學生們變成學習過程中主動的參與者。

join〔dʒɔɪn〕*v.* 參加；加入　　crew〔kru〕*n.* 全體船員
Gulf Shores〔'gʌlf,ʃorz〕*n.* 格爾夫海岸【美國阿拉巴馬州的一座城市】
Alabama〔,ælə'bæmə〕*n.* 阿拉巴馬州【美國中南部的一州】
research〔'risɜtʃ〕*n.* 研究　　project〔'pradʒɛkt〕*n.* 計畫
sponsor〔'spansɚ〕*v.* 贊助　　goal〔gol〕*n.* 目標
document〔'dakjə,mɛnt〕*v.* 紀錄
aboard〔ə'bord〕*prep.* 在（船、車、飛機）上
blog〔blag〕*n.* 部落格；網誌　　realize〔'riə,laɪz〕*v.* 了解
gain〔gen〕*v.* 獲得　　valuable〔'væljəbl〕*adj.* 珍貴的
insight〔'ɪn,saɪt〕*n.* 洞察力；領悟
observe〔əb'zɜv〕*v.* 觀察；注意　　tour〔tʊr〕*n., v.* 觀光；遊覽
school-age *adj.* 學齡的　　field-trip *adj.* 戶外教學的
hands-on *adj.* 親身實踐的　　***at its best*** 在最好的情況下
setting〔'sɛtɪŋ〕*n.* 環境　　***pass around*** 傳遞
ballast〔'bæləst〕*n.* （穩定船隻的）壓艙物（如鐵、石塊、沙等）
extremely〔ɪk'strimlɪ〕*adv.* 極度地；非常
tiller〔'tɪlɚ〕*n.* 直舵柄　　steer〔stɪr〕*v.* 操縱；駕駛
day〔de〕*n.* 時代　　***come to V.*** 變得～
labor〔'lebɚ〕*n.* 勞苦；辛勞　　involve〔ɪn'valv〕*v.* 牽涉；需要
sail〔sel〕*v.* 駕駛；航行　　pleased〔plizd〕*adj.* 高興的；滿意的
active〔'æktɪv〕*adj.* 主動的；積極的
participant〔pɚ'tɪsəpənt〕*n.* 參與者　　process〔'prasɛs〕*n.* 過程

The *Nina* is not the only traveling museum that provides such field trips. A visit to Jamestown Settlement, for example, allows visitors to board three re-creations of the ships that brought the first settlers from England to Virginia in the early 1600s. Historical interpreters, dressed in period garb, give tours to the *Susan Constant*, *Godspeed*, and *Discovery*.

These interpreters often portray a character that would have lived and worked during that time period. Students touring these ships are encouraged to interact with the interpreters in order to better understand the daily life in the past.

尼尼亞號並不是唯一提供這種戶外教學的旅遊博物館。例如，探訪詹姆斯敦殖民地，讓遊客能夠登上三艘重新創造的船，這些船在十七世紀早期從英國載著第一批的殖民者到維吉尼亞州。歷史的講解人員穿著古裝，導覽蘇珊號、神祐號，和發現號。這些講解人員常常扮演在當時生活和工作的角色。遊覽這些船的學生被鼓勵去和講解人員互動，爲了能更了解過去的日常生活。

field trip 戶外教學；實地考察

Jamestown (ˋdʒemzˏtaʊn) n. 詹姆斯敦【位於美國維吉尼亞州，是北美最早的英國人定居地】

settlement (ˋsɛtḷmənt) n. 定居；殖民地

board (bord) v. 登上（船、飛機等）

re-creation (ˏrikrɪˋeʃən) n. 再創造的物品

settler (ˋsɛtlɚ) n. 殖民者；移民　　England (ˋɪŋglənd) n. 英國

Virginia (vɚˋdʒɪnjə) n. 維吉尼亞州

historical (hɪsˋtɔrɪkḷ) adj. 歷史的；史學的

interpreter (ɪnˋtɝprɪtɚ) n. 解釋者　　**be dressed in** 穿著

period (ˋpɪrɪəd) adj. 某時代的　　garb (garb) n. 服裝；衣服

constant (ˋkɑnstənt) adj. 不變的　　**Susan Constant** 蘇珊號

Godspeed 神祐號　　**Discovery** 發現號

portray (porˋtre) v. 飾演　　character (ˋkærɪktɚ) n. 角色；人物

time period 期間　　encourage (ɪnˋkɝɪdʒ) v. 鼓勵

interact (ˏɪntɚˋækt) v. 互動　　**in order to V.** 爲了～

daily (ˋdelɪ) adj. 每天的　　**in the past** 在過去

My experience on the *Nina* helps substantiate my long-held belief that students stay interested, ask better questions, and engage in higher-order thinking tasks when they are actively engaged in the learning process. The students who boarded the *Nina* came as passive learners. They left as bold explorers.

我在尼尼亞號的經驗有助於證實我根深蒂固的信念，當學生們主動參與學習過程時，他們就能保有興趣，問更好的問題，並參與更高層次的思考課題。這些學生登上尼尼亞號時，是被動的學習者，而他們離開時都成爲勇敢的探險家。

experience〔ɪk'spɪrɪəns〕*n.* 經驗
substantiate〔səb'stænʃɪ,et〕*v.* 證實　　long-held *adj.* 根深蒂固的
belief〔bə'lif〕*n.* 信念　　***engage in*** 參與
high-order *adj.* 高層次的；傑出的　　task〔tæsk〕*n.* 工作；課題
be engaged in 從事；參與　　passive〔'pæsɪv〕*adj.* 被動的
bold〔bold〕*adj.* 大膽的；勇敢的　　explorer〔ɪk'splorə〕*n.* 探險家

36.(**B**) 該作者從事什麼行業？

    (A) 航運。　　　　　　　　　(B) 教育。
    (C) 生態旅遊。　　　　　　　(D) 博物館管理。

    line of business 行業　　author〔'ɔθə〕*n.* 作者
    shipping〔'ʃɪpɪŋ〕*n.* 航運；海運　　education〔,ɛdʒə'keʃən〕*n.* 教育
    ecological〔,ikə'lɑdʒɪk]〕*adj.* 生態的
    tourism〔'turɪzəm〕*n.* 觀光業；旅遊
    administration〔əd,mɪnə'streʃən〕*n.* 管理；經營

37.(**D**) 關於本文中介紹的尼尼亞號，何者為真？

    (A) 它是哥倫布在巴西建造的一艘船的複製品。
    (B) 它在假日的時候總是擠滿了外國遊客。
    (C) 它是哥倫布去新大陸航程中駕駛的船。
    (D) 它展示了哥倫布時代使用的航海器具的複製品。

    passage〔'pæsɪdʒ〕*n.* 段落；文章　　***be crowded with*** 擠滿著~
    display〔dɪ'sple〕*v.* 展示　　navigational〔,nævə'geʃən]〕*adj.* 航海的
    equipment〔ɪ'kwɪpmənt〕*n.* 裝備；器材

38.(**D**) 第三段主要是關於什麼？

    (A) 給船上遊客的指導方針。
    (B) 詹姆斯敦殖民地第一批殖民者的生活。
    (C) 英國博物館講解人員的責任。
    (D) 介紹一些相似於尼尼亞號的露天博物館。

    mainly〔'menlɪ〕*adv.* 主要地
    guidelines〔'gaɪd,laɪnz〕*n. pl.* 指導方針　　duty〔'djutɪ〕*n.* 責任
    British〔'brɪtɪʃ〕*adj.* 英國的　　introduction〔,ɪntrə'dʌkʃən〕*n.* 介紹
    similar〔'sɪmələ〕*adj.* 相似的 < to >

39.(**B**) 本文作者最後的兩個句子是什麼意思？

    (A) 學生們有興趣成為導遊。

(B) 該經驗改變了學生的學習態度。

(C) 學生們變得更勇敢並準備好要自己去航海。

(D) 博物館成功地教導學生們海上生存技能。

tour guide 導遊　　attitude（ˋætə,tjud）*n.* 態度
brave（brev）*adj.* 勇敢的　　***on one's own*** 獨自地（= *by oneself*）
successful（səkˋsɛsfəl）*adj.* 成功的　　survival（səˋvaɪvl̩）*n.* 生存
skill（skɪl）*n.* 技能　　***at sea*** 在海上；在航海中

第 40 至 43 題爲題組

An ancient skull unearthed recently indicates that big cats originated in central Asia—not Africa as widely thought, paleontologists reported on Wednesday.

根據古生物學家星期三的報告，一個最近挖掘出來的遠古頭蓋骨指出，大貓起源於中亞—並非普遍認爲的非洲。

ancient（ˋenʃənt）*adj.* 遠古的；古代的　　skull（skʌl）*n.* 頭蓋骨
unearth（ʌnˋɝθ）*v.* 挖掘；挖出　　recently（ˋrisn̩tlɪ）*adv.* 最近；近來
indicate（ˋɪndə,ket）*v.* 指出　　originate（əˋrɪdʒə,net）*v.* 起源於
central（ˋsɛntrəl）*adj.* 中央的　　widely（ˋwaɪdlɪ）*adv.* 廣泛地
paleontologist（,pelɪɑnˋtɑlədʒɪst）*n.* 古生物學家
report（rɪˋport）*v.* 報告

Dated at between 4.1 and 5.95 million years old, the fossil is the oldest remains ever found of a pantherine felid, as big cats are called. The previous felid record holder—tooth fragments found in Tanzania—is estimated to be around 3.8 million years old.

該化石被鑑定有大約 410 萬和 595 萬年之間的歷史，是有史以來被發現的豹亞科貓科動物化石中最古老的，這種動物被稱爲大貓。先前貓科動物的記錄保持者——在坦尙尼亞找到的牙齒碎片——估計大約是 380 萬年之久。

date（det）*v.* 鑑定　　million（ˋmɪljən）*n.* 百萬
fossil（ˋfɑsl̩）*n.* 化石　　remains（rɪˋmenz）*n. pl.* 遺骸
pantherine（ˋpænθərɪn）*adj.* 豹亞科的
felid（ˋfilɪd）*n.* 貓科動物　　call（kɔl）*v.* 稱呼
previous（ˋprivɪəs）*adj.* 先前的　　record（ˋrɛkəd）*n.* 記錄
holder（ˋholdə）*n.* 保持人　　fragment（ˋfrægmənt）*n.* 碎片
Tanzania（,tænzəˋnɪə）*n.* 坦尙尼亞【位於非洲的國家】
estimate（ˋɛstə,met）*v.* 估計

The evolution of big cats has been hotly discussed, and the issue is complicated by a lack of fossil evidence to settle the debate.

大貓的演化一直受到激烈的討論，而且這問題因為缺乏化石證據來解決爭論而變得複雜。

evolution〔͵ɛvə'luʃən〕*n.* 演化
hotly〔'hɑtlɪ〕*adv.* 激烈地　　discuss〔dɪ'skʌs〕*v.* 討論
issue〔'ɪʃju〕*n.* 問題　　complicate〔'kɑmplə͵ket〕*v.* 使複雜
lack〔læk〕*n.* 缺乏　　evidence〔'ɛvədəns〕*n.* 證據
settle〔'sɛtļ〕*v.* 解決　　debate〔dɪ'bet〕*n.* 爭論

"This find suggests that big cats have a deeper evolutionary origin than previously suspected," said Jack Tseng, a paleontologist of the University of Southern California who led the probe.

「這項發現暗示，大貓有著比以前所懷疑的還要更深的演化起源。」曾傑克說道，他是領導這次調查的南加州大學古生物學家。

find〔faɪnd〕*n.* 發現　　suggest〔səg'dʒɛst〕*v.* 暗示；顯示
evolutionary〔͵ɛvə'luʃən͵ɛrɪ〕*adj.* 演化的　　origin〔'ɔrədʒɪn〕*n.* 起源
previously〔'privɪəslɪ〕*adv.* 以前　　suspect〔sə'spɛkt〕*v.* 懷疑
lead〔lid〕*v.* 領導　　probe〔prob〕*n.* 調查

Tseng and his team made the find in 2010 in a remote border region in Tibet. The fossil was found stuck among more than 100 bones that were probably deposited by a river that exited a cliff. After three years of careful comparisons with other fossils, using DNA data to build a family tree, the team is convinced the creature was a pantherine felid.

曾先生和他的團隊於 2010 年，在西藏的偏遠邊界地帶發現了這個化石，化石被發現卡在超過 100 塊骨頭當中，它們可能沉積在一條流出懸崖的河裡。在和其他化石仔細比較三年後，使用 DNA 資料來建立族譜，該團隊堅信這個生物是豹亞科貓科動物。

remote〔rɪ'mot〕*adj.* 偏遠的　　border〔'bɔrdɚ〕*n.* 邊界
region〔'ridʒən〕*n.* 地帶　　Tibet〔tɪ'bɛt〕*n.* 西藏
stuck〔stʌk〕*adj.* 卡住的　　probably〔'prɑbəblɪ〕*adv.* 可能
deposit〔dɪ'pɑzɪt〕*v.* 使沉積　　exit〔'ɛgzɪt, 'ɛksɪt〕*v.* 離開
cliff〔klɪf〕*n.* 懸崖　　comparison〔kəm'pærəsn̩〕*n.* 比較
convinced〔kən'vɪnst〕*adj.* 相信的　　creature〔'kritʃɚ〕*n.* 生物

The weight of evidence suggests that central or northern Asia is where big cats originated some 16 million years ago. They may have lived in a vast mountain refuge, formed by the uplifting Himalayas, feeding on equally remarkable species such as the Tibetan blue sheep. They then dispersed into Southeast Asia, evolving into the clouded leopard, tiger and snow leopard lineages, and later movements across continents saw them evolve into jaguars and lions.

證據的重要性顯示，中亞或北亞在大約 1600 萬年前是大貓的起源地。牠們可能住在一片廣大的山區隱蔽處，是由上升的喜馬拉雅山脈形成的，以同樣值得注意的物種，如西藏岩羊為食。然後牠們散開到東南亞，進化成雲豹、老虎和雪豹的血統，然後接著跨洲移動，進化成美洲虎和獅子。

weight〔wet〕*n.* 重要性　　vast〔væst〕*adj.* 巨大的
refuge〔'rɛfjudʒ〕*n.* 避難處；隱匿處
form〔fɔrm〕*v.* 形成　　uplift〔ʌp'lɪft〕*v.* 提升；揚起
Himalayas〔hɪ'maljəs , ͵hɪmə'leəz〕*n.* 喜馬拉雅山脈
feed on 以⋯為食　　equally〔'ikwəlɪ〕*adv.* 同樣地
remarkable〔rɪ'markəbḷ〕*adj.* 值得注意的
species〔'spiʃɪz〕*n.* 物種　　Tibetan〔tɪ'bɛtṇ〕*adj.* 西藏的
disperse〔dɪ'spɝs〕*v.* 散開　　evolve〔ɪ'valv〕*v.* 進化
leopard〔'lɛpɚd〕*n.* 豹　　lineage〔'lɪniɪdʒ〕*n.* 血統
movement〔'muvmənt〕*n.* 移動
continent〔'kantənənt〕*n.* 洲；大陸　　jaguar〔'dʒægwɑr〕*n.* 美洲虎

The newly discovered felid has been called Panthera Blytheae, after Blythe Haaga, daughter of a couple who support a museum in Los Angeles, the university said in a news release.

新發現的貓科動物被稱為布氏豹，由布萊絲・哈格而來，是在洛杉磯支持博物館的一對夫婦的女兒，南加州大學在新聞稿裡說。

newly〔'njulɪ〕*adv.* 新近；最近　　discover〔dɪ'skʌvɚ〕*v.* 發現
couple〔'kʌpḷ〕*n.* 一對夫婦　　support〔sə'port〕*v.* 支持
release〔rɪ'lis〕*n.* 聲明　　***news release*** 新聞稿

40. (**A**) 根據這段文章，為什麼大貓的起源是熱門議題？
　　(A) 因為沒有很多化石被找到。
　　(B) 因為牠們跨洲移動。
　　(C) 因為沒有能精確分析的器材可用。

(D) 因為牠們進化成很多不同種的貓科動物。

equipment〔ɪ'kwɪpmənt〕*n.* 器材
available〔ə'veləb!〕*adj.* 可用的　　accurate〔'ækjərɪt〕*adj.* 精確的
analysis〔ə'næləsɪs〕*n.* 分析

41. (**B**) 新的貓科動物化石在哪裡被找到？
　　(A) 在坦尚尼亞。　　　　　　(B) 在西藏。
　　(C) 在加州。　　　　　　　　(D) 在東南亞。
　　California〔ˌkælə'fɔrnjə〕*n.* 加州

42. (**D**) 根據這段文章，以下關於大貓的敘述何者為真？
　　(A) 有些大貓在 1600 萬年前進化成美洲虎。
　　(B) 有史以來被發現最古老的大貓化石是 380 萬年前。
　　(C) 大貓是住在高山的雪豹的後代。
　　(D) 西藏岩羊是在喜馬拉雅山的大貓的主要食物來源。
　　regarding〔rɪ'gardɪŋ〕*prep.* 關於
　　descendant〔dɪ'sɛndənt〕*n.* 後代　　source〔sors〕*n.* 來源

43. (**B**) 這段文章的目的為何？
　　(A) 推廣野生生物的保護。
　　(B) 報告古生物學上的一項新發現。
　　(C) 介紹一個新的動物物種。
　　(D) 比較豹亞科貓科動物的族譜。
　　purpose〔'pɝpəs〕*n.* 目的　　promote〔prə'mot〕*v.* 促進；推廣
　　conservation〔ˌkansə'veʃən〕*n.* 保護
　　paleontology〔ˌpelɪan'talədʒɪ〕*n.* 古生物學
　　compare〔kəm'pɛr〕*v.* 比較

第 44 至 47 題為題組

　　American cooking programs have taught audiences, changed audiences, and changed with audiences from generation to generation. In October 1926, the U.S. Department of Agriculture created this genre's first official representative, a fictional radio host named Aunt Sammy. Over the airwaves, she educated homemakers on home economics and doled out advice on all kinds of matters, but it was mostly the cooking recipes that got listeners' attention. The show provided a channel for transmitting culinary advice and brought about a national exchange of recipes.

　　美國烹飪節目教導觀衆，改變觀衆，並與觀衆一起歷經了世代改變。1926
年 10 月，美國農業部創造了此類型的第一個官方代表，一位名爲珊美阿姨的虛
構電台主持人。通過電台播送，她教育了家庭主婦家政學，並提供各類事宜的
建議，但主要是烹飪食譜方面得到了聽衆的注意。該節目提供了傳達烹飪建議
的管道以及造成國內食譜的交換。

audience〔ˋɔdɪəns〕n. 聽衆；觀衆
generation〔͵dʒɛnəˋreʃən〕n. 世代；一代
department〔dɪˋpɑrtmənt〕n. 部
agriculture〔ˋæɡrɪ͵kʌltʃɚ〕n. 農業　　create〔krɪˋet〕v. 創造
genre〔ˋʒɑnrə〕n. 類型　　official〔əˋfɪʃəl〕adj. 官方的
representative〔͵rɛprɪˋzɛntətɪv〕n. 代表
fictional〔ˋfɪkʃənl〕adj. 虛構的　　host〔host〕n. 主持人
airwave〔ˋɛr͵wev〕n. 電波（頻道）
homemaker〔ˋhom͵mekɚ〕n. 家庭主婦
economics〔͵ikəˋnɑmɪks〕n. 經濟學　　***home economics*** 家政學
dole out 發放　　advice〔ədˋvaɪs〕n. 建議
recipe〔ˋrɛsəpɪ〕n. 烹飪法；食譜　　channel〔ˋtʃænl〕n. 管道
transmit〔trænsˋmɪt〕v. 傳達　　culinary〔ˋkjʊlə͵nɛrɪ〕adj. 烹飪的
bring about 造成　　exchange〔ɪksˋtʃendʒ〕n. 交換

　　Cooking shows transitioned to television in the 1940s, and in the 1950s
were often presented by a cook systematically explaining instructions on
how to prepare dishes from start to finish. These programs were broadcast
during the day and aimed at middle-class women whose mindset leaned
toward convenient foods for busy families. Poppy Cannon, for example,
was a popular writer of *The Can-Opener Cookbook*. She appeared on
various television shows, using canned foods to demonstrate how to cook
quickly and easily.

　　在 1940 年代，烹飪節目轉到電視上，在 1950 年代，節目中通常有一位廚
師，有系統地解釋指示如何從頭到尾準備菜餚。這些節目在白天播出，主要是
針對中產階級婦女，她們的心態是想爲忙碌的家庭做出方便食物。例如帕皮卡
儂，受歡迎的「罐頭食譜」作者。她出現在各種電視節目中，使用罐頭食品來
示範如何快速、輕鬆地做飯。

transition〔trænˋzɪʃən〕v. 轉變　　present〔prɪˋzɛnt〕v. 呈現
systematically〔͵sɪstəˋmætɪkḷɪ〕adv. 有系統地
explain〔ɪkˋsplen〕v. 解釋；說明

instruction〔ɪn'strʌkʃən〕n. 說明；指示
from start to finish 從頭到尾　　broadcast〔'brɔd,kæst〕v. 播放
aim〔em〕v. 瞄準；針對　　**middle-class** adj. 中產階級的
mindset〔'maɪnd,sɛt〕n. 心態　　lean〔lin〕v. 傾向於 < toward >
can-opener n. 開罐器　　cookbook〔'kʊk,bʊk〕n. 食譜
various〔'vɛrɪəs〕adj. 不同的　　**canned food** 罐頭食物
demonstrate〔'dɛmən,stret〕v. 示範

Throughout the sixties and seventies, a few chef-oriented shows redefined the genre as an exhibition of **haute** European cuisine by celebrity gourmet experts. This elite cultural aura then gave way to various cooking styles from around the world. An example of such change can be seen in Martin Yan's 1982 "Yan Can Cook" series, which demonstrated Chinese cuisine cooking with the catchphrase, "If Yan can cook, you can too!" By the 1990s, these cooking shows ranged from high-culture to health-conscious cuisine, with chefs' personalities and entertainment value being two keys to successful productions.

整個 60 年代和 70 年代，一些廚師導向的節目重新定義了這種類型，由名人美食專家來展示歐洲上流社會美食。這種精英文化氛圍接著就變成來自世界各地不同的烹飪風格。此種變化可以從 1982 年甄文達的甄能煮系列看出。此節目體現了中式菜餚的烹調，標語是「如果甄能煮都可以，你也可以！」到了 1990 年代，這些烹飪節目從高雅文化走向健康意識的烹調法，廚師的個人特質和娛樂價值，成為兩項成功電視作品的主要關鍵。

throughout〔θru'aʊt〕prep. 遍及　　chef〔ʃɛf〕n. 主廚
orient〔'orɪ,ɛnt〕v. 定方位；以～為導向
redefine〔,ridɪ'faɪn〕v. 再給⋯下定義
exhibition〔,ɛksə'bɪʃən〕n. 展現　　haute〔ot〕adj. 高級的
cuisine〔kwɪ'zin〕n. 烹調法　　celebrity〔sɪ'lɛbrətɪ〕n. 名流
gourmet〔gʊr'me〕n. 美食家　　expert〔'ɛkspɜt〕n. 專家
elite〔e'lit〕adj. 精英的　　cultural〔'kʌltʃərəl〕adj. 文化的
aura〔'ɔrə〕n. 氣氛　　**give away to** 讓給⋯
catchphrase〔'kætʃ,frez〕n. 標語；警句　　range〔rendʒ〕n. 範圍
conscious〔'kɑnʃəs〕adj. 意識到的；覺察到的
personality〔,pɜsn̩'ælətɪ〕n. 個性；性格
entertainment〔,ɛntə'tenmənt〕n. 娛樂；消遣
value〔'vælju〕n. 價值
production〔prə'dʌkʃən〕n. 製作；（電視）攝製

At the beginning of the 21st century, new cooking shows emerged to satisfy celeb-hungry, reality-crazed audiences. In this new millennium of out-of-studio shows and chef competition reality shows, chefs have become celebrities whose fame rivals that of rock stars. Audiences of these shows tend to be people who are interested in food and enjoy watching people cook rather than those who want to do the cooking themselves, leaving the age-old emphasis on following recipes outmoded.

在 21 世紀初，新的烹飪節目出現，以滿足渴望看名人和醉心於實境的觀眾。在這個非棚內拍攝節目和廚師競賽實境秀節目的新千禧年，廚師已經成為那些名聲可比搖滾明星的名人了。這些節目的觀眾通常是那些對食物感興趣和喜歡看人做飯的人，而不是那些想自己做飯的人，使得長久以來強調遵照食譜的方式變得過時。

emerge〔ɪˋmɝdʒ〕v. 出現　　satisfy〔ˋsætɪs͵faɪ〕v. 使滿足
celeb〔səˋlɛb〕n. 名人；要人　reality〔rɪˋælətɪ〕n. 寫實
craze〔krez〕v. 著迷　　millennium〔mɪˋlɛnɪəm〕n. 千禧年
studio〔ˋstjudɪ͵o〕n. 攝影棚
competition〔͵kɑmpəˋtɪʃən〕n. 競爭；比賽　***reality show*** 實境節目
fame〔fem〕n. 名聲　　rival〔ˋraɪvl̩〕v. 與…匹敵；比得上
tend to + V. 傾向於；通常　***age-old*** *adj.* 古老的；久遠的
emphasis〔ˋɛmfəsɪs〕n. 強調；重視
outmoded〔͵autˋmodɪd〕*adj.* 老式的；過時的

44.（**D**）下列何者是在意義上最接近第三段的 **haute**？
　　(A) 粗糙的。　　　　　　　(B) 平民的。
　　(C) 不同的。　　　　　　　(D) 高級的。
　　coarse〔kors〕*adj.* 粗糙的　　civilian〔sɪˋvɪljən〕*adj.* 平民的

45.（**B**）下列關於美國烹飪節目的觀眾何者正確？
　　(A) 三十年代的觀眾比較喜歡家政學上的建議勝過烹飪指導。
　　(B) 四十和五十年代的觀眾對為忙碌家庭準備食物感興趣。
　　(C) 六十和七十年代的觀眾渴望彼此交換食譜。
　　(D) 八十年代的觀眾喜歡名副其實的美式美食烹調法。
　　eager〔ˋigɚ〕*adj.* 渴望的　　genuine〔ˋdʒɛnjuɪn〕*adj.* 真的；非偽造的

46.（**B**）根據這篇文章，下列關於最近的烹飪節目何者正確？
　　(A) 經常由搖滾明星主持。　(B) 經常不在棚內拍攝。
　　(C) 吸引許多名人觀眾。　　(D) 邀請飢餓的觀眾來當評審。

host〔host〕*v.* 主持　　film〔fɪlm〕*v.* 拍攝
attract〔ə'trækt〕*v.* 吸引　　judge〔dʒʌdʒ〕*n.* 評審

47.(**C**) 下列何者最可能是 90 年代的熱門烹飪節目？
　　(A) 一個專門介紹歐洲菜色和美食的節目。
　　(B) 一個由食品公司贊助廣告新產品的節目。
　　(C) 一個由幽默大廚主持，介紹低卡路里菜色的節目。
　　(D) 一個以專業廚師示範有系統烹調的節目。

　　hit〔hɪt〕*adj.* 熱門的　　dedicated〔'dɛdə,ketid〕*adj.* 專用的
　　sponsor〔'spɑnsɚ〕*v.* 贊助　　advertise〔'ædvɚ,taɪz〕*n.* 廣告
　　humorous〔'hjumərəs〕*adj.* 幽默的

第 48 至 51 題為題組

　　Screaming is one of the primal responses humans share with other animals. Conventional thinking suggests that what sets a scream apart from other sounds is its loudness or high pitch. However, many sounds that are loud and high-pitched do not raise goose bumps like screams can. To find out what makes human screams unique, neuroscientist Luc Arnal and his team examined a bank of sounds containing sentences spoken or screamed by 19 adults. The result shows screams and screamed sentences had a quality called "roughness," which refers to how fast a sound changes in loudness. While normal speech sounds only have slight differences in loudness—between 4 and 5 Hz, screams can switch very fast, varying between 30 and 150 Hz, thus perceived as being rough and unpleasant.

　　「尖叫」是一種人類和其他動物都有的主要反應。傳統上認為，讓尖叫聲和其他聲音不同的原因是它的音量或是高音調。然而，許多音量大、音調又高的聲音並不像尖叫聲一樣能讓人起雞皮疙瘩。為了要找出是什麼讓人類的尖叫聲獨一無二，腦神經科學家路克‧阿諾爾和他的團隊檢驗了一系列的聲音，其中包含了十九個成人說話或尖叫的語句。結果顯示，尖叫聲和尖叫的語句有一種「刺耳」的特質，這牽涉到聲音在音量上如何快速地轉換。正常談話的音量只有些微的差異——介於四到五赫茲之間，而尖叫聲卻可以非常快速地轉換，介於三十到一百五十赫茲之間，因此讓人感到刺耳和討厭。

　　　　scream〔'skrim〕*v., n.* 尖叫　　primal〔'praɪml̩〕*adj.* 主要的
　　　　response〔rɪ'spɑns〕*n.* 反應　　share〔ʃɛr〕*v.* 分享；共有
　　　　conventional〔kən'vɛnʃən̩l〕*adj.* 傳統的
　　　　set A apart from B 使 A 與 B 不同　　loudness〔'laʊdnɪs〕*n.* 音量

pitch〔pɪtʃ〕*n.* 音調　　***high-pitched*** 高音調的
raise〔rez〕*v.* 引起　　***goose bumps*** 雞皮疙瘩　　***find out*** 找出
unique〔ju'nik〕*adj.* 與眾不同的
neuroscientist〔ˌnʊro'saɪəntɪst〕*n.* 腦神經科學家
examine〔ɪg'zæmɪn〕*v.* 檢驗　　***a bank of*** 一系列的
contain〔kən'ten〕*v.* 包含　　sentence〔'sɛntəns〕*n.* 句子
quality〔'kwɑlətɪ〕*n.* 特質　　roughness〔'rʌfnɪs〕*n.* 粗糙；刺耳
refer to 牽涉；關連　　normal〔'nɔrml̩〕*adj.* 正常的
speech〔spitʃ〕*n.* 說話　　slight〔slaɪt〕*adj.* 些微的
Hz 赫茲【頻率單位】　　switch〔swɪtʃ〕*v.* 轉換
vary〔'vɛrɪ〕*v.* 改變　　perceive〔pə'siv〕*v.* 感覺；感知
rough〔rʌf〕*adj.* 粗糙的；刺耳的
unpleasant〔ʌn'plɛznt〕*adj.* 令人討厭的

Arnal's team asked 20 subjects to judge screams as neutral or fearful, and found that the scariest almost always corresponded with roughness. The team then studied how the human brain responds to roughness using fMRI brain scanners. As expected, after hearing a scream, activity increased in the brain's auditory centers where sound coming into the ears is processed. But the scans also lit up in the amygdala, the brain's fear center.

　　阿諾爾的團隊問了二十位受測者，來判斷尖叫聲是中性的或令人恐懼的，並且發現，最讓人感到恐懼的，幾乎都和其刺耳的特質相符。這個團隊接著使用功能性磁振造影腦中樞掃瞄儀，來研究人腦對於刺耳如何進行回應。一如預期，在聽到尖叫後，腦中的聽覺中心，也就是處理進入耳朵的聲音的地方，活動量增加。但是掃瞄顯示杏仁核，也就是大腦的恐懼中心，也被啓動了。

subject〔'sʌbdʒɪkt〕*n.* 受測者　　judge〔dʒʌdʒ〕*v.* 判斷
neutral〔'nutrəl〕*adj.* 中性的　　fearful〔'fɪrfəl〕*adj.* 可怕的
scary〔'skɛrɪ〕*adj.* 可怕的
correspond〔ˌkɔrɪs'pɑnd〕*v.* 一致；相符 < *with* >
respond〔rɪ'spɑnd〕*v.* 回應 < *to* >　　***fMRI*** 功能性磁振造影
brain〔bren〕*n.* 大腦　　scanner〔'skænə〕*n.* 掃瞄儀
expect〔ɪk'spɛkt〕*v.* 預期　　activity〔æk'tɪvətɪ〕*n.* 活動
increase〔ɪn'kris〕*v.* 增加　　auditory〔'ɔdəˌtorɪ〕*adj.* 聽覺的
center〔'sɛntə〕*n.* 中心　　process〔'prɑsɛs〕*v.* 處理
scan〔skæn〕*v., n.* 掃瞄　　***light up*** 點亮；啓動
amygdala〔ə'mɪgdələ〕*n.* 杏仁核　　fear〔fɪr〕*n.* 恐懼

　　The amygdala is the area that regulates our emotional and physiological response to danger. When a threat is detected, our adrenaline rises, and our body prepares to react to danger. The study discovered that screams have a similar influence on our body. It also found that roughness isn't heard when we speak naturally, regardless of the language we use, but **it** is prevalent in artificial sounds. The most aggravating alarm clocks, car horns, and fire alarms possess high degrees of roughness.

　　杏仁核是在我們面對危險時，管理情緒以及生理反應的區域。當一個威脅被偵測到，我們的腎上腺素會提高，身體也準備好要面對危險。研究發現尖叫對於我們的身體有相似的影響。研究也發現，當我們正常地交談時，無論我們使用什麼語言，刺耳的特質都不會被聽見，但是它在人造的聲音中卻很普遍。最惱人的鬧鐘、汽車喇叭，以及火災警報都有很高程度的刺耳特質。

regulate〔ˈrɛgjə,let〕*v.* 管理　　emotional〔ɪˈmoʃn̩l〕*adj.* 情緒的
physiological〔,fɪzɪəˈlɑdʒɪkl̩〕*adj.* 生理學的
danger〔ˈdendʒɚ〕*n.* 危險　　threat〔θrɛt〕*n.* 威脅
detect〔dɪˈtɛkt〕*v.* 偵測；發現
adrenaline〔ædˈrɛnlɪn〕*n.* 腎上腺素　　rise〔raɪz〕*v.* 提高；上升
react〔rɪˈækt〕*v.* 反應 *< to >*　　discover〔dɪˈskʌvɚ〕*v.* 發現
similar〔ˈsɪmələ〕*adj.* 相似的　　influence〔ˈɪnfluəns〕*n.* 影響
naturally〔ˈnætʃərəlɪ〕*adv.* 自然地　　***regardless of*** 不管；無論
language〔ˈlæŋgwɪdʒ〕*n.* 語言　　prevalent〔ˈprɛvələnt〕*adj.* 普遍的
artificial〔,ɑrtəˈfɪʃəl〕*adj.* 人造的
aggravating〔ˈægrə,vetɪŋ〕*adj.* 惱人的　　***alarm clock*** 鬧鐘
car horns 汽車喇叭　　***fire alarms*** 火警系統
possess〔pəˈzɛs〕*v.* 擁有　　degree〔dɪˈgri〕*n.* 程度；等級

　　One potential application for this research might be to add roughness to alarm sounds to make them more effective, the same way a bad smell is added to natural gas to make it easily detectable. Warning sounds could also be added to electric cars, which are particularly silent, so they can be efficiently detected by pedestrians.

　　其中一項對於這項研究具有潛力的應用，可能是在警報聲中加入刺耳特質，讓它們變得更有效，就像把臭味加入天然瓦斯中的道理一樣，讓它能夠很容易地被偵測到。警報聲也可以被加到電動車上，因為它們特別的安靜，如此一來，行人就能有效率地發覺它們的存在。

potential〔pəˈtɛnʃəl〕*adj.* 有潛力的；可能的
application〔͵æpləˈkeʃən〕*n.* 應用　　research〔ˈrisɝtʃ〕*n.* 研究
add A to B 把 A 加到 B 之中　　effective〔əˈfɛktɪv〕*adj.* 有效的
smell〔smɛl〕*n.* 氣味　　gas〔gæs〕*n.* 瓦斯
detectable〔dɪˈtɛktəbḷ〕*adj.* 可探測出的
electric〔ɪˈlɛktrɪk〕*adj.* 電動的
particularly〔pəˈtɪkjələlɪ〕*adv.* 特別地
silent〔ˈsaɪlənt〕*adj.* 安靜的　　efficiently〔əˈfɪʃəntlɪ〕*adv.* 有效率地
pedestrian〔pəˈdɛstrɪən〕*n.* 行人

48.(**C**) 第一段主要是關於什麼？
　　(A) 不同種類的尖叫聲。　　(B) 人類的聲音以及動物的叫聲。
　　(C) 尖叫聲特殊的性質。　　(D) 聲音的改變以及雞皮疙瘩。

specific〔spɪˈsɪfɪk〕*adj.* 特別的；特殊的
feature〔ˈfitʃɚ〕*n.* 特質

49.(**B**) 根據文章，下列哪一項**不是**阿諾爾團隊的發現？
　　(A) 音量的改變使得尖叫聲和其他聲音不同。
　　(B) 只有人類可以產生出有巨大音量差異的聲音。
　　(C) 正常的人類談話聲，音量介於 4 到 5 赫茲之間。
　　(D) 談話中劇烈的音量變化可以有效地啟動杏仁核。

volume〔ˈvɑljəm〕*n.* 音量　　produce〔prəˈdus〕*v.* 生產；製造
variation〔͵vɛrɪˈeʃən〕*n.* 變化　　drastic〔ˈdræstɪk〕*adj.* 劇烈的
effectively〔ɪˈfɛktɪvlɪ〕*adv.* 有效地
activate〔ˈæktə͵vet〕*v.* 使活躍；啟動

50.(**C**) 文章中第三段裡的 **it** 指的是？
　　(A) 這項研究。　　(B) 語言。
　　(C) 刺耳特質。　　(D) 杏仁核。

51.(**A**) 下列哪一項裝置可以被研究者的發現改善？
　　(A) 煙霧偵測器。　　(B) 監視器。
　　(C) 電子殺蟲器。　　(D) 滅火器。

device〔dɪˈvaɪs〕*n.* 裝置　　detector〔dɪˈtɛktɚ〕*n.* 偵測器
security〔sɪˈkjurətɪ〕*n.* 安全　　***security camera*** 監視器
electric〔ɪˈlɛktrɪk〕*adj.* 電子的　　***bug killer*** 殺蟲劑；殺蟲器
fire extinguisher 滅火器

第貳部分：非選擇題

一、中譯英

1. 蚊子一旦叮咬過某些傳染病的患者，就可能將病毒傳給其他人。

   Once mosquitoes bite <u>patients / people / a person</u> with <u>an infectious / a contagious</u> disease, they may pass the virus to others.

2. 它們在人類中快速散播疾病，造成的死亡遠超乎我們所能想像。

   They spread diseases <u>quickly / rapidly / swiftly</u> among <u>humans / people</u>, <u>causing / leading to / contributing to / giving rise to / bringing about</u> more <u>deaths / fatalities / casualties</u> than we can imagine.

二、英文作文：

【範例】

A Master's Degree in Waste Collection

 The main reason why these highly-educated people are willing to be waste collectors is that the job market for highly-educated employees is over-crowded, extremely competitive, and shrinking on a daily basis. ***Additionally***, the globalization of the world's economy means that companies have access to equally qualified employees who are willing to work for less money. ***For instance***, Disney recently made the news for replacing American workers with foreign nationals who were willing to accept half the compensation of their American counterparts. Corporations answer only to their shareholders, and their primary objective is profit. ***Thus***, they don't care who does the job; only that it gets done.

 In my opinion, society in general puts a lot of pressure on people to live up to certain expectations that in reality are unreasonable. ***That is to say***, a master's in business administration doesn't guarantee you a job in finance, nor does it automatically make you a good businessperson. My learning plan in college will involve a great deal of flexibility and my studies will include a wide range of subjects. *At the same time*, I have reasonable expectations about my future in the job market. *To be honest*, it sounds like the waste collection industry is booming, and I'm already enrolled in a waste management course. *Besides*, I hear the waste collector job pays pretty well and comes with a number of benefits like health insurance and paid vacation. With a good plan, I am confident that I can secure the right job for me.

master (ˈmæstɚ) *n.* 碩士　　degree (dɪˈgri) *n.* 學位
waste (west) *n.* 廢物；垃圾
highly-educated *adj.* 教育程度高的；高學歷的
willing (ˈwɪlɪŋ) *adj.* 有意願的　　*job market* 就業市場；職場
employee (ˌɛmplɔɪˈi) *n.* 受雇者；員工
over-crowded (ˌovɚˈkraʊdɪd) *adj.* 過度擁擠的
extremely (ɪkˈstrimlɪ) *adv.* 極度地；非常
competitive (kəmˈpɛtətɪv) *adj.* 競爭激烈的
shrink (ʃrɪŋk) *v.* 縮小；變小　　*on a daily basis* 每天 (= *every day*)

＊　　　　＊　　　　＊

additionally (əˈdɪʃənlɪ) *adv.* 此外 (= *besides*)
globalization (ˌglobəlaɪˈzeʃən) *n.* 全球化
economy (ɪˈkɑnəmɪ) *n.* 經濟　　access (ˈæksɛs) *n.* 接觸；取得；利用
have access to 能取得；能利用　　equally (ˈikwəlɪ) *adv.* 同樣地
qualified (ˈkwɑləˌfaɪd) *adj.* 有資格的
for instance 例如 (= *for example*)
Disney (ˈdɪznɪ) *n.* 迪士尼 (公司)
make the news 上新聞　　replace (rɪˈples) *v.* 取代；替換

＊　　　　＊　　　　＊

foreign (ˈfɔrɪn) *adj.* 外國的　　national (ˈnæʃənl) *n.* 國民
compensation (ˌkɑmpənˈseʃən) *n.* 補償；薪水 (= *pay*)

counterpart〔'kaʊntɚ,part〕*n.* 相對應的人或物

corporation〔,kɔrpə'reʃən〕*n.* 公司

answer〔'ænsɚ〕*v.* 回答；負責 < *to* >

shareholder〔'ʃɛr,holdɚ〕*n.* 股東　　　primary〔'praɪ,mɛrɪ〕*adj.* 主要的

objective〔əb'dʒɛktɪv〕*n.* 目標 (= *goal*)

profit〔'prɑfɪt〕*n.* 利益；利潤　　thus〔ðʌs〕*adv.* 因此 (= *therefore*)

in one's opinion 依某人之見

in general 一般說來；大體而言 (= *generally*)

pressure〔'prɛʃɚ〕*n.* 壓力　　***live up to*** 達到；符合 (= *meet* = *fulfill*)

certain〔'sɝtn̩〕*adj.* 某些　　expectation〔,ɛkspɛk'teʃən〕*n.* 期待；期望

in reality 事實上　　unreasonable〔ʌn'riznəbl̩〕*adj.* 不合理的

that is to say 也就是說；換句話說 (= *in other words* = *that is* = *namely*)

business〔'bɪznɪs〕*n.* 商業

＊　　　　　＊　　　　　＊

administration〔əd,mɪnə'streʃən〕*n.* 管理

guarantee〔,gærən'ti〕*v.* 保證　　finance〔'faɪnæns〕*n.* 財務

automatically〔,ɔtə'mætɪkl̩ɪ〕*adv.* 自動地；必然

businessperson〔'bɪznɪs,pɝsn̩〕*n.* 商人 (= *businessman*)

involve〔ɪn'vɑlv〕*v.* 牽涉；包含　　***a great deal of*** 很多；大量的

flexibility〔,flɛksə'bɪlətɪ〕*n.* 彈性　　studies〔'stʌdɪz〕*n. pl.* 課業

range〔redʒ〕*n.* 範圍　　***a wide range of*** 廣泛的；各種的

at the same time 同時 (= *meanwhile*)

reasonable〔'riznəbl̩〕*adj.* 合理的

＊　　　　　＊　　　　　＊

to be honest 老實說 (= *honestly speaking*)

industry〔'ɪndəstrɪ〕*n.* 產業　　boom〔bum〕*v.* 繁榮；蓬勃發展

enroll〔ɪn'rol〕*v.* 註冊；參加　　***be enrolled in*** 參加；登記

management〔'mænɪdʒmənt〕*n.* 管理　　besides〔bɪ'saɪdz〕*adv.* 此外

come with 附帶有　　***a number of*** 一些

benefit〔'bɛnəfɪt〕*n.* 好處；福利　　insurance〔ɪn'ʃʊrəns〕*n.* 保險

health insurance 健康保險　　***paid vacation*** 帶薪假

confident〔'kɑnfədənt〕*adj.* 確信的　　secure〔sɪ'kjʊr〕*v.* 獲得

105 年指定科目考試英文科出題來源

題　　號	出　　　　　　　　處
一、詞彙 第 1～10 題	今年所有的詞彙題，所有選項均出自「新版高中常用 7000 字」。
二、綜合測驗 第 11～20 題	11~15 題改寫自 The New York Times "In Certain Circles, Two Is a Crowd"（在某些範圍中，兩個人就是群體）一文，敘述人和人之間保持的距離和空間。 16~20 題改寫自 NBC News "Queen pardons computing giant Alan Turing 59 years after his suicide"（在他自殺五十九年後，女王赦免電腦巨人艾倫‧圖靈），描述圖靈的生平以及在二次大戰的貢獻。
三、文意選填 第 21～30 題	改寫自 Franchise（經銷權）一文，敘述經銷權的定義，優點及缺點。
四、篇章結構 第 31～35 題	改寫自 The Secrets of the Sphinx: Restoration Past and Present（獅身人的秘密：過去和現在的修復）一文，敘述埃及獅身人受到自然的侵蝕，以及人力的修復過程。
五、閱讀測驗 第 36～39 題	改寫自 The Educational Value of a Traveling Museum（旅遊博物館的教育價值）一文，敘述作者參觀尼尼亞號戶外教學的心得。
第 40～43 題	改寫自 Find indicates big cats originated in central Asia（新發現顯示大貓源自中非）一文，敘述發現新的貓科動物化石，改寫貓科動物的演化。
第 44～47 題	改寫自 WATCHING WHAT WE EAT（看我們吃什麼）一文，敘述烹飪節目的演化，以及對觀眾的影響。
第 48～51 題	改寫自 Here's why human screams make your skin crawl（這裡告訴你為何人的尖叫讓你毛骨悚然），敘述研究發現尖叫對人所產生情感上和生理上的影響。

105 年指定科目考試英文科試題修正意見

題　　號	修　　正　　意　　見
第 16~20 題 倒數第 2 行	…Queen Elizabeth II granted Turing a formal pardon for his conviction, *upon* an online petition signed by prominent scientists… → …Queen Elizabeth II granted Turing a formal pardon for his conviction, ***after receiving*** an online petition signed by prominent scientists… * 應將 upon（依據；按照）改成 after receiving（在收到…之後），或 upon receiving。
第 21~30 題 第 4 行 選項(G)	…pollution, and human contact have slowly <u>*aged*</u> the rock. → …pollution, and human contact have slowly ***eroded*** the rock. 或…pollution, and human contact have slowly ***damaged*** the rock. * 應將選項 (G) aged（使變老；使變舊）改成 eroded（侵蝕）或 damaged（破壞）較好。
第 36~39 題 第 3 段第 3 行	Historical interpreters, dressed in period garb, give tours *to* the *Susan Constant*, *Godspeed*, and *Discovery*. → Historical interpreters, dressed in period garb, give tours ***of*** the *Susan Constant*, *Godspeed*, and *Discovery*. * 依句意，表「…的遊覽」，介系詞須用 of。
第 37 題 (C)	She is the boat *Columbus sailed* in his voyage to the New World. → She is the boat ***on which Columbus sailed*** in his voyage to the New World. * sail 是不及物動詞，「搭船航行」是 sail on a boat，故須加上 on which。
第 39 題 (B)	The experience *has changed* the students' learning attitude. → The experience ***changed*** the students' learning attitude. * 最後兩句都用過去簡單式，故 has changed 須改成 changed。
第 42 題 (D)	Tibetan blue sheep *was* a main food source for big cats in the Himalayas. → Tibetan blue sheep ***were*** a main food source for big cats in the Himalayas. * sheep（綿羊）為複數名詞，故 was 須改成 were。
第 46 題 (B)	They are often not filmed in *the* studios. → They are often not filmed in studios. * 沒有指特定的 studios，故定冠詞 the 須去掉。

【105年指考】綜合測驗：11-15 出題來源：

——http://www.nytimes.com/2006/11/16/fashion/16space.html?pa gewanted=print&_r=0

In Certain Circles, Two Is a Crowd

CHANCES are that in the last week someone has irritated you by standing too close, talking too loud or making eye contact for too long. They have offended you with the high-pitched shrill emanating from the earphones of their iPod or by spreading their legs unnecessarily wide on a packed subway car.

But what makes you feel hostile toward "close talkers," as the show "Seinfeld" dubbed people who get within necking distance of you when they speak? Or toward strangers who stand very near to you on line? Or toward people who take the bathroom stall next to yours when every other one is available?

Communications scholars began studying personal space and people's perception of it decades ago, in a field known as proxemics. But with the population in the United States climbing above 300 million, urban corridors becoming denser and people with wealth searching for new ways to separate themselves from the masses, interest in the issue of personal space — that invisible force field around your body — is intensifying. Scientists who say Americans share patterns of movement and behaviors to protect their personal space have recently found new evidence in a cyber game.

Researchers who observed the avatars (digital representations of the humans that control them) of participants in Second Life, a virtual reality universe, found that some of the avatars' physical behavior was in keeping with studies about how humans protect their personal space. In other words, the digital beings adhered to some unspoken behavioral rules of humans even though they were but pixels on a screen.

⋮

【105 年指考】綜合測驗：16-20 出題來源：

　　——http://worldnews.nbcnews.com/_news/2013/12/23/22025978-queen-pardons-computing-giant-alan-turing-59-years-after-his-suicide

Queen pardons computing giant Alan Turing 59 years after his suicide

　　Queen Elizabeth II granted a rare "mercy pardon" Monday to Alan Turing, the computing and mathematics pioneer whose chemical castration for being gay drove him to suicide almost 60 years ago.

Turing was one of the leading scientific geniuses of the 20th century — the man who cracked the supposedly uncrackable Enigma code used by Nazi Germany in World War II and the man many scholars consider the father of modern computer science.

　　By the time he was 23, Turing had hypothesized what would become today's computers — the Turing machine, which could emulate any computing device or program. Almost 80 years later, Turing machines are still used in theoretical computation.

　　In 1950, Turing came up with the famous Turing Test to determine whether a computer can be considered to have attained artificial intelligence.

　　But Turing was also gay at a time when that was a crime in Britain, and instead of being hailed as one of the crucial figures in defeating the Nazis, he was convicted of "gross indecency" in 1952 for having had sex with a man.

　　His security clearance was revoked, he was barred from working for the government and he was chemically castrated with massive injections of female hormones. Less than two years later, in 1954, he killed himself with cyanide, an inquest found. He was just 41 years old. In recent decades, as Turing's ideas and work have come to be recognized as the foundations of today's technology-driven world, scientists and technology leaders lobbied for him to be pardoned.

　　　　　：

【105年指考】文意選填：21-30 出題來源：

—— http://www.investopedia.com/terms/f/franchise.asp

Franchise

What is a 'Franchise'

A franchise is a type of license that a party (franchisee) acquires to allow them to have access to a business's (the franchiser) proprietary knowledge, processes and trademarks in order to allow the party to sell a product or provide a service under the business's name. In exchange for gaining the franchise, the franchisee usually pays the franchisor initial start-up and annual licensing fees.

BREAKING DOWN 'Franchise'

Franchises are a very popular method for people to start a business, especially for those who wish to operate in a highly competitive industry like the fast-food industry. One of the biggest advantages of purchasing a franchise is that you have access to an established company's brand name; meaning that you do not need to spend further resources to get your name and product out to customers.

History of the 'Franchise'

The United States is the world leader in franchise businesses and has a storied history with the franchise business model. The concept of the franchise dates back to the mid-19th century, the most famous example of which is Isaac Singer. Singer, who invented the sewing machine, created franchises to successfully distribute his trademarked sewing machines to larger areas. In the 1930s, Howard Johnson Restaurants skyrocketed in popularity, paving the way for restaurant chains and the subsequent franchises that would define the unprecedented rise of the American fast-food industry.

To this day, franchises account for a large percentage of U.S. businesses. The 2015 top 15 business franchises include McDonald's (MCD), Subway, Pizza Hut (YUM), Denny's (DENN), Jimmy John's Gourmet

Sandwiches and Jack in the Box (JACK). Other popular franchises include the chain hotel industry such as Hampton by Hilton (HLT) and Day's Inn (WYN), as well as 7-Eleven Inc. and Dunkin' Donuts (DNKY).

⋮

【105 年指考】篇章結構：31-35 出題來源：

——http://www.gizapyramids.org/pdf_library/hawass_sphinx.pdf

The Secrets of the Sphinx: Restoration Past and Present

Introduction

No statue has so inspired people's imagination, now or in the past, as the Sphinx. Since its inception forty-five centuries ago, the Sphinx has become a symbol of the achievements of the people who built it and an embodiment of the stability of religious faith in its age. A glorious creation surrounded by mystery, the Sphinx has also become a symbol of enigma, and remains to this day a focus of scientific interest and the inspiration of poets. Taking care of the Sphinx is not only a modern concern but goes back to pharaonic times. A stela of Thutmose IV (ca. 1400 BC) found in front of the Sphinx's chest records the removal of the sand that had covered the Sphinx and the building of a mud wall around it for its protection. There is also evidence that Ramses II ordered the renovation of ruined parts in stone, an activity continued in the Twenty-sixth Dynasty and, somewhat sporadically, by the Ptolemies and the Romans. By the early nineteenth century, all that was visible were the neck, parts of the back, and the head of this enormous statue (it is fifty-seven meters wide and twenty meters high). This was best documented and illustrated by Napoleon's draftsmen, and it was their work that first attracted scientists' attention to the statue and inspired the renovations and excavations that followed throughout the nineteenth and early twentieth centuries. These were carried out by both foreigners and

Egyptians, the last of whom was the late Dr. Selim Hassan. Although this work revealed many of the secrets of the Sphinx, uncovering its body has also exposed it to the effects of the elements, including sand-bearing winds and humidity, which increases salinity and speeds the rate of rock breakdown. It is therefore natural that the Supreme Council for Antiquities should direct its interest toward protecting the statue by carrying out its renovation on a scientific basis. This process began in March 1992 with an international conference attended by scientists and experts in various fields, including the renovation of antiquities, architecture, archaeology, and chemistry. Proud as we are of the Sphinx as an achievement of our ancestors, we are equally proud of all those who have participated in this project—archaeologists, renovators, engineers, and workers. Their achievement is a service and an inspiration to the nation, demonstrating that the march of Egyptian civilization continues, and that we, the descendants of illustrious ancestors, will preserve their creations for generations to come

⋮

【105 年指考】閱讀測驗：36-39 出題來源：

—— https://www.highbeam.com/doc/1G1-410902006.html

The Educational Value of a Traveling Museum

Some people call it a traveling museum. Others refer to it as a living or open-air museum. Built in Brazil in time to celebrate the quincentennial of Columbus' first voyage to the New World, the Nina, a Columbus era replica ship, provides visitors with a true visual of the size and sailing implements of Columbus' favorite ship from over 500 years ago. Indeed, builders erected this fully functioning sailing caravel using only tools that were available to shipwrights in Columbus' time. Thus, visitors on this ship will feel more like they have stepped back in time rather than into a museum exhibit.

I joined the crew of the Nina in Gulf Shores, Alabama, at the beginning of February 2013. As part of a sabbatical project, my goal was to document my days aboard the ship in a blog. I soon found that my shipboard duties took up most of my day and blogging was relegated to whenever I had a spare moment. Keeping up with my blog quickly became less of a concern as I became more involved in conducting tours. I quickly realized that I gained the most valuable insights as an educator when I observed or gave tours to school-age children. I was pleased to see the students become active participants in their learning process. This helped substantiate the belief that I have always held that students stay interested, ask better questions, and engage in higher order thinking tasks when they are actively engaged in the learning process.

⋮

【105 年指考】閱讀測驗：40-43 出題來源：

　　——http://www.chinapost.com.tw/life/discover/2013/11/14/3935
66/Find-indicates.htm

Find indicates big cats originated in central Asia

PARIS--An ancient skull found in Tibet indicates that big cats originated in central Asia, and not Africa as widely thought, paleontologists reported on Wednesday.

Dated at between 4.1 and 5.95 million years old, the fossil is the oldest remains ever found of a pantherine felid, as big cats are called.
It compares with the previous felid record holder — tooth fragments found in Tanzania that are estimated to be around 3.8 million years old.

"This find suggests that big cats have a deeper evolutionary origin than previously suspected," said Jack Tseng of the University of Southern California, who led the probe.

Big cats, a group called Pantherinae, include tigers, lions, leopards, snow leopards and jaguars.

Their evolutionary odyssey has been hotly discussed, spiced by a lack of fossil evidence to settle the debate.

Tseng, accompanied by his wife and fellow paleontologist Juan Liu, and Gary Takeuchi of the Natural History Museum of Los Angeles, made the find in 2010 in a remote border region between Tibet and Pakistan. It was found wedged in among more than 100 bones that were probably deposited by a river that exited a cliff.

⋮

【105 年指考】閱讀測驗：44-47 出題來源：

——http://www.worldcat.org/wcpa/servlet/DCARead?standardNo=97808264293
08&standardNoType=1&excerpt=true

WATCHING WHAT WE EAT
The EVOLUTION of TELEVISION COOKING SHOWS

Chapter One

Stirrings: Radio, Home Economists, and James Beard

In a culture like ours, long accustomed to splitting and dividing all things as a means of control, it is sometimes a bit of a shock to be reminded that, in operational and practical fact, the medium is the message. -Marshall McLuhan

Cooking on the Airwaves

Aunt Sammy began her radio career in October 1926. She was a figment of the Farm Radio Service of the United States Department of Agriculture, which used radio to communicate with farmers in various parts of the country. More than one hundred stations carried her fifteen-minute Housekeeper's Chat, and dozens of women from around the country played the role of Aunt Sammy, all reading from the same script adapted with local speech patterns and regional accents. For nearly a decade, she doled out advice on pest control, floor care, laundry, nutrition, vitamins, and uses for leftover pickle vinegar, and assured listeners that garlic is eaten by respectable people and that onions do not cause drowsiness. One of the show's regular segments, "What Shall We Have for Dinner?" was "concerned with the problem the average homemaker must solve 365 times a year," said the Chicago Daily Tribune. She shared recipes for standard dishes such as scalloped potatoes, broiled chicken, apple turnovers, meatloaf with green beans, and lemon jelly dessert. Some of her listeners' favorite recipes also included blackberry flummery, cider gelatin salad, rice and liver loaf, cooked lettuce, fried cucumbers, and stuffed beef heart.

Morse Salisbury, radio service chief, was credited with livening up the show so that Aunt Sammy would deliver her tips with more levity and less lecture. He believed it was important that the audience felt "talked to" and "visited with." "The first injunction laid upon the radio speaker is to be entertaining and natural and friendly," said Salisbury. Aunt Sammy would tell jokes and comment on current events and the comings and goings of people like Mrs. Hoover and Mrs. Roosevelt. "Queen Marie of Rumania is visiting my town this week," announced Aunt Sammy on one broadcast. "She didn't come to America especially to see me, but I thought she might drop in to discuss household problems. I have a new recipe, called Peach Dainty, that I've been saving for her. I am sure the King would like it, and the Prince and Princess, too."

⋮

【105 年指考】閱讀測驗：48-51 出題來源：
—— http://www.pbs.org/newshour/rundown/brains-love-hate-screams/

Here's why human screams make your skin crawl

The human scream triggers a range of emotions. It's one of the few primal responses we share with other animals. Few sounds rank as powerful as the first cry of a newborn. But the shrieks of that same infant will one day rattle the nerves of fellow airplane travelers.

A new study shines light how our brains and bodies respond to this sound that grips and consumes us. Neuroscientist Luc Arnal of the University of Geneva and colleagues show that screams possess a unique sound property that exists outside the boundaries of human speech. Regardless of loudness or words used, this acoustic feature shocks our core fear centers. The study was published Thursday in the journalCurrent Biology.

All sound comes from the vibration of objects, whether these objects be drums or your vocal chords. The rate of vibration, known as frequency, determines the sound. When you hear a high-pitched squeal, you ears and brain are actually perceiving a sound with a high vibration rate.

Though two human voices can sound exceedingly different — think Gilbert Gottfried versus James Earl Jones — humans (and animals) use a limited set of sound frequencies when communicating. When biologists like Arnal measure these sound patterns — using a model for organizing the volume and frequency called a "modulation power spectrum" — they find that our speech isn't erratic. Instead, it features a uniform melody of frequencies and intensities, which both people and animals use over and over when communicating — typically it's "low sounds with fine harmonies." In fact, all natural sounds fall within this universal range of noises.

105 年大學入學指定科目考試試題
數學甲

第壹部分：選擇題 (單選題、多選題及選填題共占 76 分)

一、單選題 (占 24 分)

說明： 第 1 題至第 4 題，每題有 5 個選項，其中只有一個是正確或最適
當的選項，請畫記在答案卡之「選擇（填）題答案區」。各題答
對者，得 6 分；答錯、未作答或畫記多於一個選項者，該題以零
分計算。

1. 請問下列選項中哪一個數值 a 會使得 x 的方程式 $\log a - \log x$
$= \log(a - x)$ 有兩相異實數解？

   (1) $a = 1$　　　　　　(2) $a = 2$　　　　　　(3) $a = 3$

   (4) $a = 4$　　　　　　(5) $a = 5$

2. 下列哪一個選項的數值最接近 $\cos(2.6\pi)$？

   (1) $\sin(2.6\pi)$　　　　(2) $\tan(2.6\pi)$　　　　(3) $\cot(2.6\pi)$

   (4) $\sec(2.6\pi)$　　　　(5) $\csc(2.6\pi)$

3. 假設三角形 ABC 的三邊長分別為 $\overline{AB} = 5$、$\overline{BC} = 8$、$\overline{AC} = 6$。
請選出和向量 $\overrightarrow{AB}$ 的內積為最大的選項。

   (1) $\overrightarrow{AC}$　　　　　　(2) $\overrightarrow{CA}$　　　　　　(3) $\overrightarrow{BC}$

   (4) $\overrightarrow{CB}$　　　　　　(5) $\overrightarrow{AB}$

4. 假設 a,b 皆爲非零實數，且坐標平面上二次函數 $y = ax^2 + bx$ 與一次函數 $y = ax + b$ 的圖形相切。請選出切點所在位置爲下列哪一個選項。

(1) 在 x 軸上

(2) 在 y 軸上

(3) 在第一象限

(4) 在第四象限

(5) 當 $a > 0$ 時，在第一象限；當 $a < 0$ 時，在第四象限

二、多選題（占 24 分）

說明：第 5 題至第 7 題，每題有 5 個選項，其中至少有一個是正確的選項，請將正確選項畫記在答案卡之「選擇（填）題答案區」。各題之選項獨立判定，所有選項均答對者，得 8 分；答錯 1 個選項者，得 4.8 分；答錯 2 個選項者，得 1.6 分；答錯多於 2 個選項或所有選項均未作答者，該題以零分計算。

5. 在坐標空間中，點 $P(2,2,1)$ 是平面 E 上距離原點 $O(0,0,0)$ 最近的點。請選出正確的選項。

(1) 向量 $\vec{v} = (1,-1,0)$ 爲平面 E 的法向量

(2) 點 P 也是平面 E 上距離點 $(4,4,2)$ 最近的點

(3) 點 $(0,0,9)$ 在平面 E 上

(4) 點 $(2,2,-8)$ 到平面 E 的距離爲 9

(5) 通過原點和點 $(2,2,-8)$ 的直線與平面 E 會相交

6. 坐標平面上一矩形，其頂點分別為 $A(3,-2)$、$B(3,2)$、$C(-3,2)$、$D(-3,-2)$。設二階方陣 M 為在坐標平面上定義的線性變換，可將 A 映射到 B 且將 B 映射到 C。請選出正確的選項。

(1) M 定義的線性變換是鏡射變換

(2) $M \begin{bmatrix} 3 & 3 \\ -2 & 2 \end{bmatrix} = \begin{bmatrix} 3 & -3 \\ 2 & 2 \end{bmatrix}$

(3) M 定義的線性變換將 C 映射到 D 且將 D 映射到 A

(4) M 的行列式值為 -1

(5) $M^3 = -M$

7. 在實數線上，動點 A 從原點開始往正向移動，動點 B 從 8 的位置開始往負向移動。兩個動點每一秒移動一次，已知第一秒 A、B 移動的距離分別為 1、4，且 A、B 每次移動的距離分別為其前一次移動距離的 $\frac{1}{2}$ 倍、$\frac{1}{3}$ 倍。令 c_n 為第 n 秒時 A、B 的中點位置。請選出正確選項。

(1) $c_1 = \frac{5}{2}$

(2) $c_2 > c_1$

(3) 數列 $\langle c_{n+1} - c_n \rangle$ 是一個等比數列

(4) $\lim_{n \to \infty} c_n = 2$

(5) $c_{1000} > 2$

三、選填題（占 28 分）

說明：1. 第 A 與 D 題，將答案畫記在答案卡之「選擇（填）題答案區」
所標示的列號（8−21）。

2. 每題完全答對給 7 分，答錯不倒扣，未完全答對不給分。

A. 投擲一枚均勻銅板 8 次。在最初兩次的投擲中曾經出現過正面的條

件下，8 次投擲中恰好出現 3 次正面的條件機率為 $\dfrac{⑧}{⑨⑩}$ 。

（化成最簡分數）

B. 設 $\vec{u} = (1,2,3)$、$\vec{v} = (1,0,-1)$、$\vec{w} = (x,y,z)$ 為空間中三個向量，

且向量 $\vec{w}$ 與向量 $\vec{u} \times \vec{v}$ 平行。若行列式 $\begin{vmatrix} 1 & 2 & 3 \\ 1 & 0 & -1 \\ x & y & z \end{vmatrix} = -12$ ，

則 $\vec{w}$ = (___⑪___ , ___⑫⑬___ , ___⑭___) 。

C. 在所有滿足 $z - \bar{z} = -3i$ 的複數 z 中（其中 $\bar{z}$ 為 z 的共軛複數，

$i = \sqrt{-1}$ ），$|\sqrt{7} + 8i - z|$ 的最小值為 $\dfrac{⑮⑯}{⑰}$ 。（化成最簡分數）

D. 一圓盤分成標有數字 0、1 的兩區域，且圓盤上有一可轉動的指針。已知每次轉動指針後，前後兩次指針停在同一區域的機率爲 $\frac{1}{4}$，而停在不同區域的機率爲 $\frac{3}{4}$。遊戲規則爲連續轉動指針三次，計算指針在這三次所停區域的標號數字之和。若遊戲前指針的位置停在標號數字爲 1 的區域，則此遊戲的期望值爲 $\dfrac{⑱⑲}{⑳㉑}$ 。（化成最簡分數）

- - - - - - - - 以下第貳部分的非選擇題，必須作答於答案卷 - - - - - - - -

第貳部分：非選擇題（占 24 分）

說明：本部分共有二大題，答案必須寫在「答案卷」上，並於題號欄標明大題號（一、二）與子題號（(1)、(2)、……），同時必須寫出演算過程或理由，否則將予扣分甚至零分。作答務必使用筆尖較粗之黑色墨水的筆書寫，且不得使用鉛筆。每一子題配分標於題末。

一、 如圖，已知圓 O 與直線 BC、直線 AC、直線 AB 均相切，且分別相切於 D、E、F。又 $\overline{BC}=4$, $\overline{AC}=5$, $\overline{AB}=6$。

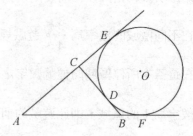

(1) 假設 $\overline{BF}=x$，試利用 x 分別表示 $\overline{BD}$，$\overline{CD}$ 以及 $\overline{AE}$，並求出 x 之值。（4 分）

(2) 若將 $\overrightarrow{AD}$ 表示成 $\alpha\overrightarrow{AB}+\beta\overrightarrow{AC}$，則 α, β 之值為何？（5 分）

二、 設三次實係數多項式 $f(x)$ 的最高次項係數為 a。已知在 $0 \le x \le 3$ 的範圍中，$f(x)$ 的最大值 12 發生在 $x=0, x=2$ 兩處。另一多項式 $G(x)$ 滿足 $G(0)=0$，以及對任意實數 s, r $(s \le r)$，$\int_s^r f(t)dt = G(r)-G(s)$ 恆成立，且函數 $y=G(x)$ 在 $x=1$ 處有（相對）極值。

(1) 試描繪 $y=f(x)$ 在 $0 \le x \le 3$ 的範圍中可能的圖形，在圖上標示 $(0, f(0))$、$(2, f(2))$，並由此說明 a 為正或負。（4 分）

(2) 試求方程式 $f(x)-12=0$ 的實數解（如有重根須標示），並利用 $y=G(x)$ 在 $x=1$ 處有極值，求 a 之值。（5 分）

(3) 在 $0 \le x \le 2$ 的範圍中，求 $G(x)$ 之最小值。（6 分）

105年度指定科目考試數學(甲)試題詳解

第壹部分：選擇題

一、單選題

1. 【答案】(5)

　　【解析】原式 $\Rightarrow \log \dfrac{a}{x} = \log(a - x) \Rightarrow \dfrac{a}{x} = a - x$

　　　　　　$\Rightarrow x^2 - ax + a = 0$，但 $a > 0$

　　　　　　故判別式 $(-a)^2 - 4a > 0 \Rightarrow a(a - 4) > 0 \Rightarrow a > 4$

2. 【答案】(3)

　　【解析】$\cos(2.6\pi) = \cos 0.6\pi = \cos 108° = -\cos 72° \approx 0.3090$

　　　　　　(1) (5) 均爲正，不合

　　　　　　(2) $\tan(2.6\pi) \approx -3.0777$，不合

　　　　　　(3) $\cot(2.6\pi) \approx -0.3249$

　　　　　　(4) $\sec(2.6\pi) \approx -3.2361$，不合

3. 【答案】(4)

　　【解析】(1) $\overrightarrow{AB} \cdot \overrightarrow{AC} = \dfrac{1}{2}(6^2 + 5^2 - 8^2) = -\dfrac{3}{2}$

　　　　　　(2) $\overrightarrow{AB} \cdot \overrightarrow{CA} = -\dfrac{1}{2}(6^2 + 5^2 - 8^2) = \dfrac{3}{2}$

　　　　　　(3) $\overrightarrow{AB} \cdot \overrightarrow{BC} = -\dfrac{1}{2}(5^2 + 8^2 - 6^2) = -\dfrac{53}{2}$

(4) $\overrightarrow{AB} \cdot \overrightarrow{CB} = \dfrac{1}{2}(5^2 + 8^2 - 6^2) = \dfrac{53}{2}$

(5) $\overrightarrow{AB} \cdot \overrightarrow{AB} = 5^2 = 25$

4. 【答案】(1)

【解析】 $\begin{cases} y = ax^2 + bx \\ y = ax + b \end{cases} \Rightarrow ax^2 + (b-a)x - b = 0$

其判別式 $(b-a)^2 + 4ab = 0 \Rightarrow (b+a)^2 = 0 \Rightarrow b = -a$

故 $ax^2 - 2ax + a = a(x-1)^2 = 0$

$\Rightarrow x = 1 \Rightarrow y = 0$，切點 $(1,0)$ 在 x 軸上

二、多選題

5. 【答案】(2) (3)

【解析】 (1) (2) 法向量 $\overrightarrow{OP} = (2,2,1) \parallel (4,4,2)$

(3) 平面 $E : 2x + 2y + z = 9$，則 $(0,0,9) \in E$

(4) $d((2,2,-8),E) = \dfrac{|4+4-8-9|}{3} = 3$

(5) $\overrightarrow{OP} = (2,2,1) \perp (2,2,-8)$，且 $O(0,0,0) \notin E$，

故過原點和 $(2,2,-8)$ 直線與 E 平行

6. 【答案】(2) (3) (5)

【解析】 (1) (2) $M \begin{bmatrix} 3 & 3 \\ -2 & 2 \end{bmatrix} = \begin{bmatrix} 3 & -3 \\ 2 & 2 \end{bmatrix}$

$\Rightarrow M = \begin{bmatrix} 3 & -3 \\ 2 & 2 \end{bmatrix} \begin{bmatrix} 2 & -3 \\ 2 & 3 \end{bmatrix} \times \dfrac{1}{12} = \begin{bmatrix} 0 & -\dfrac{3}{2} \\ \dfrac{2}{3} & 0 \end{bmatrix}$

(3) $\begin{bmatrix} 0 & -\dfrac{3}{2} \\ \dfrac{2}{3} & 0 \end{bmatrix} \begin{bmatrix} -3 & -3 \\ 2 & -2 \end{bmatrix} = \begin{bmatrix} -3 & 3 \\ -2 & 2 \end{bmatrix}$

(4) $\det \begin{bmatrix} 0 & -\dfrac{3}{2} \\ \dfrac{2}{3} & 0 \end{bmatrix} = 1$

(5) $M^3 = \begin{bmatrix} 0 & -\dfrac{3}{2} \\ \dfrac{2}{3} & 0 \end{bmatrix} \begin{bmatrix} 0 & -\dfrac{3}{2} \\ \dfrac{2}{3} & 0 \end{bmatrix} \begin{bmatrix} 0 & -\dfrac{3}{2} \\ \dfrac{2}{3} & 0 \end{bmatrix} = \begin{bmatrix} 0 & \dfrac{3}{2} \\ -\dfrac{2}{3} & 0 \end{bmatrix}$

$\qquad = -M$

7. 【答案】(1) (4)

　　【解析】$c_1 = \dfrac{(0+1)+(8-4)}{2} = \dfrac{2}{5}$

$\qquad > c_2 = \dfrac{\left(0+1+\dfrac{1}{2}\right)+\left(8-4-\dfrac{4}{3}\right)}{2} = \dfrac{25}{12}$

$\qquad c_n = \dfrac{\left(0+1+\dfrac{1}{2}+\dfrac{1}{4}+\cdots+\dfrac{1}{2^{n-1}}\right)+\left(8-4-\dfrac{4}{3}-\cdots-\dfrac{4}{3^{n-1}}\right)}{2}$

$\qquad = 2 - \dfrac{1}{2^n} + \dfrac{1}{3^{n-1}}$

故 $\lim\limits_{n\to\infty} c_n = 2$，$c_{1000} < 2$，

而數列 $\langle c_{n+1} - c_n \rangle = \dfrac{1}{2^n} + \dfrac{1}{3^{n-1}}$ 非等比數列

三、選填題

A. 【答案】 $\dfrac{3}{16}$

【解析】 $\dfrac{\left(\dfrac{1}{2}\right)^8\left[\dfrac{2!}{2!0!}\times\dfrac{6!}{1!5!}+\dfrac{2!}{1!1!}\times\dfrac{6!}{2!4!}\right]}{\left(\dfrac{1}{2}\right)^2\left[\dfrac{2!}{2!0!}+\dfrac{2!}{1!1!}\right]}$

B. 【答案】 $(1,-2,1)$

【解析】 $\vec{u}\times\vec{v}=(-2,4,-2)\parallel \vec{w}=(t,-2t,t)$ ，$|\vec{u}\times\vec{v}|=2\sqrt{6}$

$\begin{vmatrix} 1 & 2 & 3 \\ 1 & 0 & -1 \\ x & y & z \end{vmatrix}=-12 \Rightarrow \sqrt{x^2+y^2+z^2}=\sqrt{t^2+(-2t)^2+t^2}=\sqrt{6}$

$\Rightarrow t\pm 1$（取正）

C. 【答案】 $\dfrac{19}{2}$

【解析】 $z=a+bi$ ，其中 $a,b\in R$ ，則 $\bar{z}=a-bi$

$\Rightarrow z-\bar{z}=2bi=-3i \Rightarrow b=-\dfrac{3}{2}$

$\left|(\sqrt{7}+8i)-(a-\dfrac{3}{2}i)\right|=\sqrt{(a-\sqrt{7})^2+(8+\dfrac{3}{2})^2}$

$\leq \sqrt{(8+\dfrac{3}{2})^2}=\dfrac{19}{2}$

D. 【答案】 $\dfrac{21}{16}$

　　【解析】 累積 3 點機率：$\dfrac{1\times1\times1}{4^3}=\dfrac{1}{64}$

　　　　　　累積 2 點機率：$\dfrac{1\times1\times3}{4^3}+\dfrac{1\times3\times3}{4^3}+\dfrac{3\times3\times1}{4^3}=\dfrac{21}{64}$

　　　　　　累積 1 點機率：$\dfrac{1\times3\times3}{4^3}+\dfrac{3\times3\times3}{4^3}+\dfrac{3\times1\times3}{4^3}=\dfrac{39}{64}$

　　　　　　累積 0 點機率：$\dfrac{3\times1\times1}{4^3}=\dfrac{3}{64}$

　　　　　　$E(x)=3\times\dfrac{1}{64}+2\times\dfrac{21}{64}+1\times\dfrac{39}{64}+0\times\dfrac{3}{64}=\dfrac{21}{16}$

第貳部分：非選擇題

一、【答案】 (1) $\overline{BD}=x$、$\overline{CD}=4-x$、$\overline{AE}=9-x\Rightarrow x=\dfrac{3}{2}$

　　　　　　(2) $\overrightarrow{AD}=\dfrac{5}{8}\overrightarrow{AB}+\dfrac{3}{8}\overrightarrow{AC}$

　　【解析】 (1) $\overline{BF}=\overline{BD}=x$、$\overline{CD}=\overline{CE}=4-x$、$\overline{AF}=6+x$

　　　　　　　　$=\overline{AE}=5+4-x\Rightarrow x=\dfrac{3}{2}$

　　　　　　(2) $\overline{BD}=\dfrac{3}{2}$、$\overline{CD}=\dfrac{5}{2}$，則 $\overline{BD}:\overline{CD}=3:5$，

　　　　　　　　故 $\overrightarrow{AD}=\dfrac{5}{8}\overrightarrow{AB}+\dfrac{3}{8}\overrightarrow{AC}$

二、【答案】 (1) 如圖，$a<0$

　　　　　　(2) 根為 0、2、2，$a=-12$

　　　　　　(3) $G(x)$ 之最小值為 0

【解析】 (1) 依題意得知三欄表如下：

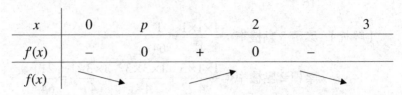

x	0	p	2	3
$f'(x)$	–	0	+	0	–
$f(x)$				

$f(0) = 12$、$f(2) = 12$、$f'(p) = 0$、$f'(2) = 0$

$f(x) = ax^3 + bx^2 + cx + 12 = 12$ 且 $a < 0$

$\Rightarrow f(2) = 8a + 4b + 2c + 12 = 12$

$\Rightarrow 4a + 2b + c = 0$

$f'(x) = 3ax^3 + 2bx^2 + c$

$\Rightarrow f'(2) = 12a + 4b + c = 0$

故 $b = -4a$，$c = 4a$，

則 $f(x) = ax^3 - 4ax^2 + 4ax + 12$

而 $f'(x) = 3ax^2 - 8ax + 4a = a(3x - 2)(x - 2)$

$\Rightarrow p = \dfrac{2}{3}$

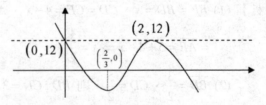

(2) $\displaystyle\int_s^r f(t)dt = G(r) - G(s)$，

表示 $G(x)$ 為 $f(x)$ 的反導函數

$y = G(x)$ 在 $x = 1$ 處有相對極值

即 $G'(1) = f(1) = a - 4a + 4a + 12 = 0$

$\Rightarrow a = -12$

則 $f(x) = -12x^3 + 48x^2 - 48x + 12$

故 $f(x) - 12 = -12x^3 + 48x^2 - 48x$

$= -12x(x-2)^2 = 0$，根為 0、2、2

(3) $G'(x) = f(x) = -121(x-1)(x^2 - 3x + 1)$

$G(0) = 0$，故 $G(x) = -3x^4 + 16x^3 - 24x^2 + 12x$

x	0	$\dfrac{3-\sqrt{5}}{2}$		1	2	$\dfrac{3+\sqrt{5}}{2}$	
$G'(x)$	+	0	−	0	+	0	−
$G(x)$	↗		↘		↗		↘

比較 $G(0) = 0$、$G(1) = 1$，

得知在 $0 \le x \le 2$ 的範圍中，

$G(x)$ 之最小值為 $G(0) = 0$

105 年大學入學指定科目考試試題
數學乙

第壹部分：選擇題（單選題、多選題及選填題共占 76 分）

一、單選題（占 18 分）

說明：第 1 題至第 3 題，每題有 5 個選項，其中只有一個是正確或最適當的選項，請畫記在答案卡之「選擇（填）題答案區」。各題答對者，得 6 分；答錯、未作答或畫記多於一個選項者，該題以零分計算。

1. 下列哪一個選項是方程式 $7x^5 - 2x^4 + 14x^3 - 4x^2 + 7x - 2 = 0$ 的根？

   (1) -1 (2) $\dfrac{1}{7}$ (3) $-\dfrac{1}{7}$

   (4) $\dfrac{2}{7}$ (5) $-\dfrac{2}{7}$

2. 考慮有理數 $\dfrac{n}{m}$，其中 m、n 為正整數且 $1 \le mn \le 8$。則這樣的數值（例如 $\dfrac{1}{2}$ 與 $\dfrac{2}{4}$ 同值，只算一個）共有幾個？

   (1) 14 個   (2) 15 個   (3) 16 個

   (4) 17 個   (5) 18 個

3. 坐標平面上有兩向量 $\vec{u} = (5,10)$，$\vec{v} = (-4,2)$。請問下列哪一個向量的長度最大？

   (1) $-3\vec{u}$ (2) $6\vec{v}$ (3) $-2\vec{u} - 5\vec{v}$

   (4) $2\vec{u} - 5\vec{v}$ (5) $\vec{u} + 7\vec{v}$

二、多選題（占 40 分）

說明： 第 4 題至第 8 題，每題有 5 個選項，其中至少有一個是正確的
　　　選項，請將正確選項畫記在答案卡之「選擇（填）題答案區」。
　　　各題之選項獨立判定，所有選項均答對者，得 8 分；答錯 1 個
　　　選項者，得 4.8 分；答錯 2 個選項者，得 1.6 分；答錯多於 2
　　　個選項或所有選項均未作答者，該題以零分計算。

4. 設 $f(x)$ 為一未知的實係數多項式，但知道 $f(x)$ 除以 $(x-5)(x-6)^2$
的餘式為 $5x^2+6x+7$。根據上述所給的條件，請選出正確的選項。

　(1) 可求出 $f(0)$ 之值

　(2) 可求出知道 $f(11)$ 之值

　(3) 可求出 $f(x)$ 除以 $(x-5)^2$ 的餘式

　(4) 可求出 $f(x)$ 除以 $(x-6)^2$ 的餘式

　(5) 可求出 $f(x)$ 除以 $(x-5)(x-6)$ 的餘式

5. 甲先生、乙先生、丙先生、丁先生四位男士以及 A 小姐、B 小
姐、C 小姐、D 小姐四位女士想要混搭兩部計程車，每車載有
四名乘客。已知：

　（一）甲先生與 A 小姐同車

　（二）以先生與 B 小姐同車

　（三）C 小姐與 D 小姐<u>不同車</u>

請選出正確的選項。

　(1) A 小姐與 D 小姐必<u>不同車</u>

　(2) 甲先生與 B 小姐必<u>不同車</u>

　(3) 乙先生與丙先生必同車

　(4) 如果乙先生與丁先生同車，則丙先生與 B 小姐必同車

　(5) 如果 D 小姐與乙先生同車，則 C 小姐與 A 小姐必同車

6 設 $a = 10^{1-\frac{\sqrt{2}}{2}}$，$b = a^{\sqrt{2}}$。請選出正確的選項。

(1) $1 < a$　　　　　　(2) $a < \sqrt{3}$　　　　　　(3) $a^2 < b^{\sqrt{3}}$

(4) $10^{0.4} < b < 10^{0.5}$　　　　(5) $(ab)^{\sqrt{2}} < 10$

7. 坐標平面上 O 為原點，P 點坐標為 $(1,0)$，直線 L 的方程式為 $x - 2y = -4$。請選出正確的選項。

(1) 在直線 L 上可以找到一點 A，滿足向量 $\overrightarrow{OP}$ 與 $\overrightarrow{OA}$ 平行

(2) 在直線 L 上可以找到一點 B，滿足向量 $\overrightarrow{OP}$ 與 $\overrightarrow{OB}$ 垂直

(3) 在直線 L 上可以找到一點 C，滿足向量 $\overrightarrow{OC}$ 與 $\overrightarrow{PC}$ 垂直

(4) 在直線 L 上可以找到一點 D，滿足 $\overrightarrow{PD} = 2$

(5) 在直線 L 上可以找到一點 E，滿足 ΔEOP 為等腰三角形

8. 某社區有一千位居民，其個人月所得少於 10,000 元者占 30%，介於 10,000 元及 20,000 元間者占 10%，介於 20,000 元及 40,000 元間者占 30%，介於 40,000 元及 80,000 元間者占 30%。請選出正確的選項。

(1) 該社區個人月所得的中位數介於 20,000 元及 40,000 元間

(2) 使用簡單隨機抽樣自該社區中抽出一位居民，其個人月所得在上述的四個區間中，以介於 10,000 元及 20,000 元間的機率最低

(3) 該社區的個人月所得平均，不可能高過 40,000 元

(4) 該社區的個人月所得平均，不可能低過該社區的個人月所得中位數

(5) 若該社區新搬入一位居民，其月所得為 200,000 元，則該社區的個人月所得平均將增加，但增加量不會多過 200 元

三、選填題（占 18 分）

說明：1. 第 A 至 C 題，將答案畫記在答案卡之「選擇（填）題答案區」所標示的列號（9–18）。

　　　2. 每題完全答對給 6 分，答錯不倒扣，未完全答對不給分。

A. 不透明袋中有三顆白球及三顆紅球。從袋中每次取出一球依序置於桌面，每次每顆球被取出的機率相同。全部取出後，前三顆球中有相鄰兩球同為白球的機率為 $\dfrac{⑨}{⑩⑪}$ 。（請化為最簡分數）

B. 設 x,c 為實數，方陣 $A = \begin{bmatrix} 3 & 2 \\ -2 & x \end{bmatrix}$、$B = \begin{bmatrix} 3 & -2 \\ 2 & x \end{bmatrix}$。

已知 A 的反方陣恰好是 B 的 c 倍（其中 $c \neq 0$），則數對 (x,c)

$= (\underline{\quad⑫\quad},\ \dfrac{⑬}{⑭⑮})$ 。（請化為最簡分數）

C. 設 $\langle a_n \rangle$ 為一等差數列。已知 $a_2 + a_4 + a_6 = 186$，$a_3 + a_7 = 110$。

令 $s_n = a_1 + a_2 + \cdots + a_n$。則極限 $\displaystyle \lim_{n \to \infty} \dfrac{s_n}{n^2} = \dfrac{⑯⑰}{⑱}$ 。

（請化為最簡分數）

- - - - - - - - 以下第貳部分的非選擇題，必須作答於答案卷 - - - - - - - -

第貳部分：非選擇題（占 24 分）

說明：本部分共有二大題，答案必須寫在「答案卷」上，並於題號
　　　欄標明大題號（一、二）與子題號（(1)、(2)、……），同
　　　時必須寫出演算過程或理由，否則將予扣分甚至零分。作答
　　　務必使用筆尖較粗之黑色墨水的筆書寫，且不得使用鉛筆。
　　　每一子題配分標於題末。

一、設隨機變數 X 表示投擲一不公正骰子出現的點數，$P(X=k)$ 表
　　示隨機變數 X 取值為 k 的機率。已知 X 的機率分布如下表：
　　（x,y 為未知常數）

k	1	2	3	4	5	6
$P(X=k)$	x	y	y	x	y	y

　　又知 X 的期望值等於 3。

　　(1) 試求 x,y 之值。（6 分）

　　(2) 投擲此骰子兩次，試求點數和為 3 的機率。（6 分）

二、某農業公司計畫向政府承租一筆平地和一筆山坡地，分別種植平
　　地作物 A 和山坡地作物 B。已知平地每一單位面積的年租金是 30
　　萬元，山坡地每一單位面積的年租金是 20 萬元；公司一年能夠
　　提供土地租金的上限是 80 萬元。平地作物 A 的種植成本每單位
　　面積一年是 40 萬元，山坡地作物 B 的種植成本每單位面積一年
　　是 50 萬元；公司一年能夠提供種植成本的上限是 130 萬元。每
　　年收成後，作物 A 每單位面積的利潤是 120 萬元，作物 B 每單
　　位面積的利潤是 90 萬元。請為公司一年應租平地和山坡地各多少
　　單位面積，收成後可以獲得最大利潤？又此時的最大利潤為何？
　　（12 分）（註：所租土地的面積並不限制一定要是整數單位。）

105年度指定科目考試數學(乙)試題詳解

第壹部分：選擇題

一、單選擇

1. 【答案】(4)

$$\Rightarrow x^4(7x-2)+2x^2(7x-2)+(7x-2)=0$$

【解析】 原式 $\Rightarrow (7x-2)[x^4+2x^2+1]=0$

$$\Rightarrow (7x-2)(x^2+1)^2=0$$

五根為 $\dfrac{2}{7}$、l（重根）、$-l$（重根）

2. 【答案】(4)

【解析】 有理數 $\dfrac{n}{m}$，m、n 為正整數且 $1\le mn\le 8$

n	1	2	3	4	5	6	7	8	1	3	1	2	1	1	1	1	1
m	1	1	1	1	1	1	1	1	2	2	3	3	4	5	6	7	8
值	1	2	3	4	5	6	7	8	$\dfrac{1}{2}$	$\dfrac{3}{2}$	$\dfrac{1}{3}$	$\dfrac{2}{3}$	$\dfrac{1}{4}$	$\dfrac{1}{5}$	$\dfrac{1}{6}$	$\dfrac{1}{7}$	$\dfrac{1}{8}$

　　　共 17 個

3. 【答案】(1)

【解析】 $|\vec{u}|^2=125$，$|\vec{v}|^2=20$，$\vec{u}\cdot\vec{v}=0$

(1) $|-3\vec{u}|^2=9\times125=1125$

(2) $|6\vec{v}|^2=36\times20=720$

(3) $\left|-2\vec{u}-5\vec{v}\right|^2 = 4 \times 125 + 25 \times 20 = 1000$

(4) $\left|2\vec{u}-5\vec{v}\right|^2 = 4 \times 125 + 25 \times 20 = 1000$

(5) $\left|\vec{u}+7\vec{v}\right|^2 = 125 + 49 \times 20 = 1105$

二、多選題

4. 【答案】 (4) (5)

【解析】 (4) $f(x) = (x-5)(x-6)^2 Q(x) + 5x^2 + 6x + 7$

$\qquad = (x-5)(x-6)^2 Q(x) + 5(x-6)^2 + 66x - 173$

(5) $f(x) = (x-5)(x-6)^2 Q(x) + 5x^2 + 6x + 7$

$\qquad = (x-5)(x-6)^2 Q(x) + 5(x-5)(x-6) + 61x - 143$

5. 【答案】 (2) (5)

【解析】

第一輛車	第二輛車
甲丙 A C	乙丁 B D
甲丙 A D	乙丁 B C
甲丁 A C	乙丙 B D
甲丁 A D	乙丙 B C

6.【答案】(1) (3) (4)

　【解析】(1) $\log a = \log 10^{1-\frac{\sqrt{2}}{2}} = 1 - \frac{\sqrt{2}}{2} \approx 0.29 > \log 1 = 0 \Rightarrow a > 1$

　　　　(2) $\log a = \log 10^{1-\frac{\sqrt{2}}{2}} = 1 - \frac{\sqrt{2}}{2} \approx 0.29 > \log \sqrt{3} \approx 0.23$

　　　　　　$\Rightarrow a > \sqrt{3}$

　　　　(3) $\log a^2 = 2\log a < \log a^{\sqrt{6}} = \sqrt{6}\log a \Rightarrow a^2 < a^{\sqrt{6}} = b^{\sqrt{3}}$

　　　　(4) $\log 10^{0.4} = 0.4 < \log a^{\sqrt{2}} = \sqrt{2}\log a = \sqrt{2}-1$

　　　　　　$\approx 0.414 < \log 10^{0.5} = 0.5 \Rightarrow 10^{0.4} < b < 10^{0.5}$

　　　　(5) $\log(ab)^{\sqrt{2}} = \log(a^{1+\sqrt{2}})^{\sqrt{2}} = (2+\sqrt{2})\log a = 1 = \log 10$

　　　　　　$\Rightarrow (ab)^{\sqrt{2}} = 10$

7.【答案】(1) (2) (5)

　【解析】$x - 2y = -4$ 上動一點為 $(2t-4, t)$

　　　　(1) $(1,0) = c(2t-4, t) \Rightarrow t = 0$，$c = \frac{1}{4}$，滿足 $\overrightarrow{OP} \parallel \overrightarrow{OA}$

　　　　(2) $(1,0) \cdot (2t-4, t) = 0 \Rightarrow t = 2$，滿足 $\overrightarrow{OP} \perp \overrightarrow{OB}$

　　　　(3) $(2t-4, t) \cdot (2t-5, t) = 0 \Rightarrow 5t^2 - 18t + 20 = 0 \; (D < 0)$，

　　　　　　故無解

　　　　(4) $\sqrt{(2t-5)^2 + t^2} = 2 \Rightarrow 5t^2 - 20t + 21 = 0 \; (D < 0)$，

　　　　　　故無解

　　　　(5) 當 $2t - 4 = \frac{1}{2} \Rightarrow t = \frac{9}{4}$，滿足 ΔEOP 為 $\overline{EO} = \overline{EP}$

　　　　　　等腰三角形

8. 【答案】 (1) (2) (5)

　　【解析】 (3) 最高月平均 $10000 \times 0.3 + 20000 \times 0.1 + 400000 \times 0.3$

　　　　　　　　$+ 80000 \times 0.3 = 41000$

　　　　　　 (4) 最低月平均 $0 \times 0.3 + 10000 \times 0.1 + 20000 \times 0.3$

　　　　　　　　$+ 40000 \times 0.3 = 19000$

　　　　　　 (5) $\dfrac{\bar{x} \times 1000 + 200000}{1001} - \bar{x} = \dfrac{200000 - \bar{x}}{1001} < 200$

三、選填題

A. 【答案】 $\dfrac{7}{20}$

　　【解析】 $\dfrac{3}{6} \times \dfrac{2}{5} \times \dfrac{1}{4} + \dfrac{3}{6} \times \dfrac{2}{5} \times \dfrac{3}{4} + \dfrac{3}{6} \times \dfrac{3}{5} \times \dfrac{2}{4} = \dfrac{7}{20}$

B. 【答案】 $(3, \dfrac{1}{13})$

　　【解析】 $A^{-1} = \begin{bmatrix} x & -2 \\ 2 & 3 \end{bmatrix} \times \dfrac{1}{3x+4} = c \begin{bmatrix} 3 & -2 \\ 2 & x \end{bmatrix} \Rightarrow \begin{cases} x = c(3x+4) \times 3 \\ 2 = c(3c+4) \times 2 \end{cases}$

　　　　　　$\Rightarrow x = 3, c = \dfrac{1}{13}$

C. 【答案】 $\dfrac{-7}{2}$

　　【解析】 $\begin{cases} a_2 + a_4 + a_6 = 3a_1 + 9d = 186 \\ a_3 + a_7 = 2a_1 + 8d = 110 \end{cases} \Rightarrow \begin{cases} a_1 = 83 \\ d = -7 \end{cases}$

　　　　　　$\lim_{n \to \infty} \dfrac{s_n}{n^2} = \lim_{n \to \infty} \dfrac{\left[166 + (n-1)(-7)\right]}{n^2} = \dfrac{-7}{2}$

第貳部分：非選擇題

1. 【答案】 (1) $x = \dfrac{1}{3}, y = \dfrac{1}{12}$　　(2) $\dfrac{1}{18}$

　　【解析】 (1) $\begin{cases} 2x + 4y = 1\,(\text{機率總和}) \\ 5x + 16y = 3\,(\text{期望值}) \end{cases} \Rightarrow x = \dfrac{1}{3}, y = \dfrac{1}{12}$

　　　　　　 (2) $(xy) \times 2 = \dfrac{1}{18}$

2. 【答案】 當平地 2 單位和山坡地 1 單位單位面積時，
　　　　　　有最大值 330 萬元

　　【解析】

	租金	成本	利潤
A	30	40	120
B	20	50	90
限制	≤ 80	≤ 130	max

限制範圍：$\begin{cases} x \ge 0, y \ge 0 \\ 30x + 20y \le 80 \\ 40x + 50y \le 130 \end{cases}$

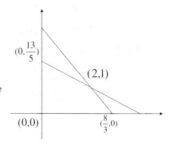

目標函數：$f(x,y) = 120x + 90y$

(x,y)	$(0,0)$	$\left(\dfrac{8}{3}, 0\right)$	$(2,1)$	$\left(0, \dfrac{13}{5}\right)$
$f(x,y)$	0	320	330	234

105 年大學入學指定科目考試試題
歷史考科

第壹部分：選擇題（占 80 分）

一、單選題（占 68 分）

說明： 第 1 題至第 34 題，每題有 4 個選項，其中只有一個是正確或
最適當的選項，請畫記在答案卡之「選擇題答案區」。各題
答對者，得 2 分；答錯、未作答或畫記多於一個選項者，該
題以零分計算。

1. 1920 年代，美國南方非裔族群發展一種新的音樂形式，頗受大眾
喜愛，逐漸傳播美國各地，百老匯的表演中，也採用這種音樂元
素。1950 年代以後，這種音樂形式漸漸成為美國文化的代表，也
風行全球。這種音樂是：
   (A) 搖滾樂　　　(B) 爵士樂　　　(C) 重金屬音樂　(D) 鄉村音樂

2. 某位官員巡臺時，在一埤圳處留下碑文：得俗吏百，不如得才吏
一；得才吏百，不如得賢吏一也。……其區被旱百有餘里，閭閻
待哺，……予為勸興水利，教以鑿陂開塘之法……鳳之士民，從
大令之教而合力成之，所謂民情大可見者……眾復請予名其圳，
以刊諸石。此埤圳應是：
   (A) 瑠公圳　　　(B) 八堡圳　　　(C) 貓霧捒圳　　(D) 曹公圳

3. 某一朝代，立國初期由於結合黃河流域的軍政力量與長江流域的
雄厚財富，國力昌盛；到了晚期則因長江流域的動亂與割據，中
央無法得到長江流域經濟上的支持，以致衰微而終告滅亡。這個
朝代應是：
   (A) 周　　　　　(B) 漢　　　　　(C) 唐　　　　　(D) 宋

4. 日本統治時期，一位士紳在日記中記下支廳長的指示：每月例會
　一次、要迎送官府人員、協助官府了解民俗風情、指揮民眾服勞
　役等；並強調此職務乃「名譽之人」。從上文推斷，這位士紳的
　身分最可能是：
　(A) 警察　　　　　　　　(B) 保正
　(C) 街庄長　　　　　　　(D) 壯丁團

5. 抗日戰爭期間，上海、天津、青島等重要港口均為日人佔據，政
　府昔日稅收的重要來源如關稅、鹽稅等，均大為減少，財政赤字
　十分嚴重。為應付浩繁的開支以及不斷增加的軍費，政府採取怎
　樣的措施？
　(A) 促成國共合作　　　　(B) 擴大公共投資
　(C) 變賣國有資產　　　　(D) 大量發行紙幣

6. 英國首相訪問非洲後，發表談話：「改變的風已經吹遍這個大
　陸，不管我們喜歡與否，這股民族自覺的風氣是個政治事實，因
　此我們國家的政策必須將它考慮進來。」不久，獨立運動果然紛
　紛出現。這位英國首相最可能在何時訪問非洲？
　(A) 1880 年代　　　　　(B) 1920 年代
　(C) 1960 年代　　　　　(D) 2000 年代

7. 啟蒙時期，某法國作家描述美洲世界：「顯赫的印地安統治者曾
　在此建立帝國，並依循合理的法律和宗教施政。人們寬宏、誠實
　又自由自在。然而，人性在這裡卻得不到□□和□□的光照。」
　這位作家認為美洲人有其優點，但仍缺乏歐洲人深以為傲的兩項
　發展（文中空格處）。這兩項發展最可能是：
　(A) 寬容和虔誠　　　　　(B) 博愛和自由
　(C) 民主和平等　　　　　(D) 科學和真理

8. 一座古城，遺址中有綾羅綢緞、漆器、藤器、圍棋、香料、葡萄乾、杏乾等。這座城市曾有佛寺、道觀、景教教堂、火祆祠、摩尼寺等，彼此共存。明朝一位使臣記錄該地景象時，寫到：「城郭蕭條市肆稀」、「遺跡尚存唐制度」。這座古城最可能在今日哪一地區？
(A) 阿富汗　　　　　　　　(B) 印尼
(C) 西藏　　　　　　　　　(D) 新疆

9. 學者分析：清代漢人在臺的移墾時間和區域先後大致依著以下歷程發展，即從臺灣府城 → 府城南北 → 中部 → 北部（含宜蘭）。下列哪一發展最適合以此歷程加以解釋？
(A) 鐵路興建的順序　　　　(B) 士紳階層的出現
(C) 茶葉栽種的移植　　　　(D) 原住民遷徙路線

10. 一位政治人物取得權力後，即採取與前任領袖不同的政治路線。他批評前任領袖搞「個人崇拜」，指責其「狹隘偏執、兇殘無道、濫用武力」。他把數百萬名政治犯從集中營釋放。此外，為緩和外交局勢，他主張與意識型態不同的陣營「和平共存」，強調「戰爭不是必然的宿命」。這位政治人物是：
(A) 赫魯雪夫　　　　　　　(B) 戈巴契夫
(C) 林彪　　　　　　　　　(D) 鄧小平

11. 西元前 349 年，一位雅典政治家指出城邦的危機：「雅典公民們，你們曾經拿起武器反對斯巴達，保衛希臘的權利。但現在，你們不情願作戰，拖延繳納要保衛你們自己財產的戰爭稅。你們過去常拯救希臘人，現在失去了自己的財產，卻仍坐以待斃。」此一危機最可能是：
(A) 公民精神淪喪　　　　　(B) 軍事裝備落後
(C) 社會秩序敗壞　　　　　(D) 經濟發展停滯

12. 下列二段文字，最可能屬於研究明代農業發展哪一方面的資料？

　　資料一：移居到湖北、湖南的農人，多年之後有了產業，也要交
　　　　　　稅了。

　　資料二：湖田從來不收稅，數十里的湖田，收租有限，客民就來
　　　　　　此地耕種，築堤防水患，富裕之後，又增修了些。

　　(A) 朝廷政策　　(B) 農具改進　　(C) 品種革新　　(D) 人口移動

13. 面對 1895 年割臺的鉅變，臺灣的傳統文人如何自處？有幾種表
　　現形態。鹿港秀才洪攀桂，割臺後仿劉向「更生」之例，取《漢
　　書‧終軍傳》「棄繻生」之說，改名繻，字棄生，從此絕意仕
　　進，不再赴科考，潛心於詩文，日本官府仰其聲名，屢次徵聘，
　　皆不就，以遺民之身終其生。綜觀洪棄生的表現，應屬下列哪種
　　形態？

　　(A) 變亂臨頭無奈何　　　　　　(B) 棄筆從戎執干戈
　　(C) 進退維谷轉順應　　　　　　(D) 憤時遯世不帝日

14. 一位君主表示：即位前，我曾奉先王之命南征，中國主動派人議
　　和。我即位後，爲了人民生命著想，於是派使者到中國。不料中
　　國竟扣住使者，斷絕兩國外交，我才決定發兵，水陸並進。這位
　　君主是：

　　(A) 匈奴冒頓單于　　　　　　　(B) 吐蕃棄宗弄贊
　　(C) 蒙古忽必烈　　　　　　　　(D) 滿洲努爾哈赤

15. 十九世紀後期以來，伊斯蘭世界興起一股改革潮流，一直持續到
　　二十世紀。有一個穆斯林國家，在改革過程中，正式把「世俗主
　　義」納爲立國原則，不但立法將伊斯蘭教從憲法中移除，甚至廢
　　除以伊斯蘭教義爲準則的律法，改採俗世的法律。這個國家是：

　　(A) 凱末爾時代的土耳其　　　　(B) 英國託管時期的伊拉克
　　(C) 何梅尼革命後的伊朗　　　　(D) 神學士控制下的阿富汗

16. 史家討論「人文學者」的學風，指出：「他們的治學工具若用於研究古代異教徒的作品，可以使歐洲人復興久已遺忘的藝術和科學；若用於研究聖經和古代基督徒作品，則可幫助基督徒對眞理的信仰更純正更有根據。」人文學者最重要的治學工具是：
    (A) 文字考據　　(B) 邏輯辯證　　(C) 科學實驗　　(D) 神學爭論

17. 甲、乙兩國發生衝突，甲國要求國際組織調查。乙國外交官認爲：這個國際組織代表西方列強的利益，甲國將亞洲人的事務公諸於西方列強之前，西方列強也利用此次事件，意圖干涉亞洲事務，我們不承認該組織的調查結果。這場衝突是：
    (A) 牡丹社事件　　　　　　　　(B) 中法越南戰爭
    (C) 義和團事件　　　　　　　　(D) 九一八事件

18. 史書描述第一次世界大戰爆發時歐洲左翼勢力的處境：「1904年，歐洲社會黨計畫一旦爆發帝國主義大戰，就號召一次總罷工。此後，第二國際一直把防止戰爭列爲主要議題。但 1914 年8 月的戰爭，歐洲社會黨均確信自己國家是被侵略者。德國社會民主黨通過支持政府，德國和法國的工會也都決定撤消罷工。……歐洲廣大勞工群衆，一如其社會黨領袖，確信有責任與侵略者戰鬥。」歐洲左翼勢力對戰局的反應顯示：
    (A) 社會主義的號召不敵資本主義的誘惑
    (B) 自由主義的精神不敵專制主義的威脅
    (C) 國際主義的理想不敵愛國主義的熱情
    (D) 民主政治的原則不敵群衆運動的壓力

19. 史家指出：「這場革命展示社會契約實踐的歷程，證實了自然法學說之可行性。（人民）在掙脫舊政府、回歸『自然狀態』後，重新建立政府，宣布政府是人民所創造，權力由人民授與。有人視這爲一個人們可自行設計——以避免過去錯誤的國度，有人讚揚這是一個自然平等的樂園。」這場革命應是：

(A) 英國光榮革命　　　　　(B) 美國獨立戰爭

(C) 日本明治維新　　　　　(D) 俄國共產革命

20. 藝術史課時，老師介紹某一畫派的特色：「如果一幅畫必須站得
　　遠遠的欣賞，大概就是這派畫家的傑作了，因為畫家採用的也是
　　從遠處看來的眼光，把許多描飾都簡化了。」「對色彩的強調，
　　對整個畫面色、光效果的重視，是他們的最終目標，隨之而來的
　　是空間及事物具體結構的消逝。」「他們對事物的處理，就只管
　　風格不風格，而不管是什麼東西。」這個畫派應是：

(A) 寫實主義　(B) 印象主義　(C) 超現實主義　(D) 達達主義

21. 右表是二十世紀上半葉，臺灣某項物產的生產與輸出統計。這項
　　物產是：

(A) 茶葉

(B) 稻米

(C) 樟腦

(D) 香蕉

年份	產量（石）	輸出（石）	輸出百分比 （輸出／產量）
1900	286 萬	44 萬	15%
1920	500 萬	100 萬	20%
1934	900 萬	430 萬	48%
1938	980 萬	520 萬	53%

22. 某學者如此描述英法百年戰爭：「這場戰爭並不是短時間就造成
　　重大傷亡的恐怖殺伐，而是一場持續將近一個世紀，無法徹底解
　　決又不斷消耗力量的毀滅性舞會。與其把它想成一場大火，不如
　　想成是一連串的樹叢小火，……不斷悶燒，製造出來的毒煙……
　　將宜人居住的土地潛在價值全都摧毀。……讓鄉村飽受苦難的，
　　並非一場場偉大的戰役，而是不打仗時四處閒蕩掠奪的軍人。」
　　根據上文，英法百年戰爭的特點是：

(A) 士兵流竄燒殺　　　　　(B) 戰爭傷亡慘重

(C) 戰術日益精良　　　　　(D) 雙方築壕對峙

23. 十八世紀初,甲國派遣一位使節前往乙國。這位使節晉謁乙國君主後,在報告中記下他的見聞:「根據這裡人的風俗,君主會把自己的肖像鑲上鑽石,贈送給大使們。可是,我解釋說我的宗教信仰是不可以有圖像的,於是他們就改授我一條鑽石腰帶。」從這位使節的陳述判斷,他最可能是:
(A) 羅馬教廷派往北京的使節　　(B) 鄂圖曼帝國駐巴黎的使節
(C) 西班牙派駐維也納的使節　　(D) 法國派駐聖彼得堡的使節

24. 1919 年 7 月胡適發表一篇文章,指出:任何理論或主義只是解決某一項實際問題的工具,理論的形成應該以個別實際問題的研究作基礎和出發點。他說:「紙上談兵的各種抽象的主義還有可能被政客們利用作他們空虛的口號,來滿足自己的野心,根本不用於解決問題。」胡適還說:「治所有病痛的萬靈藥是絕不存在的。」這篇文章的題旨最可能是:
(A) 多研究理論,少發表議論　　(B) 多研究科學,少談些哲學
(C) 多研究實事,少發表高調　　(D) 多研究問題,少談些主義

25. 十九世紀中葉以前,非洲曾被稱為「白人的墳墓」。甚至到十九世紀初,由於自然環境、疾病、非洲人的抵抗,歐洲士兵進入非洲後的死傷率高達 98%。直到十九世紀中期之後,歐洲人克服了前述三個阻礙,始能深入非洲內陸、大舉殖民。歐洲人得以深入非洲最主要倚靠下列哪三項發展?
(A) 汽船、奎寧、來福槍　　(B) 火車、天花疫苗、大砲
(C) 直昇機、奎寧、來福槍　　(D) 火車、天花疫苗、手榴彈

26. 某甲取笑某乙:「過去,憑著遊說,可得卿相之位,澤及後世;今日,你卻只能官至侍郎。」某乙回答:「過去,諸侯相爭,得士者強,所以重用士人;今日天子在上,諸侯賓服。過去位至卿相者,要是換到今日,也不可能比我好。」從上述對話可以推測他們口中的「過去」與「今日」分別是指什麼時代?

(A) 春秋戰國；漢朝　　　　　　(B) 南北朝；隋唐

(C) 五代十國；宋朝　　　　　　(D) 元朝；明朝

27. 此一時期，北方生產的棉花，水運賣至南方；南方織成的布，水
運賣至北方。江蘇松江的織造很有名，所需棉花多賴北方供給；
安徽蕪湖的漿染很有名，所用的原料則來自福建。這種情況的特
點是什麼？應該是哪個時期的現象？

(A) 運河貫通南北，應是唐代　(B) 經濟甚為繁榮，應是宋代

(C) 商品區域分工，應是明代　(D) 商業城市初興，應是清代

28. 歷史老師問：「十六世紀前期的『宗教改革』，使歐洲從宗教大
一統走向教派分立，但十六世紀後半至十七世紀上半卻也是歐洲
歷史上『宗教戰爭』最激烈頻繁的時期，原因是什麼？」四位同
學分別提出看法。哪些同學的回答可以合理解釋？

甲：與資本主義發展有關，戰爭可帶來財富、刺激工商業

乙：與王權興起有關，轄區內若存在不同教派，不利統治

丙：與天主教和新教對立有關，雙方為不同宗派信念而戰

丁：與自由主義思潮有關，個人藉此解脫宗教帶來的束縛

(A) 甲乙　　　　　　　　　　(B) 乙丙

(C) 丙丁　　　　　　　　　　(D) 甲丁

29. 右圖為歐洲某個時期一個族群
向外擴張的路線圖，此圖標示
的擴張者和時代最可能是：

(A) 哥德人，四至五世紀

(B) 穆斯林，六至七世紀

(C) 維京人，九至十世紀

(D) 土耳其人，十四至十五世紀

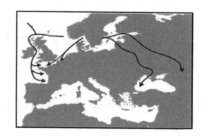

30. 科技史學者說，北宋沈括在《夢溪筆談》中提出一個具革命性的
    曆法制度，沈括認爲最好用「十二氣」爲一年，不要用「十二月」
    爲一年，他說：「直以立春之日爲孟春之一日，驚蟄爲仲春之一
    日，大盡三十一日，小盡三十日，歲歲齊盡，永無餘閏（永遠不
    再有閏月）。」又認爲，月亮的圓缺和寒暑的季節無關，只要在
    曆書上注明「朔」、「望」以備參考。他在最後說：「今此曆論
    尤當取（人們的）怪怒攻罵，然異時（將來）必有用予之說者。」
    今天看來，沈括意見的重點是什麼？他最後的話說對了嗎？
    (A) 改陽曆爲陰曆，他沒說對
    (B) 改陽曆爲陰曆，他說對了
    (C) 改陰曆爲陽曆，他沒說對
    (D) 改陰曆爲陽曆，他說對了

31. 以下爲有關前後兩任臺灣巡撫劉銘傳（簡稱劉）、邵友濂（簡稱
    邵）的評論：
    甲：詩人評論劉：自古衆志方成城，不聞鐵車（火車）與敵戰。
        又況勞民復傷財，民窮財盡滋內患。
    乙：邵接替劉擔任臺灣巡撫，他以節省經費，與民休息爲由，一
        反劉所爲，將其新政幾乎全部終止，使最有意義的西學堂亦
        被他所撤廢，尤可痛的爲鐵路工程的停止。
    我們如何理解這兩段資料？
    (A) 兩段資料都肯定劉銘傳　　　　(B) 兩段資料都肯定邵友濂
    (C) 資料乙批評邵友濂，肯定劉銘傳
    (D) 資料乙肯定邵友濂，批評劉銘傳

32. 閱讀下列兩段記載，選出正確的敘述。
    資料一：周公幫助武王，殺紂滅殷。他又討伐助紂爲虐的奄，用
            了三年的時間，把紂的幸臣飛廉驅趕到海邊，也殺了。
            還滅了依附於紂的五十國。（《孟子·滕文公下》）

資料二：飛廉生惡來，惡來力氣很大，飛廉善於奔跑，父子都以
　　　　才能力氣事奉殷紂，周武王伐紂，同時殺了惡來。
　　　　（《史記・秦本紀》）

(A) 武王伐紂，殺飛廉與惡來兩勇士，得以滅商

(B) 周公伐奄，得到飛廉大力相助，方得以滅奄

(C) 奄原臣屬於殷，周公伐之，戰況激烈，滅之

(D) 武王滅商，封周公於齊，地富饒，得以滅奄

33. 近代早期，歐洲遠洋貿易
　　商須攜帶大批白銀到亞洲
　　地區，以交換當地的珍貴
　　商品，如香料、絲綢、瓷
　　器等。右表是 1581 年到
　　1670 年間，歐洲某三國流
　　入亞洲白銀數量（單位：
　　噸）的統計表。根據表中
　　資料內容判斷，乙國最可
　　能是指哪一國？

年份	甲國	乙國	丙國
1581-1590	8.6		
1591-1600	?		
1601-1610	5.9	5.7	1.3
1611-1620	4.7	10.9	4.7
1621-1630	4.4	12.7	7.7
1631-1640		8.7	5.5
1641-1650		9.5	?
1651-1660		8.6	?
1661-1670		11.8	9.9

(A) 荷蘭　　　(B) 葡萄牙　　　(C) 英格蘭　　　(D) 義大利

34. 顧炎武在《日知錄》批評趙凡夫的《說文長箋》：「萬曆間人看
書，不看首尾，只看中間兩三行。凡夫著書之人，乃猶如此。」現代
學者解釋：「顧炎武對趙凡夫的《說文長箋》是不滿意的，然而，明
代後期談《說文》，總是學問上努力的表現，清初研究《說文》成績
卓越的人漸多，自然看不慣明朝學者的粗疏，惟我們覺得開風氣之先
的，都是粗枝大葉的。」現代學者所說「開風氣之先」應指何種風氣
的轉變？

(A) 從注釋經典到文字翻譯　　　(B) 從陸王心學到程朱理學

(C) 從談論心性到精研經史　　　(D) 從固守舊學到輸入西學

二、多選題（占 12 分）

說明：第 35 題至第 38 題，每題有 5 個選項，其中至少有一個是正確的選項，請將正確選項畫記在答案卡之「選擇題答案區」。各題之選項獨立判定，所有選項均答對者，得 2 分；答錯 1 個選項者，得 1.2 分；答錯 2 個選項者，得 0.4 分；答錯多於 2 個選項或所有選項均未作答者，該題以零分計算。

35. 《巴達維亞城日記》中關於贌社稅制的記載：爲增加公司收入，及實現地方議會對各村落頭人之承諾，決定在主要各村落、笨港河及南部一帶，在一定條件之下給中國人或荷蘭人之最高標價者包攬商業。其中大武壠 140 里耳（Real）、哆囉嘓 140 里耳、諸羅山 285 里耳……以上合計 2,140 里耳。以上金額先收半數，其餘半數於期滿時繳納。就此記載來看，贌社稅制的設計有哪些特點？

(A) 分區課稅　　　　(B) 承包稅制　　　　(C) 直接課稅
(D) 公開招標　　　　(E) 限繳實物

36. 閱讀下列有關荀子的三段資料，並依據你／妳的歷史知識，選出適當的敘述。

甲： 西漢經學，多傳自荀子，西漢人著作，如大小戴《禮記》、《史記》等多采荀子之言。

乙： 荀子曰：「天行有常，不爲堯存，不爲桀亡。」不信雩祭（求雨）之事。董仲舒曰：「以《春秋》災異之變，推陰陽所以錯行，故求雨，閉諸陽，縱諸陰，其止雨反是。（求雨，把陽封閉，把陰放開，如果求不要下雨，就用相反的方法。）」

丙： 北宋程明道說：「荀子偏駁，只一句性惡，大本已失。」

(A) 西漢經學，多傳自荀子，荀子學說受到重視

(B) 孔子以後，孟、荀並稱，影響後世無分軒輊

(C) 西漢稱孟子為亞聖，故荀子地位在孟子之下

(D) 西漢時荀子備受尊崇，董仲舒繼承荀子之說

(E) 西漢時荀學頗受重視；北宋時荀學遭到批判

37. 羅馬共和時代不斷擴張而帶來許多問題。當時有位作家描述：
「羅馬人將征服來的土地部分劃為公地，分配給沒有土地和貧苦
的公民，收取少量租金。但有錢人以較高租金承租，剝奪較窮者
的機會……又以假名等手法將土地化為己有。最後大部分的公地
都落入富人之手。窮人失去農地，也不再登記服兵役、不再照顧
自己的子女……。不久，義大利的自由勞動力減少，來自外地的
奴隸充斥，富人利用奴隸墾殖從自由公民處剝奪來的土地。」根
據引述，羅馬共和後期有哪些社會現象？

(A) 土地兼併嚴重　　(B) 奴隸耕種土地　　(C) 兵源逐漸流失

(D) 奴隸充斥軍中　　(E) 貧富差距增大

38. 「財閥」是近代日本新興資本主義的特色，三井財閥的形成是其
典型。1670 年代，三井家族在江戶及京都建立乾貨零售點，漸成
為江戶幕府金主。1860 年代，他們同時也親近倒幕勢力。1876 年
時，創辦銀行，承辦政府稅收，並成立物產公司開拓貿易業務。
1888 年，三井物產收購官營三池煤礦，賣煤給英國蒸汽船公司，
換取到上海、香港、倫敦設立分公司之權。在 1880 年代，三井
已是一個集銀行、礦產、貿易三者的大集團。根據上文，三井財
閥的形成是靠哪些因素？

(A) 投資科技研發　　(B) 經營政商關係　　(C) 進行企業併購

(D) 跨足多種產業　　(E) 依賴政府投資

第貳部分：非選擇題（佔 20 分）

說明：本部分共有四大題，每大題包含若干子題。各題應在「答案卷」所標示大題號（一、二、……）之區域內作答，並標明子題號（1、2、……），違者將酌予扣分。作答務必使用筆尖較粗之黑色墨水的筆書寫，且不得使用鉛筆。每一子題配分標於題末。

一、下列是三則與中華民國外交有關的文件內容，閱讀後回答問題。

甲：提供防禦性武器給臺灣人民；維持美國的能力，以抵抗任何訴諸武力、或使用其他方式高壓手段，而危及臺灣人民安全及社會經濟制度的行動。

乙：美利堅合眾國承認中華人民共和國政府是中國的唯一合法政府。在此範圍內，美國人民將同臺灣人民保持文化、商務和其他非官方關係。

丙：以光榮之同感，追溯上次大戰期間，兩國人民為對抗帝國主義侵略，而在相互同情與共同理想之結合下，團結一致併肩作戰之關係；……願加強兩國為維護和平與安全而建立集體防禦之現有努力，以待西太平洋區域安全制度之發展。

1. 「丙」是指哪一文件？（2 分）

2. 甲、乙、丙三項文件依制定／簽署時間的先後順序為何？（2 分）

3. 依據甲、乙兩項文件，簡述中華民國與美國外交關係的變化？（2 分）

二、閱讀下列四則資料，回答問題。

資料一、 學者說：「西漢儒學，自武帝推尊而驟盛，經生可以封侯，則士人爭誦六藝。利祿所歸，動機不純。浸至朝廷以儒術爲文飾，士人藉詩書以干利祿。東漢晚期以後，時君不復措意，則並此名存實亡之狀況亦不能維持。」

資料二、 《晉書》謂「魏正始中，何晏、王弼等祖述老莊，立論以爲天地萬物皆以無爲本。」

資料三、 王弼說：「若乃多其法網，煩其刑罰，則萬物失其自然，百姓喪其手足。鳥亂於上，魚亂於下。」

資料四、 嵇康說：「至人不存，大道陵遲，造立仁義以嬰（環繞、羈絆）其心，勸學講文以神其教（使其內容神化）。故仁義務於理僞（儘量造假），廉讓生於爭奪，非自然之所出也。」

依據上述資料及你／妳的歷史知識，請問：

1. 西漢儒學興盛的主要原因爲何？（2分）

2. 王弼與嵇康的話，在政治思想上，主要反對哪些觀念？（2分）

3. 王弼與嵇康是從哪個觀點提出批評？（2分）

三、 閱讀以下兩則與「馬歇爾計畫」有關的資料，回答問題。

資料一、 1947 年美國國務卿喬治·馬歇爾提到：美國應協助擬訂並實際支援歐洲復興計畫，這項計畫是爲了解決飢餓、貧窮、絕望與混亂，而非爲對付哪個國家或意識型態而設。學者評論：事實恰恰相反，馬歇爾計畫是針對特定對象而提出的。

資料二、 蘇聯官方文件：此計畫目的是「建立一個國家集團——這些國家一起被綁在對美國的義務下，並促使美國

　　　　　　　以借款換取歐洲國家先是放棄他們的經濟獨立、後來
　　　　　　　放棄政治獨立。」學者評論：此計畫讓史達林更進一
　　　　　　　步控制東歐，以護衛俄國利益。

1. 資料一的學者評論馬歇爾計畫是針對「特定對象」而提出，
   所謂「特定對象」所指為何？（2 分）

2. 請根據資料二的兩段敘述，說明馬歇爾計畫為什麼會導致史
   達林進一步控制東歐？（2 分）

四、以下是兩則有關法國大革命之初，從「三級會議」演變到「國
　　民會議」的資料。

　　資料一、一位史家評論「三級會議」的選舉：「整體而論，第
　　　　　　三階級為擺脫貴族對選舉的操控而團結起來。另一方
　　　　　　面，教士階級因基層教士的離心而陷入分裂。貴族階
　　　　　　級也不見得比較安寧，地方貴族拒絕投票給任何廷臣
　　　　　　或軍官。」

　　資料二、「6 月 17 日，第三階級自我宣告為『國民會議』，並
　　　　　　邀第一階級與第二階級加入。兩天後，半數教士代表
　　　　　　進入議場。6 月 25 日，更增加至 170 名教士與 50 名
　　　　　　貴族加入，其餘教士與貴族仍堅持分別開會。6 月 27
　　　　　　日，國王迫於形勢，只好改變態度，下令特權階級加
　　　　　　入國民會議。6 月 30 日，保守派貴族與教士才遵從指
　　　　　　示，不情願地進入會議廳。第三階級打贏了第一仗。」

　　綜合以上兩則資料，請問：

1.「第一階級」、「第二階級」所指各為何？請分別作答。（2 分）

2. 第三階級能「打贏第一仗」，主因為何？（2 分）

105年度指定科目考試歷史科試題詳解

第壹部分：選擇題

一、單選題

1. **B**

【解析】 爵士樂是一種起源於非洲形成於美國的音樂形式。誕生於 19 世紀末的美國密西西比河畔港埠新奧爾良，而這些音樂是美國黑人根植於其非洲音樂傳統的基礎上，結合他們在現實中的遭遇創作出來的。

(A) 搖滾樂源自於 1940 和 1950 年代的「rock and roll」運動及洛卡比里（rockabilly），此二者是由藍調音樂，鄉村音樂及其他音樂形式演進而來。專門演奏搖滾樂的藝人團體被稱為搖滾樂團或搖滾樂手。大部分搖滾樂團包括吉他手、主唱、貝斯手和鼓手，組成一個四人陣容。部分樂團取消了這其中的一個或幾個角色或者讓主唱同時擔負起演奏樂器的任務，由此成為一個二人或三人組合。

(C) 重金屬音樂是搖滾樂的一種，主要在 1960 年代末及 1970 年代初期的英國和美國開始發展。特色有高度失真、加長的吉他獨奏、有力的節拍和總體的音量。重金屬樂的歌詞和表演風格常常和陽剛、侵略性、大男人主義有所關聯。

(D) 鄉村音樂起源於美國南部與阿帕拉契山區。根源可追溯至 1920 年代，融合了傳統民謠音樂、凱爾特音樂、福音音樂及古時音樂。1940 年代，當鄉土音樂地位漸衰時，人們開始以統一的術語「鄉村音樂」作為稱呼，1970 年代更大大普及。

2. **D**

【解析】　本題的破題關鍵在於「不如得賢吏一也」「鳳之士民」。
　　　　　鳳山的曹公圳為鳳山知縣曹謹所興建，從破題關鍵的內
　　　　　容可以得知。

(A) 瑠公圳：由民間人士郭錫瑠興建於台北盆地。

(B) 八堡圳：由民間人士施世榜興建於彰化平原。

(C) 貓霧捒圳：由民間人士張達京興建於台中，是第一
　　　個漢番合作興建的水圳。

3. **C**

【解析】　自隋代運河興建完成以後，關中地區就相當依賴江南
　　　　　（長江三角洲）的錢糧支持。安史之亂雖然對於唐帝
　　　　　國造成重挫，但由於江南地區未受破壞，唐帝國仍能
　　　　　延續。西元九世紀黃巢之亂對於中國全境均造成破壞，
　　　　　江南富庶之地亦受影響，唐帝國在此亂後不到二十年
　　　　　即走向滅亡。

(A)(B) 周代、漢代的時候，長江流域尚未到達糧倉
　　　（經濟優勢）的地位。

(D) 北宋的滅亡是女真入侵（靖康之禍）所造成的，並
　　　無長江流域動盪之事。

4. **B**

【解析】　保正相當於現在的里長，多由台灣地方有名望的人士出
　　　　　任。保正的任務除負責維持治安外，還包括調查戶口、
　　　　　監視村莊出入者、警戒自然災害、搜查抗日分子與鴉片
　　　　　買賣、協助預防傳染病與蟲害、義務勞動、修橋鋪路、
　　　　　徵收賦稅、禁止纏足等。

(A) 警察：接受總督府與各級政府的指令並執行之，多
　　　半由日人擔任，因此也無法協助官府了解風俗民情。

　　(C) 街庄長：相當於鄉鎮長，屬於官府人員，由總督府
　　　　指派。

5. **D**

【解析】抗戰期間（民國 26 年至 34 年）與國共內戰期間（民
　　　　國 34 年至 38 年），由於國家局勢險峻，國民政府大量
　　　　印製紙幣應付不斷增加的軍費，使通貨膨脹的情形更
　　　　為嚴重。

　　(A) 促成國共合作：在民國 26 年盧溝橋事變爆發後，
　　　　中共即宣布「共赴國難宣言」，形式上達成「第二
　　　　次國共合作」。

　　(B) 擴大公共投資：抗戰期間兵荒馬亂，根本無法進行
　　　　建設。

　　(C) 變賣國有資產：即使變賣國有資產，也無法處理通
　　　　貨膨脹嚴重的事實。

6. **C**

【解析】1960 年代至 1970 年代，由於老牌殖民母國（如：英
　　　　國、法國等，因兩次世界大戰嚴重削弱實力）已經無
　　　　法維持海外殖民地的運作，加上美蘇兩大超強不支持
　　　　殖民主義，與殖民地民眾民族自覺的關係，亞非各殖
　　　　民地紛紛獨立建國，這股浪潮被稱為「亞非新興民族
　　　　國家獨立運動」。

　　(A) 1880 年代：是新帝國主義最猖獗的時候，非洲幾
　　　　乎遭到列強瓜分。

　　(B) 1920 年代：第一次世界大戰後，美國總統威爾遜
　　　　的確有提倡「民族自決」，但因為這次的提倡而獲
　　　　得獨立的國家相當有限，而且並不包括非洲在內。

7. **D**

【解析】 這題的解題關鍵在於「了解啓蒙運動時期的知識份子最重視甚麼」，即可選出答案。啓蒙運動的精神就是理性主義，而理性主義建構在客觀（眞理）與合乎邏輯（科學）這兩個因素上。

8. **D**

【解析】 本題的關鍵字在於「佛寺」「道觀」「摩尼寺」「火袄祠」「景教教堂」共存、「遺跡尙存唐制度」，唐帝國對於宗教的態度開放，並准許外來宗教傳入，證明此地應該過去曾經受到唐帝國的直接統治，因此排除 (B) 印尼與 (C) 西藏，大唐帝國版圖未曾及於印尼，而西藏與中國聯姻，況且西藏以印度佛敎爲主。另外一組關鍵字就是「葡萄乾」，新疆農產品以生產葡萄爲主，因此綜合以上資訊，就選 (D) 新疆爲答案。

9. **B**

【解析】 移墾社會多以豪強與地主爲社會領導階層，但隨著日漸開發與「內地化」（和中國愈來愈像）的影響，開發到了相當程度的地區會開始出現「士紳階層」。
    (A) 台灣鐵路的興建始於劉銘傳巡撫時代興建的台北到基隆段，邵友濂時代才興建台北到新竹段。都聚集於北部，與題幹不合。
    (C) 台灣茶葉的生長地點集中於北部，與題幹不合。
    (D) 原住民的遷徙是從平地遷往山地跟東部。

10. **A**

【解析】 赫魯雪夫執政以後，隨即批鬥史達林，被毛澤東斥爲「蘇修主義」。此外，在古巴危機後，蘇聯與美國建立起熱線溝通，試圖緩解美蘇關係。

(B) 戈巴契夫並無批評前任領袖之事，並推動蘇聯民主
　　化，但最後反而造成蘇聯瓦解。

(C) 林彪並未成為最高位的政治領袖，在 1971 年在政
　　變失敗後，搭機逃亡過程中墜機摔死。

(D) 鄧小平雖然與毛澤東、華國峰的政治路線不同，但
　　並沒有直接批評毛澤東，仍然肯定毛澤東開創中華
　　人民共和國的功績。

11. **A**

【解析】 題幹敘述，雅典的公民已經喪失了「公」的層面而重視
　　　　「私」的利益。過去的雅典公民，可以為了城邦（公）
　　　　與斯巴達戰鬥，現在竟然拖欠繳納戰爭稅（不顧慮城邦
　　　　面臨的危險，而注重自己財產利益）。

12. **D**

【解析】 資料一的意思是，從外地移居到兩湖的人，也要開始繳
　　　　稅。資料二的意思是，湖田不收稅，而外地來的人就在
　　　　這裡耕種，而且還愈種愈多。這兩段資料都有提到「外
　　　　來人口」，因此答案只能選 (D)。從題幹當中，並無法看
　　　　出移民是朝廷的政策，也無法看出裡面有農具改進與品
　　　　種革新的事情。

13. **D**

【解析】 本題為「文本閱讀後的文意判斷」。

　　　　(2) 題幹的關鍵在於「不再赴科考……也不就官職，以
　　　　　　遺民之身終其生」，指的是這個人不願受日本人的
　　　　　　邀請，而以亡國之民度過餘生。因此只能選 (D)，
　　　　　　不向日本人屈膝也不做日本的官。

　　　　(A) 指的是束手無策。

(B) 指的是從軍。

(C) 指的是順應日人。

14. **C**

【解析】 (1) 要解這題必須要很了解中國歷代胡人政權與中國政權的互動狀況，才有可能正確回答。

(2) 蒙古帝國在蒙哥汗時代對南宋大舉入侵，曾以忽必烈為帥統兵攻打，但途中因為蒙哥汗攻打四川戰死，忽必烈與南宋丞相賈似道和談後撤軍。爾後忽必烈稱帝後，再次遣使南宋，並提出條件，不料被賈似道扣留。

(A) 冒頓單于之前並未受過任何人的命令南征，反而是漢高祖劉邦征伐匈奴失敗（平城之圍），而被迫對匈奴「和親納幣」。完全與題幹敘述無關。

(B) 吐蕃棄宗弄贊雖然有入侵唐朝邊界，但最後與唐帝國和親，唐帝國下嫁文成公主與棄宗弄贊。

(D) 滿洲努爾哈赤起兵後，終其一生，未曾與明朝有過議和，因此完全與題幹敘述無關。

15. **A**

【解析】 凱末爾推翻受英國控制的鄂圖曼土耳其帝國後，建立土耳其共和國，戮力推行「西化運動」，視西化運動等於現代化，並力主世俗化。其具體政策包括：廢除哈里發制度、停辦獨立的宗教學校和經院、關閉宗教法庭、制訂和採用依據西歐國家法律為藍本的新民法等。

(C) 何梅尼所控制的伊朗，伊斯蘭教的權威高於政府。

(D) 神學士控制的阿富汗仍以古蘭經作為律法，並嚴格執行，與世俗脫節甚為嚴重。

16. **A**

【解析】關鍵在於「研究古代作品」後可以「復興遺忘已久的藝術和科學」、「更有根據」，殷此可知人文學者的學風在於探究文字，並且從文字當中找回來一些失去的東西。

17. **D**

【解析】(1) 題幹的關鍵在於「國際組織」，證明此時已經有以維護世界和平為號召的「國際組織」，而全球最早的「全球性國際組織」就是國際聯盟（成立於第一次世界大戰後）。

(2) 乙國認為這個國際組織代表西方列強的利益，而且認為西方列強想要藉此機會「干涉亞洲事務」，乙國也為此表示不滿的態度，由此推斷，甲、乙兩國應是亞洲國家。

(3) 九一八事件發生後，中國領袖蔣中正諭令張學良「不抵抗」並向國際聯盟提出對日本的控告。國際聯盟也派人前來中國東北調查，並認為日本對中國東北（滿洲）的侵略是非法行為，日本一怒之下，宣布退出國際聯盟。

(A) 牡丹社事件：事件發生後，中日兩國直接談判，並無國際組織介入。

(B) 中法越南戰爭：戰爭發生後，中國與法國鏖戰三年，最後中國讓出藩屬安南收場，並無國際組織介入。

(C) 義和團事件：事件發生後，俄德法美日奧義英等八國組聯軍攻打中國，最後八國公使與中國全權代表李鴻章簽署《辛丑和約》，也沒有國際組織介入。

18. **C**

【解析】 (1) 左翼指的就是社會主義，較無國家民族的傾向，比較重視無產階級與財產的公平分配。右翼指的就是民族主義，較重視國家民族的生存與發展。

(2) 第二國際延續第一國際，後繼有第三國際，都是在全球推廣共產主義的組織。

(3) 在 1914 年以前，歐洲的左翼勢力仍以「推廣社會主義」爲訴求，而罷工就是有關的手段之一。只是在 1914 年後，歐洲各左翼勢力都受到「民族主義」的影響而轉而支持自己的「國家民族」，撤銷罷工，不帶給自己的「國家民族」麻煩，並願意爲了「國家民族」而與侵略者戰鬥。

19. **B**

【解析】 美國獨立戰爭後，建立了人類歷史上第一個具有「啓蒙運動」理想精神的共和國，美利堅合眾國具備了啓蒙運動的訴求與理想如下：(1) 建立並使用「三權分立」體制的聯邦憲法與權力分配原則；(2) 由各州代表選舉出總統，總統具備民意基礎，符合「主權在民」；(3) 憲法本身就具備「社會契約論」的精神（人民與政府之間的契約書）。

20. **B**

【解析】 印象派拋棄了一切傳統的色彩觀念，去捕捉在物體上造成的色彩變化所產生的視覺感受，這種感受純粹是個人的，因此畫出的色彩也就非常鮮明、豐富而富於個性。他們完全把精力放在捕捉視覺印象和追求光色變化上，他們往往忽視對象的形和輪廓，把對象畫得相當鬆散和自由，只追求色彩效果。看慣嚴謹古典繪畫的人很難接受他們的藝術。

(A) 寫實主義：繪畫者總是在描述一個真實存在的物質而不是抽象的符號，這樣的創作往往被統稱為寫實主義的畫風。

(C) 超現實主義：超現實主義的藝術家主張透過作品將夢的世界和潛意識的世界呈現出來，因此在他們的作品中充滿了奇幻、詭異、夢境般的情景，常將不相干的事物加以並列在一起，構成了一個超越現實的幻象。

(D) 達達主義：精神上貶低傳統價值，呈現出反傳統的藝術態度，因此在他們的作品中充滿新奇、大膽的作風且富於叛逆性。對於藝術的定義、美醜的觀念…等問題，重新加以質疑、探討，並拓展了藝術的思想趨向、表現方法，對超現實主義和 1950 年代以後的藝術發展，有很大的影響。

21. **B**

【解析】 二十世紀的上半葉，台灣是日本的殖民地，因此物產大多運往日本，而日本對於台灣需求量最高的是「米」跟「糖」這兩種作物，基於此，可刪除 (A) (C) (D) 等選項，因此答案是 (B)。

在二十世紀初期的時候，日本對於台灣需求量最高的是砂糖而非稻米，因為日本本土（溫帶氣候）尚能生產稻米卻無法生產蔗糖，因此在 1900 年至 1920 年的時候，稻米仍不是輸往日本的最大宗商品，但由於 1930 年代之後，日本同時也陷入經濟大恐慌（全球性的經濟不景氣）與開始對外侵略，日本國內對於稻米的需求孔急，因此也提升了台灣稻米輸往日本的比例。

22. **A**

【解析】 本題屬於「文意判斷」。題幹當中對於英法百年戰爭的最後定義是「而是不打仗時四處閒蕩掠奪」。

(B) 戰爭傷亡慘重並非只是英法百年戰爭的特色，是各種大型戰爭都會產生的。

(C) 雖有此事，但從根據上文是無法得知的。

(D) 是第一次世界大戰西線戰場上的特色。

23. **B**

【解析】 根據題幹可知，甲國使節的信仰是不可以有「偶像崇拜」的，因此可知甲國應該來自於以「伊斯蘭教」為信仰的國家。而 (A) 羅馬、(C) 西班牙、(D) 法國都是以天主教為主要信仰，而 (B) 鄂圖曼土耳其是信奉伊斯蘭教的。因此答案只能選 (B)。

24. **D**

【解析】 簡化一下提幹，胡適的主張是「理論跟主義不是解決所有問題的萬靈丹」「問題才是一切理論或主義的基礎」，而主義還很有可能被政客利用。因此答案選 (D) 是最理想的。

(A) 胡適認為理論跟主義是同一位階，因此不會是「多研究理論」之意旨。

(C) 胡適並沒有提到「少發表高調」的說法，只有提到要多研究「實際問題」而已。

25. **A**

【解析】 本題必須利用刪去法。首先先去掉「天花疫苗」，因為歐洲人本身並不害怕「天花」，這從 15 世紀地理大發現以後，歐洲人將天花帶去中南美洲，造成中南美洲古文

明政權（阿茲提克與印加）的滅亡，而歐洲人卻無恙，
由此可知天花並不會對 19 世紀的歐洲人帶來威脅。因
此 (B) (D) 刪去。

其次，必須要知道人類開始使用飛機是 20 世紀的事情
（萊特兄弟於 1912 年成功發明飛機並試飛），因此直升
機的技術更不可能會出現在 19 世紀。因此也刪去 (C)。
以解題的角度而言，答案自然只有 (A) 可以選。(A) 選
項的部分，汽船、來福槍是工業革命後的成果，奎寧在
19 世紀中期以後廣泛地運用在防治瘧疾。

26. **A**

【解析】 判斷關鍵詞在於「遊說」。春秋戰國時代，游士多以
「遊說」手段，向國君進言，並以此獵取官位，最明顯
的例子如：「蘇秦」以「合縱策」遊說六國國君，得配
「六國相印」。「張儀」以「連橫策」遊說秦惠王，後擔
任秦相。尤其是戰國時期，各國國君多能重用人才，部
分君子也能養士，「布衣皆可為卿相」。以此可以判斷，
可選 (A) 春秋戰國。

漢朝建國以後，由於天下統一，朝廷並不樂見游士四處
流竄的風氣，因而打壓游士與豪強。在官吏的選拔上，
也出現固定的制度，如徵辟、察舉、太學等，自然也不
可能有依靠「遊說」而能任官的機會。

(B) 南北朝選拔人才以門第士族為考量，隋唐雖有科
舉，但仍有「身言書判」的面試程序，因此還是比
較有利於門第士族出身的士人。

(C) 五代十國由於多是軍人政權，只有軍人才有出頭的
機會。宋代的選拔人才方式多依靠科舉為主，但優
點是公平，階級流通容易。

(D) 元代的人才選拔受到種族差別待遇的限制。明代的人才選拔也是以科舉爲主。

27. **C**

【解析】 本題的破題關鍵相當地多，分別列舉如下：

(1) 棉花在中國廣泛種植並用做衣料，是元代以後的事情，基於此，(A)(B) 不能選，而 (D) 所說的商業城市在清代初興，這個與事實不符（明代已經有江南專業手工業城鎮的興起），故只能選 (A)。

(2) 江蘇松江的織造、安徽蕪湖的漿染都是專業手工業商品，而專業手工業城鎮興起於明，而興盛於明清兩代，又 (D) 的說法與事實不符，故只能選 (C)。

(3) 江蘇、安徽、福建都是「省」的名稱，中國有省這個單位是元代以後的事情，因此 (A)(B) 不能選，又 (D) 的說法與事實不符，故只能選 (C)。

28. **B**

【解析】 題幹的敘述可以濃縮爲一句話，就是「16 世紀後半至 17 世紀前半的宗教衝突爲何頻繁？」

甲的說法不合理，國王發動戰爭的目的，並非爲了財富與刺激工商業，多半是爲了理念的實踐與領土、利益的獲得，而戰爭本身反而會造成區域的破壞，以三十年戰爭爲例，對於日耳曼地區就造成嚴重破壞。

丁的說法不合理，其一，此時尚未流行自由主義，其二，若干反對舊教的人，主要是反對教會組織，並非反對「宗教」，因此也沒有擺脫宗教束縛的事情。

29. **C**

【解析】 判斷關鍵就是「各箭頭的出發位置」，很明顯可以知道
　　　　是從「斯堪地那維亞半島」出發。維京人的根據地就
　　　　是在「斯堪地那維亞半島」，因此答案選 (C)。
　　　　(A) 哥德人出自於日耳曼地區。
　　　　(B) 七世紀穆斯林的發源地主要在阿拉伯半島。
　　　　(D) 土耳其人的發源地主要在安那托利亞高原。

30. **D**

【解析】 這題考的是「文言文能力翻譯」。沈括所主張的革命性
　　　　曆法制度，反對使用以月亮圓缺為準則的陰曆，而直
　　　　接使用「大月三十一日，小月三十日」的做法，並主
　　　　張「不設置閏月」，這都是今天陽曆的辦法。

31. **C**

【解析】 甲資料對於劉銘傳持負面評價（批評），認為劉銘傳興
　　　　建鐵路火車是無用之舉，勞民傷財而導致民窮財盡。
　　　　乙資料對於邵友濂持負面評價（批評），認為邵友濂停
　　　　止劉銘傳的自強新政（西學堂、鐵路），是令人惋惜
　　　　的，言下之意也肯定劉銘傳的建設。

32. **C**

【解析】 這題比較屬於考題目的文意判讀，然後再從選項當中找
　　　　一個可以配合資料說法的。
　　　　資料一表示周打敗了殷以後，討伐了「奄」國並害了紂
　　　　的幸臣「飛廉」，也討伐了過去依附「殷紂」的五十國。
　　　　資料二表示周殺害了「殷紂」重用的「飛廉」「惡來」
　　　　父子檔。知道以上兩段資料後，開始用選項檢驗。

(A) 看似正確，但並不是最好的答案。這個選項的說法是表示，武王因為先殺了飛廉跟惡來之後，才有辦法滅掉商。與資料一、二表示的意思不符。

(B) 完全不對，飛廉被周所殺。

(D) 資料一、二並沒有提到周公被封於齊的事情。

33. **A**

【解析】 這題的破題關鍵在於「1601 年至 1670 年」跟中國貿易最密切的國家是誰？其實這題並不困難，以西方海上霸權而言，15 世紀至 16 世紀時的海上霸權是西班牙與葡萄牙，17 世紀西葡分別沒落後(西班牙連續於英西海戰與三十年戰爭受挫，葡萄牙則是母國太小而無法維持航海事業)，荷蘭成為當代（17 世紀）的海上霸權，自然也能掌控來到亞洲的航線及與中國貿易的權利。而歐洲人對於中國的絲、瓷、茶頗為愛好，為了購得這些東西，輸入大量白銀作為貨幣。

(B) 葡萄牙是十五、十六世紀的海上強權。

(C) 英格蘭是十八世紀之後的海上強權。

(D) 義大利半島各城邦在十字軍東征後，成為東西交流的重要據點（地理位置佳）。

34. **C**

【解析】 顧炎武是明末清初經世致用學派的代表人物，對於明代末年流行的「陸王心學」抱持著反動的態度。經世致用學派認為陸王心學的空談心性，是導致明朝滅亡的主要因素，因此主張「通經」以「致用」，認為讀書人除了要培養個人品德之外，也要把知識應用出來，貢獻社會。

(B) 程朱理學較流行的時間是南宋至元代。

(D) 西學輸入中國是自強運動後的事情。

二、多選題

35. **ABD**

【解析】　這題的關鍵在於你是否了不了解「贌社稅制」。

所謂的「贌社稅制」，就是荷蘭東印度公司讓漢人或荷蘭人標取「某地區當年度的收稅權」。

(A) 某地區，如大武壟 140 里耳、諸羅山 285 里耳，這就符合了 (A) 分區課稅。

(B) 漢人或荷蘭人標取收稅權後，等於是「付給東印度公司一定的金錢」「承包」一定的稅額，因此也符合 (B)。

(C) 既然是承包，那就不是由東印度公司直接去課稅，所以 (C) 不符合。

(D) 招標是公開的，這從題幹就可以知道。

(E) 里耳是貨幣單位，因此並不是實物。

36. **AE**

【解析】　(A) (E) 選項從甲、丙資料的敘述即可了解。

(B) 孔子以後，孟、荀的地位互有消長，但以對於後世的影響而言，最後孟子稱為亞聖，不論是地位或是影響都高於荀子。

(C) 孟子地位的提升，最初開始於唐代，而在明清以後，確立亞聖的地位。

(D) 荀子認為天行有常，難以用人力去干涉，但董仲舒卻認為能夠用人力透過陰陽去影響天意。

37. **ABCE**

【解析】 (A) 從文章當中的「公地都落入富人之手」可以得知。

(B) 富人利用奴隸墾殖從自由公民處剝奪來的土地。

(C) 也不再登記服兵役。

(D) 文章當中並沒有記載。

(E) 由土地集中於富人手中，就可以推知貧富差距的拉大。

38. **BCD**

【解析】 關於三井財閥的發展史，從題幹當中可以得知：

(1) 1670年代至1860年代的三井家族皆與政治勢力有所往來，並投資有利的政治勢力。因此答案 (B) 可以選。

(2) 1888年收購官營的三池煤礦，有進行企業併購之事，所以 (C) 可以選。

(3) 在1880年代，三井已經是一個集銀行、礦產、貿易三者的大集團，所以 (D) 可以選。

(4) 在題幹當中，並無提及「科技研發」與「讓政府投資」的事情。

第貳部分：非選擇題

一、【解答】 1. 中美共同防禦條約

【解析】 「願加強兩國為維護和平與安全而建立集體防禦之現有努力，以待西太平洋區域安全制度之發展」從這段文字可知，中華民國與美國建立集體防禦的機制。

2. 丙→乙→甲

【解析】 甲是台灣關係法，在 1979 年台美斷交後，由美國國會提出，屬於國內法，要求美國政府必須給予台灣等同其他主權國家的相同待遇。

乙是美中（中華人民共和國）建交公報，完成時間在 1978 年 12 月 15 日。

丙是中（中華民國）美共同防禦條約，簽署於民國 43 年（1954 年），美國正式將台灣納入冷戰體系裏面，同時成爲美國圍堵政策的一員。

3. 斷交後即建立實質的外交關係

【解析】 1978 年底，美國宣布對台斷交後，1979 年隨即提出台灣關係法，雖然沒有正式的外交關係，但台灣在台美關係之間仍然享有如同主權國家一般的權利。

二、【解答】 1. 獨尊儒術下，經學成爲利祿之途

【解析】 兩漢以經學的考核作爲選才任官的重要管道之一，例如西漢太學生「通一經可補吏」，東漢後期的孝廉，甚至還要通過經學考驗才能正式被任命爲官吏。

2. 反對名教治國

【解析】 王弼主張無，認爲一切都是建構在「無」的基礎之上。嵇康是竹林七賢的一員，主張以自然破名教。

3. 道家思想

【解析】 王弼與嵇康都主張「自然」，「自然」是老子（道家）的中心思想。

三、【解答】 1. 蘇聯

【解析】 美國擔心歐洲經濟持續低迷，會讓蘇聯的共產主義有滲透的機會，進而使歐洲赤化。美國不願意歐洲成為蘇聯的勢力範圍，因此提出高額的預算支持歐洲復興計畫。

2. 反美國的圍堵政策

【解析】 美國以馬歇爾計畫經援西歐各國後，後來更以杜魯門主義與北大西洋公約組織強化與西歐之間的關係，引起蘇聯的警覺，於是蘇聯在 1955 年組成華沙公約組織。

四、【解答】 1. 第一階級是教士階級，第二階級是貴族階級。

【解析】 此題為背誦類試題。

2. 第三階級的團結與教士階級、貴族階級的分裂，造成三級會議的瓦解

105 年大學入學指定科目考試試題
地理考科

壹、單選題（占 76 分）

說明：第 1 題至第 38 題，每題有 4 個選項，其中只有一個是正確或
最適當的選項，請畫記在答案卡之「選擇題答案區」。各題
答對者，得 2 分；答錯、未作答或畫記多於一個選項者，該
題以零分計算。

1. 據某學者研究，亞太地區最有利於推動國際金融業務的地區，是
   以東經 120° 為中央經線的東八區時區。下列哪個都市，理論上
   在東七區的時區，但卻透過時區調整，變更時間與東八區一致，
   以利該都市發展國際金融業務？
   (A) 東京　　　　(B) 香港　　　　(C) 新加坡　　　(D) 坎培拉

2. 洪水頻率係指某個大小的洪峰流量
   再次出現的平均時間，圖 1 顯示一
   地區的洪水頻率（洪水重現週期）
   與淹水範圍的關係。圖中哪條曲線，
   最能說明兩者關係？
   (A) 甲　　　　　(B) 乙　　　　　(C) 丙　　　　　(D) 丁

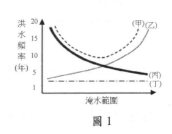

圖 1

3. 臺灣南部某天主教教堂，黃牆綠瓦、紅柱青窗，呈現典型的東方
   風格。教堂內的祭臺前設有香爐，用以敬天祭祖。祭臺後的聖龕
   擺設聖母圖，並書有「天上聖母」橫匾。下列哪個概念最適合用
   來解釋該天主堂的建築特色？
   (A) 區域專業化　　　　　　　(B) 全球在地化
   (C) 跨國社會空間　　　　　　(D) 社區總體營造

4. 圖 2 為 2013 年依據某組織公布
   的日本、中國、美國、臺灣二氧
   化碳總排放量與人均二氧化碳排
   放量資料。圖 2 中哪些國家的岸
   最大工業區，位於該國東的沿海
   地帶且面臨太平洋或其緣海？

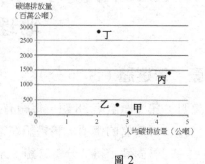
圖 2

   (A) 甲乙　　　　(B) 甲丙
   (C) 乙丁　　　　(D) 丙丁

5. 以下地點均位在同一經度，若將其從北到南排列，可得到下列哪
   項結果？
   甲、在這裡，西風盛行，持續從西北方吹來的涼風，讓盛夏天氣
   　　涼爽。
   乙、十二月下旬，太陽直射的熱力，逼出田裡老農身上的一顆顆
   　　熱汗。
   丙、沈葆楨看到此地，秋冬林木仍然茂盛，四季如春，乃改名為
   　　恆春。
   (A) 甲乙丙　　(B) 甲丙乙　　(C) 丙甲乙　　(D) 丙乙甲

6. 在臺灣都市中，常有向政府申請簡易都市更新，進行老舊住宅區
   改建的案例。其中一項利多為可獲得較多的容積率獎勵；但另方
   面，也常因住戶對改建後利益分配不均，且參與更新的建商亦需
   分得房舍，而產生阻力。此種都市更新後的居住環境，最可能出
   現下列哪三種現象？甲、工業活動將更為興盛，乙、居民至外縣
   市交通路線大幅改變，丙、平均每戶擁有土地面積降低，丁、房
   屋價格短期間內呈現上升的趨勢，戊、透過容積率獎勵，易使公
   共設施用地增加。
   (A) 甲乙戊　　(B) 甲丙丁　　(C) 乙丁戊　　(D) 丙丁戊

7. 「2016 年 2 月墨西哥某條河流的其中一段河水竟在一夜間突然消失，導致當地 1 萬多位居民失去水源。當地居民指出晚上曾聽到巨響，沒想到隔天早上村莊旁的整段河流都消失了。事後發現是因為河床出現大裂縫造成。」引言中的情形最可能出現在下列哪種地形區內？

    (A) 火山地形　　(B) 岩溶地形　　(C) 冰河地形　　(D) 風成地形

8. 非洲歷年饑荒不絕，面臨嚴重的糧食問題，成為國際長年關注的焦點。除了氣候與戰爭因素外，非洲常見饑荒主要尚與下列哪些原因有關？甲、過度的開墾導致沙漠化加劇。乙、自然增加率高人口增長快速。丙、農村勞動人口過剩情況嚴重。丁、經濟作物種植排擠糧食作物。戊、大量技術移民進入境內謀生。己、有機農業政策推動效果不彰。

    (A) 甲乙丁　　　(B) 甲丙戊　　　(C) 乙戊己　　　(D) 丙丁己

9. 十八世紀中葉，乾隆皇帝召集 3 萬以滿、蒙族為主的士兵，欲攻打某地，並準備了 15 萬匹馬、10 萬頭駱駝用以載運貨物，另有 10 萬頭牛、羊用以屠宰食用。該地今日最可能出現下列哪項景觀？

    (A) 早期穆斯林渡海來此興建的清真寺
    (B) 為發展棉花種植業的沼澤排水工程
    (C) 架設從哈薩克輸入原油的跨國管線
    (D) 促進漢人返鄉投資的經濟特區廣告

10-11 為題組

◎ 圖 3 為 2015 年歐盟自境外國家輸入某項作物的百分比圖。請問：

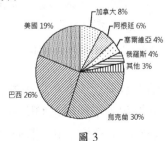

加拿大 8%
美國 19%
阿根廷 6%
塞爾維亞 4%
俄羅斯 4%
其他 3%
巴西 26%
烏克蘭 30%

圖 3

10. 該項作物最可能爲下列何者？
    (A) 小麥　　　　(B) 甘蔗　　　　(C) 玉米　　　　(D) 棉花

11. 圖 3 中的該項作物，從下列哪個氣候區輸出至歐盟境內的比例最
    高？
    (A) 熱帶雨林　　　　　　　　(B) 溫帶大陸性
    (C) 溫帶海洋性　　　　　　　(D) 夏雨型暖濕

12-14 爲題組

◎ 圖 4 與圖 5 分別爲臺灣某海岸地區的 1904 年堡圖與 2013 年航照
圖，圖的上方爲北方。請問：

圖 4　　　　　　　　　　　　　　圖 5

12. 圖 4 的陸地上，其附近最可能出現下列哪個地名？
    (A) 樟腳　　　(B) 三條崙　　　(C) 茶公坑　　　(D) 白沙岬

13. 下列哪種現象最適合用來描述該海岸的土地利用變遷？
    (A) 都市國宅興建　　　　　　(B) 農業專作區設立
    (C) 專業性工業區設置　　　　(D) 大型遊樂設施進駐

14. 若要計算近 110 年以來的海岸地區陸地面積增減的速率，最可能
    會應用到下列哪種 GIS 分析方法？
    (A) 地勢分析　　(B) 疊圖分析　　(C) 視域分析　　(D) 環域分析

15-16 為題組

◎　冰塊阻塞水流的現象稱為「凌汛」，
　　一般發生於冬季河水開始封凍和春季
　　河水開始解凍時。圖 6 是中國某河川
　　流域圖。請問：

圖 6

15. 圖 6 中哪個河段發生凌汛的頻率最高？
　　(A) 甲　　　　　(B) 乙
　　(C) 丙　　　　　(D) 丁

16. 在不考慮其他情況下，以長期趨勢來看，受到持續性氣溫升高的
　　影響，該流域的凌汛最可能出現下列哪個現象？
　　(A) 春季凌汛時間延後　　　(B) 冬季凌汛時間提早
　　(C) 春季凌汛規模變小　　　(D) 冬季凌汛規模變大

17-18 為題組

◎　表 1 為臺灣兩個相鄰的 A 行政區與 B 行政區的基本資料。
　　A 區及 B 區合併後，需要
　　重新製作新行政區的統計
　　資料。請問：

表 1

	A 區	B 區
土地面積（平方公里）	2016	176
人口數（千人）	1100	772
自然增加率	-2.03	0.84
社會增加率	-0.53	0.73
扶養比	36.51	33.8
性別比	104.22	97.83

17. A、B 兩行政區合併後，最
　　可能形成下列哪個行政區？
　　(A) 臺南市
　　(B) 高雄市
　　(C) 臺南市中西區
　　(D) 高雄市小港區

18. 兩個行政區合併後，下列哪項統計資料無法由表中提供的數據計
　　算出來？
　　(A) 性別比　　　　　　　　(B) 扶養比
　　(C) 自然增加率　　　　　　(D) 社會增加率

19-20 為題組

◎ 圖7為甲乙丙丁四個不同國家的都市氣候圖。請問：

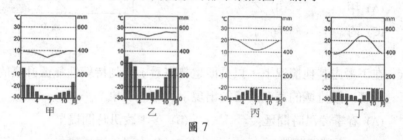

圖7

19. 甲乙丙丁四個都市中，何者的海拔高度最可能接近玉山？
　　(A) 甲　　　　　(B) 乙　　　　　(C) 丙　　　　　(D) 丁

20. 「這個都市向來以旅遊業聞名，旅遊業賣點是蔚藍的天空、林立
　　的天主教堂和羅馬帝國時代的古蹟。最佳的旅遊季節是春天和秋
　　天，夏季雖然晴朗但有時天氣太熱，冬季則潮濕冷涼。」引文中
　　的都市，其氣候圖最可能是甲乙丙丁中的何者？
　　(A) 甲　　　　　(B) 乙　　　　　(C) 丙　　　　　(D) 丁

21-22 為題組

◎ 近年來政府為提振屏東平原沿海經濟，並解決環境問題，因而推
　　動「養水種電」政策，鼓勵沿海居民利用優越的自然條件，將部
　　分魚塭改建為發電基地，以期居民放棄養魚，改採售電來維持生
　　計。請問：

21. 該平原沿海推動養水種電的政策，其最大的自然環境優勢是：

(A) 日照充足　　(B) 水力充沛　　(C) 季風強勁　　(D) 地熱豐富

22. 養水種電的政策推動，除了為提振當地經濟外，主要是期望減緩當地哪種環境問題？

(A) 乾旱　　　　(B) 土石流　　　(C) 沙塵暴　　　(D) 地層下陷

23-24 為題組

◎ 近年來，海盜猖獗，橫行全球各海域，威脅海運安全，每年損失的金額估計在數億美元以上。表 2 為國際海事組織統計 2008 至 2014 年，全球各處海域發生海盜及海上武裝劫持事件資料。請問：

表 2

年份 海域	2008	2009	2010	2011	2012	2013	2014	總計
加勒比海	6	6	3	3	6	6	6	36
北大西洋	0	0	0	2	1	0	1	4
西非海域	42	34	37	44	45	34	28	264
阿拉伯海	0	0	8	5	10	2	1	26
東印度洋	23	24	39	24	26	30	42	208
東亞及北太平洋海域	0	1	0	1	2	0	0	4
東非海域	61	59	48	47	14	8	2	239
南中國海	62	57	109	102	85	132	82	629
南美洲大西洋海域	4	14	17	8	1	1	2	47
南美洲太平洋海域	7	14	14	11	8	8	1	63
麻六甲及新加坡海域	0	0	0	21	22	16	77	136

23. 在 2008 至 2014 年之間，表 2 哪個洋流經過的水域，發生海盜及海上武裝劫持事件的數量最多？

(A) 祕魯洋流   (B) 墨西哥灣流

(C) 幾內亞灣流   (D) 拉布拉多洋流

24. 若只考慮海盜及海上武裝劫持事件因素，則臺灣分別經由北極海、好望角、巴拿馬運河、蘇伊士運河等四條通往英國的最短航線中，哪條航線受到海盜劫掠的威脅最低？

(A) 北極海   (B) 好望角

(C) 巴拿馬運河   (D) 蘇伊士運河

25-27 為題組

◎ 圖 8 為某山岳冰河的等高線地形圖。圖中甲乙丙丁代表各類冰河地形，ㄅㄆㄇㄈ代表觀景台的候選位置。請問：

圖 8

25. 下列何處最可能見到圖 8 的地形景觀？

(A) （48°30'E，15°26'N）

(B) （73°39'W，47°30'S）

(C) （82°29'E，77°54'S）

(D) （92°03'W，30°58'N）

26. 圖中甲乙丙丁四處中，有一處為冰斗地形。該冰斗地形的開口朝向哪個方位？

(A) 東北   (B) 東南   (C) 西南   (D) 西北

27. 若想觀賞乙處的冰河地形，觀景台最適合設在圖中的何處？

(A) ㄅ   (B) ㄆ   (C) ㄇ   (D) ㄈ

28-30 為題組

◎ 在 2004 年，歐洲聯盟有立陶宛、拉脫維亞、愛沙尼亞、波蘭、捷克、斯洛伐克、匈牙利、斯洛維尼亞、馬爾他、賽普勒斯等 10 國加入，是歐盟第一次的東擴。上述的歐陸國家大多曾受神聖羅馬帝國的影響，因而不少居民改變原來的宗教信仰。二戰後，這些歐陸國家被納入蘇聯控制的共產體系，直到蘇聯解體後，才開始推動市場經濟與貿易自由化，並積極申請加入歐盟。請問：

28. 2004 年加入歐盟的國家，以何種宗教信仰為主的國家數最多？
　　(A) 天主教　　　　　　　　　(B) 東方正教
　　(C) 伊斯蘭教　　　　　　　　(D) 基督新教

29. 歐盟希望東擴後，使會員國增加，各國能依其優勢發展產業，帶動整體經濟效益，此一策略最適合以下列哪個概念來解釋？
　　(A) 產業群聚　　　　　　　　(B) 區位聚集
　　(C) 國際分工　　　　　　　　(D) 生產標準化

30. 有學者認為歐盟東擴的政治考量，在預防俄羅斯勢力重新崛起，避免冷戰對峙的再次發生。這種思考與文中的歐陸國家具有下列哪項區域特色有關？
　　(A) 屬歐洲中東部，是重要族群緩衝帶
　　(B) 屬歐洲邊陲區，經濟發展較為遲緩
　　(C) 屬歐洲平原帶，農牧業生產極發達
　　(D) 屬歐洲開發中國家，勞力成本較低

31-32 為題組

◎ 圖 9 是甲乙丙丁四種國家類型的三級產業別人口比例三角圖。請問：

31. HDI 指數在 0.9 以上的國家，其
產業概況最可能是圖 9 中的哪種
國家類型？
(A) 甲　　　　　(B) 乙
(C) 丙　　　　　(D) 丁

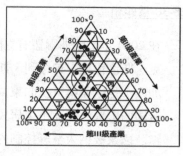

圖 9

32. 某國主要從事的農業活動，其農
業系統為「投入→種植過程→產
出→初級加工→市場」，則某國最可能屬於圖 9 中的哪種國家類
型？
(A) 甲　　　　(B) 乙　　　　(C) 丙　　　　(D) 丁

33-35 為題組

◎ 表 3 為日本、韓國、美國與英國等四個國家文化產業發展特色的
描述。請問：

表 3

國家	文化產業發展特色
甲	重視創意設計，為全球第一個利用公共政策推動文化創意產業發展的國家。主要的文化產業部門趨於多元，涵蓋建築、音樂、電腦遊戲、電影等，中、小型企業是該國發展文化創意產業的主力。實現了由以製造業為主的「世界工廠」向以文化產業為主的「世界創意中心」的成功轉型。
乙	藉由強大的政治和經濟影響力輸出文化產品，以視聽影音產品為大宗，產品製作多結合高科技，投資成本與利潤均大。國內發展出專業化文化產業生產區，尤其是西海岸的地中海型氣候區，企業在此共享區域公共設施與市場環境，緊密分工，提高產值與利潤。

丙	是全球最大的動漫製作和輸出國，遊戲產業也在全球占有舉足輕重的地位，其文化產業規模已超過了本國具有國際競爭力的電子產業和汽車產業。由於開發的遊戲軟體常源自動漫作品，因此形成了以動漫產品為核心，帶動遊戲、圖書、視聽影音等周邊商品出口的發展趨勢。
丁	文化產業在近十餘年才呈現快速增長，並風靡全球，以影視、網路遊戲、音樂等娛樂文化為主體，國家金融的大力扶持為其提供了良好的環境。近年大量出口的影視產品與音樂具有區域性國際影響力，帶動了觀光旅遊業的發展；網路遊戲除在其國內的市場持續成長外，出口規模也快速擴增。

33. 表 3 中哪個國家的特色描述，最能呈現聚集經濟在該國文化產業發展發揮的效應？

(A) 甲　　　　　(B) 乙　　　　　(C) 丙　　　　　(D) 丁

34. 臺灣與表 3 中哪兩個國家的貿易依存度最高？

(A) 甲乙　　　　(B) 甲丁　　　　(C) 乙丙　　　　(D) 丙丁

35. 甲至丁中，哪個國家在 2016 年 6 月下旬透過公民投票的方式，決定脫離歐盟組織？

(A) 甲　　　　　(B) 乙　　　　　(C) 丙　　　　　(D) 丁

36-38 為題組

◎ 生態印跡與一國的經濟發展程度密切相關；生態負載力是指「單位面積土地所能提供的生產資源與所能容忍的廢棄物之能力」。圖 10 為 1961-2010 年韓國、巴西、荷蘭、坦尚尼亞 4 國的生態印跡與生態負載力變遷比較圖。圖中縱軸為平均每人公頃，橫軸為年代。請問：

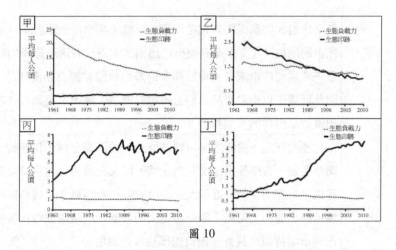

圖 10

36. 圖 10 中的甲乙丙丁，何者最能夠反映韓國的變遷趨勢？
(A) 甲　　　　(B) 乙　　　　(C) 丙　　　　(D) 丁

37. 照片 1 是某地的自然景觀。圖 10 中哪幅圖所代表的國家，最可能出現照片 1 的自然景觀？

(A) 甲　　　　(B) 乙
(C) 丙　　　　(D) 丁

照片 1

38. 圖 10 中哪兩幅圖所代表的國家，其 2010 年的人類發展程度指標最高？
(A) 甲乙　　　(B) 甲丁　　　(C) 乙丙　　　(D) 丙丁

貳、非選擇題（占 24 分）

說明：共有三大題，每大題包含若干子題。各題應在「答案卷」所標示大題號（一、二、……）之區域內作答，並標明子題號（1、2、……），違者將酌予扣分。作答務必使用筆尖較粗之黑色墨水的筆書寫，且不得使用鉛筆。每一子題配分標於題末。

一、 1980 年代，臺灣太陽眼鏡產業蓬勃發展，產值曾是世界第一，工廠主要集中在臺南的安平工業區。1990 年代以後，許多工廠外移至中國廈門。2000 年代後期，隨著中國工資上漲、勞動合同法實施，以及同業競爭，臺商面臨著經營轉型壓力，某臺商遂改變經營策略如下。策略一：在安平工業區母公司的閒置廠房重啟生產線，與廈門工廠同時生產中階太陽眼鏡產品，並就近由安平港及廈門港出口。策略二：母公司在安平工業區投資高精密設備，研發、設計與生產單價高、重量輕、體積小的「無螺絲鉸鍊」零件，以海運送至廈門工廠，組裝成高階太陽眼鏡產品，再行銷至全球各地。請問：

1. 文中的兩個港口，其各位於何種海岸地形？（2 分）
2. 2000 年代後期，臺商採取的第一種經營策略，最適合以哪種產業空間分工鏈的概念說明？（2 分）
3. 繪製一張高階太陽眼鏡產品的微笑曲線示意圖，並以圓圈方式標示出「無螺絲鉸鍊」在曲線上的位置。【注意：需有橫座標與縱座標】（4 分）

二、 圖 11 為某地區 1995、2005、2015 三年的飲食店分布圖，每張分布圖係以相同之橫麥卡托二度分帶投影座標繪製的地圖網格，已知圖幅邊長 50 公分，比例尺 1：5000。表 4 為該地區的土地使用分區管制規則。請問：

1995 年

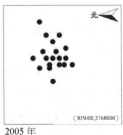

2005 年

2015 年

圖 11

表4

土地使用分區	建蔽率	容積率	土地使用分區	建蔽率	容積率
第一種住宅區	30%	60%	第一種商業區	55%	360%
第二種住宅區	35%	120%	第二種商業區	65%	630%
第三種住宅區	45%	225%	第三種商業區	65%	560%
第四種住宅區	50%	300%	第四種商業區	75%	800%

1. 圖 11 中飲食店的增加，最主要往哪個方位角擴散？（2分）
2. 該地區圖幅涵蓋面積為多少平方公里？（2分）
3. 圖幅右下角之二度分帶座標為（305000,2768000），則圖幅左上角之二度分帶座標為何？（2分）【全對才給分】
4. 該地區容許 180 坪的建築基地上興建每層樓地板面積 90 坪的 12 層樓建築，可推論該地區的土地使用分區可能為表 4 中的哪兩類？（2分）【全對才給分】

三、 茲卡病毒其傳染源是帶有茲卡病毒的斑蚊，人被其叮咬後會出現發燒、肌肉酸痛等症狀，孕婦則可能產下小頭症嬰兒。茲卡病毒在 1947 年於烏干達被發現，之後在埃及、奈及利亞、塞內加爾、巴基斯坦、印度、馬來西亞、泰國、柬埔寨等國陸續爆發疫情，2007 年在密克羅尼西亞初次爆發疫情後，科學家對此病毒才有比較多的認識，但即使如此，2014 年以後，巴西、委內瑞拉、加勒比海地區等地還是出現疫情，成為新疫區，其中巴西甚至出現了約 4000 個小頭症嬰兒病例。請問：

1. 文中出現茲卡病毒案例的地區，依發生時間先後順序，經過哪些大洲？（2分）
2. 2016 年 1 月，臺灣首次出現境外移入的茲卡病毒案例。茲卡病毒最可能透過哪種交通形式進入到臺灣？（2分）
3. 從病媒蚊的孳生環境及傳播路徑推論，茲卡病毒在文中的哪個國家，其國內病患的擴散方式最可能呈現線狀分布？（2分）並說明你判斷的理由？（2分）

105年度指定科目考試地理科試題詳解

壹：選擇題

1. **C**

　　【解析】　新加坡位於 (01°22'N, 103°48'E)，103°48'E 屬東七區
　　　　　　　(103° ÷ 15° = 6……13° → 13° > 7.5° → 屬於 6 + 1 區；
　　　　　　　以 105°E 爲中央標準線，東西個跨 7.5° 爲同一時區)。
　　　　　　　近年來致力發展金融、服務和航運中心，1981 年 12 月
　　　　　　　31 日由於鄰近的馬來半島將其標準時間由 UTC + 7:30
　　　　　　　改爲 UTC + 8，新加坡便於 1982 年 1 月 1 日跟隨改爲
　　　　　　　大中華時間 UTC + 8 沿用至今。

　　　　　　　(A) 東京屬於東九區。

　　　　　　　(B) 香港爲東八區。

　　　　　　　(D) 坎培拉爲澳大利亞聯邦首都，位於 (35°18'29''S,
　　　　　　　　　 149°07'28''E) 屬於東十區。

2. **B**

　　【解析】　洪水頻率在學理上的定義爲某種大小的洪峯再發生的平
　　　　　　　均時間。(即類似大小的洪患多久會發生一次)，但這是
　　　　　　　一個在機率上的名詞，『並無包含』任何週期的意義在
　　　　　　　裡面，通常用於河川保護標準之訂定。目前臺灣的主要
　　　　　　　河川採用 100 年洪水頻率標準，在人口較密集的淡水河
　　　　　　　右岸則採用更爲嚴格的 200 年洪水頻率做防護堤防。例
　　　　　　　如：某條河川內『2 年洪水頻率』與『100 年洪水頻率』
　　　　　　　之比較，2 年頻率之洪水經常發生，反應其洪水量較小，

而 100 年頻率之洪水發生機會較小，反應其洪水量較大，但不代表今年發生了 100 年洪水頻率之洪水，下一次發生類似大小的洪患會在 100 年後發生，可能今年發生後明年依然發生類似大小之洪水量。由此可知洪水頻率（洪水重現週期）與淹水範圍成正比，故選 (B) 乙。

3. **B**

【解析】 交通革新為加速全球化的主要動力，在全球化的過程造成各地逐漸喪失其地方特色，全球的同質化現象也激起了各地人士的反思，進而積極投入復興在地文化的工作，並在文化、環境、人權、消費等方面抵制全球化的不良影響以保障『在地』的認同與地方特色的延續，並逐漸發展出自我風格的『在地化』特色。題幹的天主教教堂為全球化的文化散佈，題幹所述『祭臺前設有香爐，用以敬天祭祖。祭臺後的聖龕擺設聖母圖，並書有「天上聖母」（媽祖）橫匾』則是臺灣傳統道教信仰的神祇與相關特色，符合 (B) 全球在地化（glocalization）的概念故選之。

(A) 區域專業化（regional specialization）是指生產活動的空間分布由分散而趨向集中的一種現象。

(C) 跨國社會空間（transnational social spaces）是指由於全球性的人口遷移促使，促使社會的範圍不再等同於國家範圍，而開始出現了各種跨國社會空間，例如：功能性的跨國社會空間（由跨國企業所掌控的跨國商業社會）、生活風格的跨國社會空間（具有相同風格、嗜好的人，透過不同的媒介在全球範圍

彼此聯繫所形成）、跨國民族社會空間（移民或移工
等會保有對原有的民族認同，並與母國、現居國甚
至其他國家同民族的人們維持政治、經濟、文化上
的聯繫所形成，例如在伊斯蘭齋戒月結束印尼籍勞
工群聚台北車站歡慶開齋節）。

(D) 社區總體營造（community infrastructure
establishment）是指透過居民對社區事務的自覺與
參與，共同建築社區的未來，謀求社區的整體發展
與永續經營。

4. **C**

　【解析】　由附圖可知：丁為中國（總碳排放量最高；因人口最多
使得人均碳排放量最低）、甲為臺灣（總碳排放量為最
低）、丙為美國（總碳排放量高；因人口數相對較少使
得人均碳排放量最高）、乙為日本。
從『最大工業區，位於該國東岸的沿海地帶且面臨太平
洋或其緣海』可刪（甲）臺灣(主要工業區在中南部)、
（丙）美國（太平洋位於美國西岸），故選 (C) 乙丁。

5. **D**

　【解析】　位於同一經度即是在同一條南北向的線上，要特別注意
南北半球的特徵差異。
　　　　（甲）『西風盛行』代表位於 40° - 60° 的西風帶；由
　　　　　　　『持續從西北方吹來的涼風，讓盛夏天氣涼爽』可
　　　　　　　知此為夏季風帶季移至此區，且受到副熱帶高壓帶
　　　　　　　壟罩在其北方受柯氏力影響往左偏而從西北方吹來
　　　　　　　風，此區應位於南半球的西風帶上 (40°S - 60°S)

（乙）從『十二月下旬，太陽直射』可知此區位於南

迴歸線上 (23.5°S)

（丙）恆春位於北半球

故選 (D) 丙乙甲。

6. **D**

【解析】 都市更新的主要目的是將老舊市區進行有計畫的拆除重
建、整建復新或保存維護，使其成為現代化都市整體的
一部分，透過都市更新使得原本的老舊住宅區多出更多
的開放空間以作為公眾通行、都市綠地以及休憩活動等
使用（建蔽率下降會造成平均每戶所擁有的土地面積降
低），再加上政府的容積率獎勵來吸引建商與各種資源的
投入，除了可以提升市民居住品質之外，亦能帶動該區
房價短期內呈現上升的趨勢，故選 (D) 丙丁戊。

都市更新的主要對象是老舊市區的整建維護，與（甲）
工業活動、（乙）居民至外縣市的交通較無相關，故不
選。

7. **B**

【解析】 由題幹敘述『河床出現大裂縫』與『整段河流都消失』
可知應為石灰岩地形的伏流，石灰岩地形幼年期的河流
常由節理裂隙滲漏至地下形成伏流，故選 (B) 岩溶地形。

以下列出各選項在高中課綱中與水有相關的概念：

(A) 火山地形（溫泉）；(C) 冰河地形（蛇丘、外洗平
原、外洗扇、冰斗湖、槽湖、冰蝕湖）；(D) 風成地形
（風蝕窪地的點狀綠洲），上述概念皆與題幹所述無
關，故不選。

【補充】 流經墨西哥韋拉克魯斯州（Veracruz）多個市鎮的阿托亞克河（Atoyac River）於 2016 年 2 月 28 日在河床上出現一個巨大坑洞，導致該河的河水在一夜之間乾枯，嚴重影響當地居民的用水，當局推判應該與當地的石灰岩地質結構有關。

8. **A**

【解析】 非洲南北部共有三大熱帶沙漠、中部為熱帶雨林且海岸線平直且多陸崖缺乏天然灣澳良港使得開發困難；當國際醫療技術的移入使得死亡率降低，在出生率仍高的情況下人口急遽上升（人口轉型模式的早期擴張時期），日益增加的人口壓力導致過度開墾而造成生態環境惡化；土地掌握在少數人手中，在耕地不足下仍以熱帶栽培業的經濟作物種植為主使得糧食生產不足；戰爭與區域衝突不斷，內戰產生大量難民流離失所且優良耕地遭到破壞，以上皆為非洲地區常見的饑荒問題，故選 (A) 甲乙丁。

9. **C**

【解析】 題幹所述『10 萬頭駱駝用以載運貨物』可知此區應為位於中國西北部的乾燥氣候區，選項 (C) 的哈薩克與其相接壤，故選之。

(A)『渡海來此』與題幹所述深處內陸的中國西北部不符；(B) 東北地區的中部盛產棉花，但有季節性凍土使得春夏成沼澤需排水；(D) 經濟特區有廈門、汕頭、深圳、珠海、海南島（前述五個皆位於東部沿海）以及新疆的喀什（隸屬新疆維吾爾自治區，與選項『促進漢人返鄉投資』概念不符），故不選。

【補充】 1755 年乾隆出兵消滅了準噶爾的達瓦齊政權，並命人招撫哈薩克人。若干年後哈薩克其他大小部落在阿布賚的帶動下臣屬清朝。爲表示嘉獎，乾隆冊封阿布賚爲汗，讓他統領整個哈薩克，自此哈薩克各部落不斷向清朝朝貢。

10. **C**

【解析】 (B) 甘蔗的生長條件爲高溫多雨、(D) 棉花適宜在光照較充足的條件下生長，觀察題幹所附的百分比圖中國家可知多爲中高緯度國家，故不選。

美國曾是世界上玉米出口最多的國家，約佔全球玉米市場的四分之三，然而近年美國因乙醇需求量大增，使得其國內玉米消費所占比重不斷提高，導致美國出口量的下降，因此給了南美洲及黑海地區等部分國家的玉米出口機會，巴西、烏克蘭的玉米出口逐漸上升，故選 (C) 玉米。

11. **B**

【解析】 玉米的生長環境主要分布在夏季高溫多雨的地區，外界的溫度達到 10°C - 25°C 年、降水量爲 500~600mm 的地方，玉米的種植就可以正常地發芽，故主要產地分布於亞洲、北美洲、歐洲的 (B) 溫帶大陸性氣候帶。

12. **B**

【解析】 從 1904 年堡圖與 2013 年航照圖（雲林麥寮台塑工業園區）中可觀察得知，此爲臺灣西部海岸且右下方有

河流，左下方有沙洲，屬於沙岸。臺灣有許多聚落分布於沙丘內側以『崙』命名，選項 (B) 三條崙中的崙即是指灘沙受風力作用，堆積於海灘後方所形成的的帶狀沙丘，故選之。

【補充】　三條崙（雲林縣四湖鄉）：明末清初中國福建泉州人渡海來台，部分移居至當時在該區境內沿海三條南北縱向長度近萬尺的大沙崙，故得名。

(A) 樟腳位於臺北市文山區，昔日該處至景美溪對岸待老坑均為原始樟樹林，先民在樟樹林下從事開墾，故名樟腳。

(C) 茱公坑位於新北市三芝區，『茱公』為古代民間習稱修行人士的通稱。相傳在茱公坑山頂有顆具有磁場的『反經石』，故吸引某些修行人士在此山上修行，該地茱公為德高望重之人，當時因調解當地搶奪水源的糾紛，受到誤殺而亡，留下淌著白色血液的傳奇。

(D) 白沙岬據考證是因桃園觀音鄉大崛溪右岸有數十里的海岸砂丘，乾燥氣候時呈現灰白色，因而得名。（因軟硬岩差異侵蝕，硬岩抗蝕力較強而形成相對突出的海岬）

13. **C**

【解析】　由附圖可知此區屬於沙岸地形的海埔新生地，雲林縣政府將其規劃為離島式工業園區，故選 (C)。

(A) 沿海地區易淹水；(B) 沿海地區土地鹽分重，農作物生長不易；(D) 沙岸地區多為海水浴場，故不選。

14. **B**

【解析】 題幹所述『要計算近 110 年以來』可知,同一地區不同時期觀察其變遷應採用 GIS 的 (B) 疊圖分析。

(A) 地勢分析主要是看垂直高度的變化,此處並未強調淹水範圍;(C) 視域分析主要是用來比較任兩點間是否有阻礙視線的地點存在,應用於景觀涼亭、基地台之設立;(D) 環域分析主要用來測定與目標物(點、線、面)水平範圍的變化,不符合題幹所述故不選。

15. **D**

【解析】 凌汛為初春時低緯度河道段的冰先融化,河水夾帶著小碎冰流向高緯度的仍結冰的河道段所造成的淹水現象。附圖中甲、乙、丙的流向皆為從高緯度流向低緯度,僅丁河道段從低緯度流向高緯度,故選 (D) 丁。

中國凌汛嚴重的地區主要分布在黃河流域、東北地區和新疆地區,從附圖右下的日本海可推測此為黃河流域。

16. **C**

【解析】 凌汛主要發生於初春,故刪 (B)、(D);持續性氣溫升高可能造成冰期縮短(冰封日期延遲,融冰日期提前),導致凌汛規模變小。

(A) 冬季冰封延後、初春融冰提前,故不選。

【補充】 依據研究報告指出,從 20 世紀 50 年代初到 90 年代末,近 50 年黃河下游冰封日期延遲了約 2 天,變化不太明顯,但是融冰日期約提前了 17 天,且冰封的河道長度也呈現了縮短的趨勢。

17. **A**

　【解析】 A 區與 B 區合併後的土地面積頗大，與市轄區的規模
　　　　　 有差異故刪掉 (C) 臺南市中西區（6.26 平方公里）、
　　　　　 (D) 高雄市小港區（45.44 平方公里）；合併後若為高雄
　　　　　 市（2016 年統計資料顯示人口數約 277.9 萬）則人口
　　　　　 數應該會更多，故選 (A) 臺南市（2016 年統計資料顯
　　　　　 示人口數約 188.5 萬）。

18. **D**

　【解析】 A 區與 B 區的在計算社會增加率時行政區範圍不同，
　　　　　 無法界定在合併前的移入及移出兩地是否有重疊，例
　　　　　 如：A 區的移入有可能來自 B 區的移出或其他區的移
　　　　　 出，若全是來自於 B 區的移出，在合併時還可以直接
　　　　　 做加減計算，但是若為其他區的移出則無法，由於附
　　　　　 表沒有更詳盡的資料，故無法直接做計算。

19. **A**

　【解析】 題幹所述是『海拔高度最可能接近』而非直接問玉山的
　　　　　 氣候圖，故只要找出符合的高地氣候特色即為答案。

　　　　　 (A) 甲的 7 月均溫小於 1 月代表位於南半球，年溫差小
　　　　　 　　但是終年小於 18°C 應位於熱帶的高山（熱帶高地氣
　　　　　 　　候），高度越高溫度遞減，符合題幹所述故選之。

　　　　　 (B) 乙終年大於 18°C 應為熱帶地區平地（熱帶季風氣候
　　　　　 　　區）；(C) 丙的 7 月均溫小於 1 月代表位於南半球，夏乾
　　　　　 　　冬雨且冬季均溫大於 0°C（溫帶地中海型氣候區）；(D) 丁
　　　　　 　　的 7 月均溫大於 1 月代表位於北半球，夏乾冬雨（雨量
　　　　　 　　較夏雨型暖濕氣候少）且冬季均溫大於 0°C（溫帶地中
　　　　　 　　海型氣候區），上述 (B) (C) (D) 選項皆不符合。

20. **D**

【解析】 從題幹『夏季雖然晴朗但有時天氣太熱，冬季則潮濕冷涼』及『林立的天主教堂和羅馬帝國時代的古蹟』可知此地為南歐地區，屬於溫帶地中海型氣候，選項 (C) 丙、(D) 丁符合，但是 (C) 丙位於南半球，故選 (D) 丁。(C) 丙的 7 月均溫小於 1 月代表位於南半球，夏乾冬雨且冬季均溫大於 0°C（溫帶地中海型氣候區）；(D) 丁的 7 月均溫大於 1 月代表位於北半球，夏乾冬雨（雨量較夏雨型暖濕氣候少）且冬季均溫大於 0°C（溫帶地中海型氣候區）。

21. **A**

【解析】 臺灣南部地區夏雨集中（約占年雨量 87%），冬季位處東北季風背風側，乾季顯著且雲霧日數少，適合推動養水種電的政策，故選 (A) 日照充足。
(B) 水力充沛主要是用於中部的水庫發電；(C) 季風強勁應用於新竹藉由冬季強勁的東北季風來風力發電；(D) 地熱豐富為北部火山，上述選項皆不符合題幹所述。

22. **D**

【解析】 西南沿海地區因養殖漁業的需求及屏東平原等使用地下水供農業及民生用水所需。當地下水年抽取量超過補注量時，地下水面下降使得土壤中的孔隙因壓密作用而產生地層下陷（下陷區主要分布於大肚溪以南的西南沿海，蘭陽平原沿海等地），故選 (D) 地層下陷。

23. **C**

【解析】 (C) 幾內亞灣流流經西非海域，由附表可得知海盜及海
上武裝劫持事件的數量總計 264 件，故選之。

(A) 祕魯洋流流經南美洲太平洋海域（總計 63 件）；

(B) 墨西哥灣流流經加勒比海與北大西洋（總計 36 + 4
= 40 件）；

(D) 拉布拉多洋流流經北大西洋（總計 4 件）。

以上 (A) (B) (D)皆不符合題目所述。

24. **A**

【解析】 (A) 從臺灣經北極海至英國的最短航線會通過東亞及北
太平洋海域（總計 4 件），與各個選項比較後，受
到海盜劫掠的威脅最低故選之。

(B) 從臺灣經好望角至英國的最短航線會通過南中國海
（總計 629 件）→ 麻六甲及新加坡海域（總計 136
件）→ 東印度洋（總計 208 件）→ 阿拉伯海（總
計 26 件）→ 東非海域（總計 239 件）→西非海域
（總計 264 件），合計 1502 件（簡直偉大的航道
啊！到處都是海賊……）；

(C) 從臺灣經巴拿馬運河至英國的最短航線會通過東亞
及北太平洋海域（總計 4 件）→ 加勒比海（總計
36 件）→ 北大西洋（總計 4 件），合計 44 件；

(D) 從臺灣經蘇伊士運河至英國的最短航線會通過南中
國海（總計 629 件）→ 麻六甲及新加坡海域（總計
136 件）→ 東印度洋（總計 208 件）→ 阿拉伯海
（總計 26 件），合計 999 件。

上述 (B) (C) (D) 選項皆比 (A) 路線還要多件數，故不選。

25. **B**

【解析】 透過經緯度可以推估各個選項大致分布的位置。

(B) (73°39'W, 47°30'S) 約位在智利南部屬於溫帶海洋性氣候區，全年有雨高緯度地區有冰河冰滑動造成的冰河地形，故選之。

(A) (48°30'E, 15°26'N) 約位於西亞葉門附近（高原）；

(C) (82°29'E, 77°54'S) 約位在南極大陸（屬於大陸冰河）；(D) (92°03'W, 30°58'N) 約位在北美大平原南部的路易斯安那州(河積平原)。上述選項皆不符合故不選。

26. **B**

【解析】 附圖所示上方為北方，甲處的冰斗有河流流向右下角，代表冰斗開口向(B)東南方故選之。

甲為冰斗（位於山頭且積水成冰斗湖）；乙為槽湖（冰河槽底部積水成湖）；丙為刃嶺（尖尖指向低處為山脊）；丁位於冰河槽底部（兩側等高線密表示陡峭山壁），西南方可看到懸谷瀑布。上述選項皆不符合題幹所述故不選。

27. **C**

【解析】 劃定剖面線連接各個選項至乙處，只有(C) ㄇ選項沒有出現視障區，故選之。

28. **A**

【解析】 觀察歐盟第一次東擴的 10 個國家後，可知信仰以天主教為主的國家數最多，故選(A)。

1. 天主教（羅馬公教）：立陶宛、波蘭、捷克（60% 無宗教信仰；約 30% 信仰天主教）、斯洛伐克、匈牙利、斯洛維尼亞、馬爾他等國。

2. 基督教路德教派、東正教：拉脫維亞、愛沙尼亞

3. 東方正教（希臘正教）：賽普勒斯（78% 希臘正教、18% 伊斯蘭教）

29. **C**

【解析】 題幹所述『各國能依其優勢發展產業，帶動整體經濟效益』即是經比較利益後做最適地的適用的 (C) 國際分工以發揮最大效益。核心區（西部、北部）因提供邊陲帶（南部、東部）建設所需的設備與技術而獲得收益，邊陲帶也因歐盟基金的挹注而快速發展或推行產業轉型，提高國家競爭力。

30. **A**

【解析】 歐洲中東部在地緣上與俄羅斯相接壤形成重要的族群緩衝帶，與題幹所述的歐盟東擴政治考量相符故選之。

31 **D**

【解析】 HDI 的計算方式考慮了預期壽命指數（健康情況）、教育指數（教育程度）、GNI 指數（生活水準），主要用來衡量國家的發展程度，可避免單一指標容易產生誤差、極端值或名實不符的現象。HDI 指數在 0.9 以上屬於極高度發展的國家，其三級產業別人口比例以第二級、第三級為主，故選 (D) 丁（第三級比例最高；產業別以第二級、第三級為主）。

32 **A**

【解析】 由題幹所述『初級加工』可知應為熱帶栽培業為主的國家，故選擇第一級產業比例最高的 (A) 甲。

33. **B**

【解析】 由題幹所述『國內發展出專業化文化產業生產區……企業在此共享區域公共設施與市場環境，緊密分工』即是同性質產業群聚的概念，故選 (B) 乙（美國）。

甲為英國（以製造業為主的「世界工廠」向以文化產業為主的「世界創意中心」的成功轉型）；

乙為美國（強大的政治和經濟影響力、西海岸的地中海型氣候區）→ 矽谷；

丙為日本（全球最大的動漫製作和輸出國）→ 動漫王國；

丁為韓國（國家金融的大力扶持、近年大量出口的影視產品與音樂具有區域性國際影響力，帶動了觀光旅遊業的發展）→ 財團式經濟、韓劇。

34. **C**

【解析】 貿易依存度 = 對外貿易總額/國民生產總值，值愈高代表該國對貿易的依存度愈高，用來看一國對貿易的依賴程度。美國（乙）為傳統進出口貿易大國；日本（丙）為新褶曲地形，礦物種類多、產量少，原物料依賴進口、出口工業成品，故選 (C) 乙丙。

英國（甲）為已開發國家，可貿易程度較小的第三產業（服務業）佔有較高比重，故貿易依存度相對較低。

35. **A**

　　【解析】　英國在 2016 年 6 月 23 日公投通過脫歐，故選 (A) 英國。
　　　　　　英國脫歐後將造成避險資產反向走升、英國房地產動
　　　　　　盪、英國重啓 QE 措施等各種影響。

36. **D**

　　【解析】　丁爲韓國（早期呈現生態盈餘，隨著經濟發展生態印
　　　　　　跡年增加）故選之。
　　　　　　生態印跡的大小與一地的生活水準成正比（經濟愈發
　　　　　　達、生活水準愈高、生態印跡愈大）；生態赤字高的國
　　　　　　家須透過國際貿易來解決生態負載力不足的問題，以
　　　　　　支持其生活水準 → 甲爲巴西（生態印跡平穩、生態負
　　　　　　載力逐年降低）、乙爲坦尙尼亞（位於東非，生態印跡
　　　　　　低）、丙爲荷蘭。

37. **A**

　　【解析】　赤道通過巴西亞馬孫盆地，附圖可看到板根（熱帶雨
　　　　　　林植物支柱根的一種型態），故選 (A) 巴西。

38. **D**

　　【解析】　題幹所述『生態印跡與一國的經濟發展程度密切相關』
　　　　　　可知生態印跡的大小與一地的生活水準成正比（經濟
　　　　　　愈發達、生活水準愈高、生態印跡愈大）。四個國家
　　　　　　中，丙荷蘭、丁韓國爲 HDI 相對較高的國家，故選
　　　　　　(D) 丙丁。

貳、非選擇題

一、 1.【答案】 安平（潟湖）、廈門（谷灣）

　　　【解析】 臺南安平位於沙洲與陸地間半封閉的海域（潟湖）；廈門為河谷沉水作用後的谷灣。

　　 2.【答案】 水平分工

　　　【解析】 題幹所述『在安平工業區母公司的閒置廠房重啟生產線，與廈門工廠同時生產中階太陽眼鏡產品，並就近由安平港及廈門港出口』表示同類型的產品，由不同家的廠商組裝製造，透過品牌及價格的差異性形成另一種國際分工的形式，符合水平分工之定義。

　　 3.【答案】 微笑曲線

　　　【解析】 企業母國以創新、研發為主。

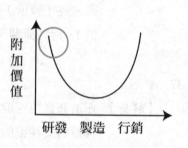

附加價值

研發　製造　行銷

二、 1.【答案】 247.5°

　　　【解析】 觀察附圖可知飲食店分布逐漸往西南西擴散（注意方向標），換算成方位角約 247.5°（北方為 0° 順時針看）。

　　 2.【答案】 6.25 平方公里

　　　【解析】 比例尺＝圖上距離／實際距離

　　　　　　 → 實際距離＝圖上距離／比例尺

該區實際圖幅邊長 = 50/(1/5000) = 250000 (cm)

= 2500 (m) = 2.5 (km)

該區實際圖幅涵蓋面積 → 2.5 × 2.5 = 6.25 平方公里

3. 【答案】座標為 (307500, 2770500)

　　【解析】因為該區實際圖幅邊長 = 50/(1/5000)

= 250000 (cm) = 2500 (m)，且方向標指左方為正

北，故直接將圖幅右下角之二度分帶座標 (305000,

2768000) 分別加上 2500 (m)，即可得到左上角之

二度分帶座標 (307500, 2770500)

4. 【答案】第二種商業區或第四種商業區

　　【解析】容積率面積 = (樓地板面積 × 樓層數)/建築基地面

積 × 100% → (總樓地板面積 90 × 12 = 1080)/180

× 100% = 600% → 只能選擇土地使用分區中容積

率有超過的區，故答案為第二種商業區（容積率

630%）或第四種商業區（容積率 800%）

三、 1. 【答案】非洲 → 亞洲 → 大洋洲 → 中南美洲

　　【解析】1947 年於烏干達被發現（非洲）→ 之後在埃及、

奈及利亞、塞內加爾（非洲）；巴基斯坦、印度、

馬來西亞、泰國、柬埔寨（亞洲）→ 2007 年在密

克羅尼西亞初次爆發疫情後（大洋洲珊瑚礁島群）

→ 2014 年以後，巴西、委內瑞拉、加勒比海地區

（中南美洲）。

2. 【答案】 飛機（航空）

　　【解析】 題幹所述『臺灣首次出現境外移入的茲卡病毒案例』，因臺灣四面環海，入境通關多透過飛機（航空）→ 混和型再結合一些階層型（透過飛機在各洲之間不斷地傳播）的疾病擴散方式近年較爲常見。

　　【補充】 疾管署公布國內首例境外移入茲卡（Zika）病毒感染個案，是一泰籍男性於 2016 年 1 月 10 日於桃園機場入境時，在發燒篩檢站被攔檢，血液檢體經該署實驗室檢驗確認感染。

3. 【答案】 埃及（人口聚落沿尼羅河分布）

　　【解析】 題幹所述『其國內病患的擴散方式最可能呈現線狀分布』及『茲卡病毒其傳染源是帶有茲卡病毒的斑蚊』可知茲卡病毒的傳播透過病媒蚊，而蚊子孳生會沿著水域來發展且埃及人口多分布於尼羅河兩側。

105 年大學入學指定科目考試試題
公民與社會考科

一、單選題（占 80 分）

說明：第 1 題至第 40 題，每題有 4 個選項，其中只有一個是正確或
最適當的選項，請畫記在答案卡之「選擇題答案區」。各題
答對者，得 2 分；答錯、未作答或畫記多於一個選項者，該
題以零分計算。

1. 電視廣告中的妻子或媽媽形象，大多出現在如清潔用品、尿布或
奶粉等與家務或照顧相關的商品廣告中，強調女性的家務勞動者
角色。上述現象最能顯現廣告的何種性質或功能？
   (A) 改變與重塑社會主流價值
   (B) 反映女性與家庭文化的應有原貌
   (C) 凸顯家務勞動分工的問題
   (D) 影響閱聽大眾的性別社會化過程

2. 某歌手創作一首搖滾歌曲，唱出年輕人面對社會競爭的無奈和困
境，其中一段歌詞是：「社會現實你知道嗎？全球都一樣，有人
靠家世，人生不必努力也勝利」。下列何者能說明「有人靠家世，
人生不必努力也勝利」發生的原因？
   (A) 就業保障未能普世化　　(B) 階級複製的現象嚴重
   (C) 社會安全制度不夠健全　(D) 跨國資本全球快速移動

3. 「家庭可支配所得」是指家庭在一年內的消費支出與儲蓄的總和，
其中包括教育支出費用。下表是某國 2007 及 2011 年的家庭可支
配所得及教育支出占可支配所得之比率。依據下表判斷該國的社
會現象和發展趨勢，下列敘述何者最適當？

年度	項目	家庭平均可支配所得組別				
		最低	次低	中間	次高	最高
2007	可支配所得（萬元）	31.2	57.1	79.9	107.0	189.7
	教育支出比率（％）	2.2	4.8	6.4	6.3	4.9
2011	可支配所得（萬元）	29.6	54.7	78.6	108.3	178.7
	教育支出比率（％）	1.9	3.7	5.1	4.8	4.0

(A) 該國近五年貧富差距整體呈擴大跡象

(B) 可支配所得越低的家庭越傾向不重視教育

(C) 可支配所得與文化資本取得爲正相關

(D) 教育支出越高越能增加家庭的可支配所得

4. 某班的「公民與社會」課程將進行辯論活動，辯論的題目是「我國《勞動基準法》適用對象應否納入看護工或家務工」。下列何者是正方最能支持自己立場的論點？

(A) 家庭雖然屬於重要私益與隱私場所，但家庭內的勞資關係仍屬於公益問題

(B) 家務工待遇屬於勞資雙方之私法契約，重點在於彼此同意後均能謹守約定

(C) 家務工首要任務是讓雇主無後顧之憂，雇主及其家人利益應爲最優先考量

(D) 雇主經常是高收入家庭，家務工納入勞基法將有助於縮短社會的貧富差距

5. 某地方政府公墓用地本來是當地原住民部落的傳統埋葬區。原住民部落遵奉祖靈信仰，認爲埋葬區是祖靈地，祖靈與部落文化密不可分割。但是地方政府爲發展當地觀光，經議會通過後逕行決定要強制遷葬，以開發爲公園與休憩設施。本開發案引發部落不滿，認爲此舉有違《原住民族基本法》尊重原住民族自治的精神，決定展開圍堵與阻擋，抵抗強制遷葬以捍衛信仰。從多元文化的積極涵義解讀該項爭議事件的本質，下列哪項敘述最適當？

(A) 屬於多元社會公益與私利間的衝突

(B) 凸顯地方議會多數統治衍生的缺點

(C) 反對遷移傳統埋葬區屬於「鄰避」行為

(D) 源自於原住民族基本法的立法不夠周延

6. 為了引導閱聽人的注意力，媒體刻意營造某些特定議題的重要程度或急迫性，此可稱為媒體的「議題設定」功能。下列哪種情境最能說明媒體的此項功能？

(A) 臺灣棒球隊在國際比賽獲得冠軍，次日各家報紙紛紛刊登關鍵的比賽新聞照

(B) 總統大選期間，各家電視台政論節目對候選人的核能政策立場持續進行討論

(C) 某導演以空拍攝影自製紀錄片，呈現臺灣環境生態遭受嚴重破壞的真實面貌

(D) 某電視台邀請學者專家至談話節目，分析反對廢除死刑民調高居不下的原因

7. 一般而言，民主國家的運作都相當重視民意，以下有關民意型態的敘述何者正確？

(A) 某份關於政府是否開放進口牛肉的民調，10% 受訪民眾表示贊成，10% 民眾反對，其餘的未表態，此接近「雙峰曲線」（bimodal curve）的分布

(B) 某份關於政府應立法嚴厲處罰販賣毒品的民調，95% 受訪民眾表示贊成，反對者僅有 4%，其餘的未表態，此接近 J 型曲線（J-curve）分布

(C) 某份針對未婚女性是否擁有墮胎權利的民調，贊成與反對的民眾各占 49%，其餘的未表態，此接近鐘型曲線（bell-shaped curve）的分布

(D) 某份針對臺灣民眾統獨立場的民調，80% 受訪民眾贊成維持現狀，贊成獨立或贊成統一者各占 10%，此接近 U 型曲線（U-curve）的分布

8. 某日我國立法院針對某項修憲案進行表決，在全院 113 席立委全部出席的情況下，表決結果爲 80 票贊成，28 票反對，5 票廢票。基於我國目前的修憲程序，下列敘述何者正確？
   (A) 此案在立法院已通過，再經由總統正式發布後即可生效
   (B) 此案在立法院已通過，再經由行政院院會通過後即可生效
   (C) 此案在立法院未能通過，但是可再交由公民複決通過後生效
   (D) 此案在立法院未能通過，無法成爲修憲公投案交由公民複決

9. 2015 年 11 月聯合國通過第 2249 號決議，除強烈譴責伊斯蘭國（ISIS）連續恐怖攻擊行爲之外，並呼籲所有成員國協調行動，採取軍事干預等必要手段對抗伊斯蘭國的恐怖攻擊，並防止和打擊資助恐怖主義行爲。針對聯合國通過此決議的程序，下列敘述何者正確？
   (A) 須經聯合國安理會提議，人權理事會通過
   (B) 須經聯合國安理會常任理事國的一致同意
   (C) 須經聯合國秘書長提議，聯合國大會通過
   (D) 須經聯合國人權理事會提案，安理會通過

10. 2016 年 1 月我國同時舉行總統與立法委員選舉，由民進黨贏得總統選舉，並獲得國會過半的席次。然由於立法委員與總統的就任時間不一致，引發行政部門「看守時期」過長的爭議。根據我國現行憲法條文判斷，下列敘述何者正確？
    (A) 新總統就任前，行政部門可持續推動政務
    (B) 新總統須提名國會多數黨黨魁爲行政院長
    (C) 新國會必須針對行政院長人選行使同意權
    (D) 看守的行政院長任命閣員須經新總統同意

11. 我國於 2016 年完成第九屆立法委員選舉，有許多新興小黨想要競逐國會席次，然而結果卻未如預期。因此有人認爲，除非國會選舉制度有所變革，否則小黨將不易在國會取得席次。假定此一說法爲眞，則下列哪一項變革最可能提高小黨在國會的席次率？

(A) 增加政黨選舉補助的款項

(B) 降低不分區席次分配門檻

(C) 增加單一選區立委的席次

(D) 降低候選人的參選保證金

12. 在中國大陸實行「改革開放」以前，關於中國大陸經濟的描述，以下何者正確？

(A) 徵收地主土地發給農民，並保障農民私有財產

(B) 發展農業照顧民生，並積極爭取美日投資工業

(C) 農村實行人民公社制度，並採行計劃經濟政策

(D) 強調中國特色的社會主義，並採市場經濟體制

13. 國際因素對兩岸關係具有重要的影響性，而美國是重要的一方。關於美國對於兩岸關係的立場，下列敘述何者正確？

(A) 美國與中共正式建交前，雙方就已經簽訂了「上海公報」和「八一七公報」

(B) 美國與中共正式建交後，美國與臺灣簽訂「臺灣關係法」，以維護臺美關係

(C) 2008 年以來兩岸關係和緩，促使美國支持我國參加世界衛生組織以及世界銀行

(D) 美國基於利益考量，其兩岸政策立場是既不支持臺灣獨立也反中共對臺灣動武

14. 某甲為某地方政府局處的科長，因為昔日長官宣布角逐立法委員選舉，請他支持、幫忙。假若甲基於人情同意予以協助，下列哪項行為**不違背**行政中立的精神？

(A) 擔任競選造勢晚會主持人

(B) 擔任競選總部總幹事一職

(C) 辦公室內外張貼競選海報

(D) 加入昔日長官所屬的政黨

15. 張小明自 2000 年至 2008 年在臺灣某大學就讀博士班,他從 2011 年起到上海工作迄今。日前,他在上海虹橋機場巧遇臺商王先生並攀談起來。以下他們的談天內容與想法中,何者最符合兩岸關係發展的實際情況?
    (A) 王先生回憶他第一次的大陸行是陪同他的父親返鄉,是在李登輝總統宣布開放兩岸探親後
    (B) 張先生回憶其就讀博士班期間,我國政府提出「一邊一國論」,中共則制定了《反分裂國家法》
    (C) 張、王兩位共同的想法是,中共宣布放棄對臺使用武力,是這幾年兩岸關係改善最重要的原因之一
    (D) 王先生說他親身經歷兩岸交通政策的變化,先是經由金門「小三通」,再來是繞道第三地,然後才開放直航班機

16. 根據我國憲法(含增修條文)及相關組織法的規定,考試委員及監察委員之職位採取固定任期制,最可能是基於下列何種原因?
    (A) 保障總統之任期與人事提名權
    (B) 配合立委屆次與同意權之行使
    (C) 保障公職人員職權行使獨立性
    (D) 配合政黨選舉結果成敗而進退

17. 為促進地方繁榮,政府開發科學園區,依法徵收人民的土地,再提供給高科技廠商使用。關於政府的徵收行為,以及人民的權利救濟,下列敘述何者正確?
    (A) 繁榮屬公共利益,地方政府可自訂徵收辦法來限制人民財產權
    (B) 政府徵收人民土地提供企業使用,無助於公益,徵收違法違憲
    (C) 人民因公共利益而受到特別犧牲,政府應給予人民合理的補償
    (D) 人民若不服政府徵收決定,應向法院提起民事訴訟並聲請國賠

18. 財團法人法律扶助基金會的設立乃是「為保障人民權益,對於無資力,或因為其他原因,無法受到法律適當保護者,提供必要之法律扶助」。下列關於我國法律扶助相關制度設計敘述何者正確?

(A) 財團法人法律扶助基金會是由司法院捐助成立的團體

(B) 基金會是依《人民團體法》設立，提供民眾法律服務

(C) 通過申請的民眾，基金會將全額負擔所有的訴訟費用

(D) 法律扶助基金會所提供的服務項目不包含調解、和解

19. 為遏止酒駕，有政治人物主張推動酒駕連坐法，要求在刑法中增訂條文，處罰沒有制止酒駕行為的同車乘客。假定該連坐法的刑法條文在修訂時的立法理由如下：「為了防止酒駕行為發生，同車乘客應予重罰，使同車乘客知所警惕，共同協助防止犯罪」。請問這種說法最接近哪個刑罰理論的看法？

(A) 應報理論　　　　　　　　(B) 教化理論

(C) 特別預防理論　　　　　　(D) 一般預防理論

20. 甲涉嫌殺人被提起公訴。關於本案刑事審判之程序，下列敘述何者正確？

(A) 依我國刑事訴訟法規，本案僅能由檢察官提起公訴

(B) 如被害人家屬撤銷告訴，檢察官不得繼續進行公訴程序

(C) 如甲未委任律師，依法應指定公設辯護人或律師為其辯護

(D) 檢察官如認為甲可能逃亡，得自行裁定將甲羈押於看守所

21. 小華逛街遇見推銷員向其推銷英語教材，因為認為學習英語很重要，小華未詳細閱讀契約，就答應購買。等到收到教材後，發現該教材內容不佳，立即向推銷員要求退貨。推銷員取出雙方簽定的契約書，契約條款明訂該教材既已售出就不可退貨。以下有關契約交易之效力何者正確？

(A) 依契約自由原則，此種特種買賣之簽約雙方可任意訂定各種條款

(B) 依私法自治原則，小華簽訂契約之後即不得反悔退貨，必須付款

(C) 依誠信原則，不可退貨條款涉欺騙，即使未反悔，契約全部無效

(D) 依消費者保護原則，小華可不守約，在收到商品七天內要求退貨

22. 某縣政府為製作觀光導覽手冊，在網路上找到許多該縣風景的美麗照片，即自行下載，編輯成為導覽手冊中的內容，並販售導覽手冊給觀光客。拍攝這些風景照片的攝影師知情後，認為縣政府侵害其權利，進而提起訴訟。請問下列敘述何者正確？

(A) 攝影師只能針對已註明拍攝者的作品，主張受《著作權法》之保障

(B) 攝影師的著作人格權只及於本人，且於死亡後仍受到法律保障

(C) 縣政府為推廣觀光販售導覽手冊，為合理使用他人作品的行為

(D) 除民事及刑事侵權訴訟外，攝影師可對於縣政府提起行政訴訟

23. 2015 年甲之元配去世後，甲依乙女的要求辦理宴會，公開宣布兩人結婚。但因為女兒丙與養子丁的反對，甲並未與乙辦理婚姻登記，2016 年初甲因病去世，留下與弟弟戊共同掌管之家族企業。有關遺產繼承問題，下列敘述何者正確？

(A) 甲死亡時，如已認領與乙所生之子己，則其繼承人有三人

(B) 乙得於繼承開始前，主張行使夫妻財產之差額分配請求權

(C) 甲如立遺囑將財產全留給丙，丁可主張不得侵害其應繼分

(D) 戊與甲共同掌管企業，應由戊決定甲名下之遺產如何分配

24. 甲有一條活魚，打算和乙交換五斤的地瓜，但由於地瓜尚未收成，這個交易須在一星期後才能完成。等到一星期後他的魚死掉了，乙不肯跟他進行交易。但如果有貨幣的存在，甲當天便可把魚賣掉，一週後再向乙購買地瓜。因為貨幣的哪一種功能造成以上兩種情況的差異？

(A) 價值的儲存功能

(B) 共同的記帳單位

(C) 約定延期支付的標準

(D) 解決商品需求不一致

25. 某社區舉辦聯歡晚會，計畫施放煙火慶祝，其他社區雖可欣賞到煙火但亦遭受煙火所造成的空氣污染，若從經濟學的角度來考慮，下列敘述何者正確？

(A) 與最大社會福祉對應之煙火量比較，此時社區施放的量偏少

(B) 與最大社會福祉對應之煙火量比較，此時社區施放的量偏多

(C) 因其他社區可欣賞到煙火，所以考慮社會效益下的需求線位於該社區需求線上方

(D) 因其他社區遭受空氣污染，所以考慮社會成本下的供給線位於該社區供給線下方

26. 世界貿易組織（WTO）允許會員國之間簽訂自由貿易協定（FTA），在不提高對外貿易壁壘的前提之下，FTA 締約會員國之間可以進一步降低關稅與消除貿易壁壘。請問 FTA 之簽訂排除了 WTO 哪項原則之適用性？

(A) 多邊談判原則　　　　　(B) 關稅原則

(C) 國民待遇原則　　　　　(D) 最惠國待遇原則

27. 市場的價格機能是透過供需調整來解決資源配置的問題，亞當史密斯稱此機能為「看不見的手」。請問下列何種政府政策是透過此一機能來解決問題？

(A) 政府實施國民年金制度來解決人民老年照顧的問題

(B) 政府依據家戶的所得水準作為學生是否免繳學費的依據

(C) 政府利用碳排放權交易方式來解決二氧化碳排放過高的問題

(D) 缺水時政府依據民生用水、農業用水、工業用水的順序來供水

28. 某次中央銀行理監事聯席會議的決議指出，由於觀察到全球「經濟成長疲軟」及「金融情勢惡化」的雙重影響，因此決定實施某項政策，希望有助於整體經濟情勢穩健發展。請問該項政策最有可能是下列何者？
    (A) 調高銀行的存款準備率
    (B) 降低金融機構放款額度
    (C) 在公開市場買入政府公債
    (D) 對商業銀行調升重貼現率

29. 小成、小真和小慧三人一同去找食物。在一天內，小成可以抓 20 隻羊或 40 隻魚；小真可以抓 10 隻羊或 20 隻魚；小慧可以抓 30 隻羊或 50 隻魚。相較於小真，小成和小慧在獵羊與捕魚上的比較利益，下列敘述何者正確？
    (A) 小成在獵羊上有比較利益
    (B) 小成在捕魚上有比較利益
    (C) 小慧在獵羊上有比較利益
    (D) 小慧在捕魚上有比較利益

30. 2016 年 1 月國際油價大跌，新興市場受到衝擊，包括中國大陸、美國以及歐洲等各國的股票市場，股價指數紛紛大幅下跌。以上敘述，屬於下列何種現象？
    (A) 系統性風險　　　　　　(B) 泡沫經濟
    (C) 經濟衰退　　　　　　　(D) 石油危機

31. 下表為 2006-2015 年臺灣對中國大陸投資及進出口貿易總額資料（資料來源：兩岸經濟統計月報，單位：億美元）

	2006	2007	2008	2009	2010	2011	2012	2013	2014	2015
投資	76.4	99.7	106.9	71.4	146.2	143.8	127.9	91.9	102.8	109.7
貿易	765.9	904.3	982.7	786.7	1128.8	1275.6	1216.2	1243.8	1301.6	1154.1

由表中，自 2006 至 2015 年的投資及進出口貿易總額的年變動情形，下列敘述何者正確？

(A) 此期間進出口貿易總額的年變動率有四年爲負值
(B) 此期間投資總額的年變動率有四年低於百分之十
(C) 此期間臺灣對大陸的投資與貿易總額呈同向變動
(D) 投資與貿易總額年變動率最大的年度發生在同一年

32. 智慧型手機風行後，「單一費率吃到飽」優惠方案的使用迅速增加。消費者每個月支付固定金額，就可以無限制使用 4G 上網，因此經常造成網路塞車，上網速度變慢。下列何者最適於描述此一現象？

(A) 搭便車心態　　　　　(B) 排他性增加
(C) 敵對性增加　　　　　(D) 資訊不完全

33-34 爲題組

在一場社會福利與人權保障的國際學術研討會中，有四位不同國家的學者分別對該國的社會福利制度提出建言：

甲：政府應該立法實施貧困者的社會救助政策來讓人民免於匱乏
乙：改善失業保險制度和興建勞工住宅才能眞正落實人權的保障
丙：政府應積極介入國民健康照顧而非將問題歸咎於個人和家庭
丁：政府應考量整體產業結構對原住民工作機會造成的不利影響

33. 依據四位學者的發言，推測四國的社會發展狀況，下列敘述何者最可能？

(A) 甲國的社會福利發展主張，與 1970 年代以前的臺灣相似
(B) 乙國勞動參與率日益下降，導致勞工無力負擔購屋貸款
(C) 丙國的貧病人口逐年增多，產生家庭和公共利益的衝突
(D) 丁國引進大量的國際移工，影響原住民勞工的就業機會

34. 依據四位學者的發言，推測四國的人權保障問題，下列敘述何者
最可能？
(A) 甲國生命權的保障亟待改善　(B) 乙國勞工財產權未有效落實
(C) 丙國健康醫療資源相當缺乏　(D) 丁國就業機會具有族群差異

35-36 為題組

某日四位同學一同出遊，看到有人站在路邊舉著廣告招牌，以下
是他們對此現象的討論：
甲：舉牌工整天日曬雨淋卻只能勉強餬口，這是資本家剝削勞工
　　所得的剩餘價值
乙：舉牌工也是一種工作，只要不違法或是妨礙到他人，做這項
　　工作也沒有關係
丙：舉牌工的處境較為弱勢，應該修法調高基本工資，以改善這
　　些弱勢者的處境
丁：弱勢工人的權益經常被忽視，只有在街頭持續抗爭，才能迫
　　使政府快速修法

35. 依據文中訊息且從政治意識型態的角度判斷，下列哪項政策主張
唯有甲一定會支持？
(A) 提高失業救濟的補助金額　　(B) 實施生產工具國有化制度
(C) 提升勞動市場的分工效益　　(D) 加強弱勢工人的就業輔導

36. 從社會正義和公民參與的角度檢視四位同學的意見，下列敘述何
者最適當？
(A) 甲的意見顯示公平就業機會與公民權利保障密不可分
(B) 乙的見解承認社會階層的存在有其必要性且難以避免
(C) 丙的意見主張立法改革為公民爭取社會正義主要途徑
(D) 丁的主張係公民為實現社會正義而採取的公民不服從

<u>37-38 爲題組</u>

幸福國剛完成大選，右表爲該國選舉結果。根據該國憲法規定，在國會選舉贏得多數席位的政黨或政黨聯盟有權籌組新政府。

37. 依據上述資訊，關於此次幸福國的選舉結果和政黨政治的發展，下列哪項推論最有可能？

	得票率	席次
人民黨	31.0%	282
正義黨	19.3%	44
其他政黨	49.7%	219
合計	100.0%	545

    (A) 人民黨與正義黨以外的政黨擁有 40% 席次，屬於多黨制

    (B) 正義黨可以和其他政黨共同組成多數聯盟取得執政權力

    (C) 政黨體系將由非競爭性一黨獨大制轉爲競爭性的兩黨制

    (D) 人民黨可以單獨執政，必須要負起政策成敗的所有責任

38. 依據上述政黨之得票率與席次來判斷，該國會的選舉最有可能實行下列何種制度？

    (A) 政黨名單比例代表制

    (B) 單一選區與比例代表混合的聯立制

    (C) 單一選區相對多數決制

    (D) 複數選區相對多數決制

<u>39-40 爲題組</u>

根據報導，公路總局直接向未繳交 2013 年以前燃料費的民衆，寄發催繳通知，但事先卻漏寄繳費單。由於「少一次通知」，就提早寄發欠費罰單，遭民衆提起訴願，經交通部認定錯罰，應撤銷逾期欠費罰單之行政處分，並對已繳費者進行退款。由於行政機關之行政疏失，造成 15 萬餘名民衆被以欠費爲由，開罰 600 元，總金額達 9 千多萬元。

39. 依法律規定，有關此行政疏失事件適用行政法上原理原則之敘述，何者正確？
   (A) 基於正當程序，公路總局雖有權對欠費民眾開罰，仍須遵循法定程序
   (B) 基於平等原則，為維護民眾財產平等，公路總局應加徵未繳費者利息
   (C) 基於比例原則，行政機關應依一定比例退還民眾已經繳納的欠費罰款
   (D) 基於行政中立，交通部為公路總局之上級，應適時迴避不宜介入訴願

40. 下列各項原則，何者**不適用**於上述事件？
   (A) 依法行政原則
   (B) 不告不理原則
   (C) 誠實信用原則
   (D) 信賴保護原則

二、多選題（占 20 分）

說明：第 41 題至第 50 題，每題有 5 個選項，其中至少有一個是正確的選項，請將正確選項畫記在答案卡之「選擇題答案區」。各題之選項獨立判定，所有選項均答對者，得 2 分；答錯 1 個選項者，得 1.2 分；答錯 2 個選項者，得 0.4 分；答錯多於 2 個選項或所有選項均未作答者，該題以零分計算。

41. 具有服務性質的社會運動是民間的集體行動，提供弱勢者必要的協助，使得他們可以克服對其不利的社會結構，脫離困境並獲得尊嚴與保障。下列哪些案例符合上述定義？
   (A) 成立心理輔導機構，協助同性戀者矯正性傾向以擺脫不利處境
   (B) 成立庇護工廠，發展身心障礙人士的工作技能與經濟自立能力
   (C) 成立中途之家，對家暴受害者提供法律協助與棲身避難的場所
   (D) 成立基金會，協助醫療糾紛受害人或其家屬向醫院或藥廠求償
   (E) 成立靈修班，對生活苦悶者提供心靈發展課程以重建人生目標

42. 如果政府決定大力推動托育政策，廣設幼童托育中心，並以政府主辦、社會互助等非營利方式進行，則下列哪些政策效果最可能會產生？
    (A) 女性因家務勞動負擔減輕而有助其勞動參與率的提昇
    (B) 因幼童托育便利而將無需開放男性申請育嬰留職停薪
    (C) 公、民營企業將因增設托育中心而建立彈性工時制度
    (D) 社會對幼童托育工作的專業人士將有更多需求與要求
    (E) 非營利的托育中心將可降低家庭負擔與提高生育意願

43. 學生在校園學習應遵守相關校園規範，但亦享有基本人權的保障。下列哪些情境對學生基本人權構成侵害？
    (A) 某校對遲到的學生，處以在校門口罰站並配戴「我不應遲到」吊牌
    (B) 某校將高三各班升學模擬考成績的平均分數，全部公布於學校網頁
    (C) 甲同學聯合其他幾位同學，在網路社群媒體上散布對乙同學的負評
    (D) 老師根據學生課業表現，將學生分為十級並依此標準辦理推薦升學
    (E) 某些學校的校規規定，女學生若懷孕而體態變化即須自動辦理休學

44. 下列何者是我國為了實現實質平等所作的積極平權措施？
    (A) 各政黨不分區立委名額中，婦女人數不得低於二分之一
    (B) 民法將「妻以夫之住所為住所」修訂為由雙方共同協議
    (C) 身心障礙者參加考試，得申請提早入場或延長作答時間
    (D) 領取教育部公費者，畢業後須接受分發並服務一定年限
    (E) 保障弱勢團體之就業，要求強制雇用一定比例之原住民

45. 王小英到員工數多達百人之賣場打工，她發現她的時薪比男性工讀生少，僅有 90 元，也沒有拿到加班時應加倍發放的薪資。上班時，大賣場領班經常向王小英表示，如果她願意當他的地下情人，保證可以將她調升為正式員工。就王小英工作上遭遇的法律問題，下列敘述何者正確？
   (A) 基於契約自由，基本工資之規定僅供締約參考
   (B) 基於契約自由，不能事後改變契約載明的薪水
   (C) 因為非正式員工，王小英不得主張受勞基法的保障
   (D) 賣場老闆依法應提供性騷擾防治措施及申訴之管道
   (E) 賣場依性別給予不同的薪資，違反《性別工作平等法》

46. 某甲是 18 歲之大學新鮮人，央求父親為他購買機車遭拒。某甲一氣之下，便自行前往機車行，與老闆簽訂機車買賣契約，老闆與某甲父親聯絡，要求付錢。針對該買賣契約的效力，以下何者正確？
   (A) 某甲為未成年人，其購買機車之行為無法律上之效力
   (B) 因某甲尚未成年，其購車之行為仍須獲得父親之同意
   (C) 基於父親對子女應負之扶養義務，某甲之父應該要付錢
   (D) 若機車行老闆事後發現某甲未成年，可撤銷與某甲之契約
   (E) 由於契約簽訂即有效，機車行老闆應向某甲本人要求付款

47. 當市場供給和需求皆發生變動時，將使市場價格與數量同時受到影響，下列哪些情形，可能使市場呈現「價跌量縮」的現象？
   (A) 供給增加，需求減少
   (B) 供給增加，需求增加
   (C) 供給減少，需求減少
   (D) 供給減少，需求增加
   (E) 供給不變，需求增加

48. 勞動力可分為就業者與失業者兩大類，而失業率是指失業人數占勞動力之比率。請問下列何者將會造成失業率上升？

(A) 原本在海軍服兵役的甲，因涉嫌縱火案遭法院判刑退伍後立即坐牢 2 年

(B) 乙原本是一名建築板模工人，因發生工安事件，導致左腿殘缺無法工作

(C) 丙於今年六月大學畢業後，一直不想找工作，每天都待在家中當啃老族

(D) 丁原先擔任天龍大樓保全的工作，離職後每天都到朋友開的小吃店幫忙

(E) 戊原本是上班族，婚後成為專職家務勞動者，每天整理家務超過 4 小時

49-50 為題組

　　將一國國內生產毛額（GDP）除以該國的總人口數，即為平均每人國內生產毛額（平均每人GDP），用來代表一國人民的經濟福祉。但是，人民的經濟福祉不應只由享有的商品或服務價值來衡量，所以聯合國和世界銀行推出綠色國民所得，盡可能納入更多衡量指標，作為經濟福祉指標的修正。

49. 在其他條件不變下，下列何者將提高平均每人 GDP？

(A) 人口成長率增加　　　　　(B) 移轉性支出增加

(C) 經濟成長率增加　　　　　(D) 平均工資提高

(E) 環境品質提昇

50. 以綠色國民所得取代 GDP 的衡量方式，「不是」基於下列哪些原因的考量？

(A) 資源耗損　　　(B) 環境污染　　　(C) 地下經濟

(D) 休閒價值　　　(E) 家計生產

105年度指定科目考試公民與社會考科試題詳解

一：單擇題

1. **D**

   【解析】 電視廣告中強調女性的家務勞動者角色，是一種影響
   閱聽人女性角色定位的社會化過程。

2. **B**

   【解析】 這句話是指有些人透過上一代所留下來的資本，不努
   力也會成功，是階級複製的現象。

3. **C**

   【解析】 (A) 無法判斷。

   　　　　(B) 重視教育程度難以用支出比率來判斷。

   　　　　(D) 應是家庭所支配所得越高越能增加教育支出。

4. **A**

   【解析】 (A) 透過定義爲公益問題，試圖使更多人受惠於該法，
   可以支持勞基法應納入看護工或家務工。

5. **B**

   【解析】 題目爲地方政府施政與原住民傳統相互對立，而議會
   通過後要以公權力強制遷葬，是多數統治所衍生的問
   題。

6. **B**

【解析】 議題設定是指媒體可以透過決定要針對何者議題做討
論藉此影響閱聽人對人該事件的重要度，(A) (C) (D) 都
是在告訴民眾一個事實或是對事實做分析，(B) 才是由
媒體去決定要討論何種議題。

7. **B**

【解析】 (A) (D) 應爲鐘型分布，因爲極端者少。
(C) 應該爲雙峰，因爲兩邊對立嚴重。

8. **D**

【解析】 需有立法委員四分之三以上同意（85 席），才會通過，
題目中僅有 80 席贊成，故無法成爲修憲公投案。

9. **B**

【解析】 聯合國要出兵必須經由安理會的常任理事國一致同意。

10. **A**

【解析】 (B) 我國行政院長由總統任命，並不受提名國會多數
黨黨魁的其他國憲政慣例所影響。
(C) 行政院長由總統直接任命。
(D) 看守內閣爲舊政府的內閣，此時與新政府無關，
僅是不適合做重大決策。

11. **B**

【解析】 降低不分區席次分配門檻可以使得票率不到 5% 的政
黨也有機會有不分區立委，利小黨生存，其他三者沒
有絕對的關聯性。

12. **C**

【解析】 改革開放前，是實施計劃經濟制度。

(A) 並無此措施。

(B) 並不存在，沒有爭取美日投資。

(D) 是現代的中國大陸。

13. **D**

【解析】 (A) 上海公報 1972 年，建交公報 1979 年，八一七公報 1982 年。

(B) 臺灣關係法是美國施行的法律，不是與台灣簽訂。

(C) 美國並未公開表達支持我國加入。

14. **D**

【解析】 加入政黨是人民的自由，但是不可協助造勢、宣傳等等。

15. **B**

【解析】 (A) 是蔣經國總統推行。

(C) 中共尚未放棄對臺使用武力。

(D) 是先繞道第三地，而後才有小三通。

16. **C**

【解析】 固定任期是為了使公職人員有獨立性，不受下一任的壓力所影響。

17. **C**

【解析】 因公益而受到特別犧牲，人民應有合理的補償，是社會補償的性質。

(A) 徵收是對人民權利的重大限制，應該以法律定之。

(D) 應該向高等行政法院提起行政訴訟。

18. **A**

【解析】 (B) 基金會為財團法人，是依照民法而成立。

(C) 基金會在某些情況下將會收取部分的訴訟，並非完全負擔費用，且可能會要求回饋金。

(D) 調解、和解也包含在其中。

19. **D**

【解析】 一般預防理論是透過一般大眾的信服或恐懼的心理，來嚇阻犯罪，(C) 特別預防理論則是對於已經犯罪的犯人，防止其再犯的理論。

20. **C**

【解析】 (A) 可由受害者家屬提起自訴。

(B) 殺人為非告訴乃論罪，檢察官必須追訴。

(D) 須由法院裁定羈押。

21. **D**

【解析】 依據消費者保護法規定，題目中為在街上被推銷，為訪問買賣，所以依據消費者保護法，可於七日內退換貨。

22. **B**

【解析】 (A) 對於無註明的作品亦受保障。

(C) 此使用不合理。

(D) 此作法並非行政的權益上受損，不可請求行政訴訟。

23. **A**

【解析】 (A) 繼承人有三人，丙、丁、己。

(B) 因為乙沒有婚姻關係，所以乙並沒有繼承權，不可事後主張。

(C) 為特留分。

(D) 應由法律去分配遺產如何分配。

24. **A**

【解析】 因為價值得以儲存，因此可以解決此問題。

25. **C**

【解析】 題目中無法判定煙火所帶來的成本較大或是效益較大，因此無法判定社會福祉的增減。

(C) 在社會效益下，因為會有外部效益，故會在需求線上方。

(D) 在考量社會成本下，故會在供給線上方。

26. **D**

【解析】 FTA 是最惠國待遇的例外。

27. **C**

【解析】 (A) (B) (D) 為政府強制的政策。

(C) 是藉由市場機制調解此問題。

28. **C**

【解析】經濟軟弱這時候需要刺激市場，使市場上有熱錢，因此央行會透過公開市場操作，買入政府公債，以將貨幣流入市場。

(A) 應為降低存款準備率。

(B) 為提高放款額度。

(C) 為調降重貼現率。

29. **C**

【解析】

	小成	小慧	小眞
獵羊	20	30	10
捕魚	40	50	20

機會成本（拿自己除別人）

	小成	小慧	小眞
獵羊機會成本	2	5/3	2
捕魚機會成本	1/2	3/5	1/2

由上表可得知，小慧獵羊的機會成本最低，所以小慧在獵羊上具有比較利益。

30. **A**

【解析】系統性風險是指由於公司經營以外的因素而造成全市場的股票共同下跌，故本題應選 (A)。

31. **D**

【解析】(A) 僅有三年，為 2008～2009、2011～2012、2014～2015。

(B) 則是 2006～2007 (30.4%)、2007～2008 (7%)、
2008～2009 (-33.2%)、2009～2010 (104.7%)、
2010～2011 (-1.6%)、2011～2012 (-11%)、
2012～2013 (-28.1%)、2013～2014 (11.8%)、
2014～2015 (6.7%)，共有 6 個，但可透過數字變
化簡單判斷出有 4 個會爲負值，其餘的在挑相近
的值做簡單計算即可得知。

(C) 可能有相關，但不完全同向變動。

32. **C**

【解析】 因爲會造成人人搶，最後大家都得到一點點，多人
用，越不好用，敵對性增加。

33. **A**

【解析】 (B) 勞動參與率下降與購屋無關。

(C) 是希望將家庭與公共利益結合。

(D) 並不一定與移工有關，可能是整體產業與原住民
不符。

34. **D**

【解析】 (A) (B) (C) 的說法皆太武斷，未必是如此。

(D) 因爲需特別考量原住民的工作機會，顯示有族群
差異。

35. **B**

【解析】 甲是偏向馬克思的想法，主張將生產工具國有化，以
國家來分配才不會受到剝削。

36. **C**

　　【解析】 (A) 甲是顯示資本家剝削導致勞工權益被剝奪。

　　　　　　(B) 乙是主張應自由放任。

　　　　　　(C) 正確。

　　　　　　(D) 丁抗爭未必是公民不服從，公民不服從須有違法、非暴力的性質。

37. **D**

　　【解析】 (A) 因為人民黨過半可以單獨執政，所以不會是多黨制。

　　　　　　(B) 人民黨為過半政黨，應由人民黨來組織。

　　　　　　(C) 無法判斷。

38. **C**

　　【解析】 從總席次乘以得票率可發現若依得票率推斷，甲應為 168.95 席，但實際上有 282 席，因此可以推斷出應該是對大黨最為有利的單一選區相對多數制。

39. **A**

　　【解析】 在行政上必須遵守其正當程序，依法行政，否則正確也不能被認可。

40. **B**

　　【解析】 不告不理若是不提起，法律不會主動去追訴，與此題無關。

二、多選題

41. **BCD**

【解析】 此行動主要是協助弱勢者克服社會困境。

(A) 同性戀者不需矯正，選項不合理。

(B) (C) (D) 皆是協助弱勢。

(E) 與弱勢不符。

42. **ADE**

【解析】 (A) (D) (E) 皆可能會發生。

(B) 廢除不合理。

(C) 難以達成此效果。

43. **ACE**

【解析】 (A) (C) (E) 皆是對基本人權造成侵害。

44. **ACE**

【解析】 (A) (C) (E) 為追求實質平等而進行優惠式差別待遇的政策作為。

(B) 為追求形式平等。

(D) 為公費生的規範。

45. **DE**

【解析】 雖有契約自由，但仍不得違背法律，故仍應遵守基本工資之規範，但仍可以在兩者同意下去調整載明的薪水，而所有人都應受勞基法保障。

46. **BD**

【解析】 (A) 為法律效力未定，若事後得法定代理人同意，此買賣契約仍為有效。

(C) 父親可以拒絕同意，契約無效。

(E) 因某甲未成年，所以此契約未必有效。

47. **AC**

【解析】 此題因為供給與需求的效果強度可能會導致價格在很多選項下可以是上升或下降，所以題目問的是「可能」，所以只要會使得量縮的選項都是正確答案。

(A) 供給線右移，需求線左移，可能導致價跌量縮。

(B) 兩者皆右移，但此時價格無法判斷會升或降，只能推斷出量增。

(C) 供給線左移，需求線也左移，可能導致價跌量縮。

(D) 供給線左移，需求線右移，會產生量增。

(E) 需求線右移，一定產生量增。

48. **BE**

【解析】 (A) 坐牢不算失業。

(C) 無工作意願也非失業。

(D) 到小吃店幫忙不算失業。

49. **CD**

【解析】 納入綠色國民所得後，環境越好代表 GDP 也上升，所以是經濟成長與環境變好都會使 GDP 上升。GDP 的計算方式從支出面來看是 $C + I + G + (X - M)$，C 為個人消費開支，I 為投資額，G 為政府開支，$(X - M)$ 為出口淨值。

50. **CDE**

【解析】 綠色國民 GDP 的納入是因為考量環境因素，故只有 (A) (B)。

105 年大學入學指定科目考試試題 物理考科

第壹部分：選擇題（占 80 分）

一、單選題（占 60 分）

說明：第 1 題至第 20 題，每題有 5 個選項，其中只有一個是正確或最適當的選項，請畫記在答案卡之「選擇題答案區」。各題答對者，得 3 分；答錯、未作答或畫記多於一個選項者，該題以零分計算。

1. 地震時會同時產生 P 波與 S 波，P 波是縱波其波速約為 9000 m/s，S 波是橫波其波速約為 5000 m/s。一觀測站在某次大地震中測得 P 波抵達後的 12 秒 S 波也抵達，若這兩種波沿著同一直線路徑由震源傳到觀測站，則震源與觀測站的距離約為多少公里？
   (A) 8　　(B) 60　　(C) 90　　(D) 135　　(E) 255

2. 將一均勻的細繩拉緊，兩端固定於相距為 L 的兩點。當細繩上形成的駐波有三個腹點時，駐波的波長為何？
   (A) $\dfrac{1}{3}L$　　(B) $\dfrac{2}{3}L$　　(C) L　　(D) $\dfrac{3}{2}L$　　(E) $3L$

3. 欲瞭解聲波如何在金屬中傳播，可利用簡化的一維模型：將金屬原子視為質量 m 的小球，以間距 d 排列成一直線，且相鄰兩個小球間以力常數 k 的彈簧連結，藉以模擬原子間的作用力。在此簡化模型的假設下，應用因次分析來判定，下列何者可能為金屬中的聲速？
   (A) $d\sqrt{k/m}$　　(B) $d\sqrt{mk}$　　(C) $\sqrt{dm/k}$　　(D) dk/m　　(E) mk/d

4. 一列火車自靜止開始沿著直線軌道前進，其速度 v 與時間 t 的關係如圖 1 所示。若全程耗時為 T，在 $T/4 \leq t \leq T/2$ 時段的速度 $v = V$，則列車在全程的平均速度為下列何者？

   (A) $V/3$　　　　　(B) $V/2$
   (C) $5V/8$　　　　 (D) $3V/4$
   (E) $4V/5$

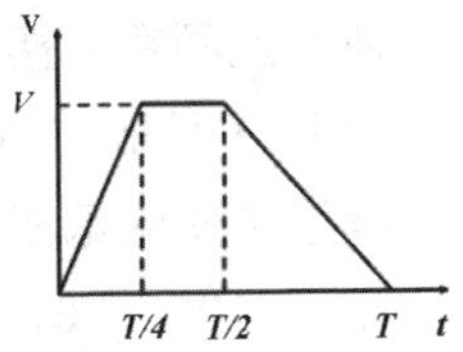

   圖 1

5. 從比水平地面高 100 m 的崖頂水平拋出一顆質量為 600 g 的籃球，籃球初速率為 10 m/s。當籃球擊中地面前瞬間，測得速率為 40 m/s，設重力加速度為 10 m/s²，則墜落過程中籃球損耗的總力學能為多少？

   (A) 80 J　　(B) 150 J　　(C) 220 J　　(D) 300 J　　(E) 680 J

6. 甲、乙兩顆人造衛星分別以不同半徑繞地球作等速圓周運動，若甲為同步衛星，且其軌道半徑較乙衛星的軌道半徑大，則下列有關甲、乙兩衛星的敘述何者正確？

   (A) 甲衛星繞地球的速率較大
   (B) 甲衛星繞地球的向心加速度量值較大
   (C) 甲衛星繞行地球的週期和地球的公轉週期相同
   (D) 甲衛星與地心連線在單位時間內掃過的面積較大
   (E) 甲、乙兩衛星分別與地心連線在單位時間內掃過相同面積

7. 某生打網球時，看見一時速為 80 km 的球水平朝自己飛來，立即揮拍回擊，使得球與原入射方向反向飛出，時速為 100 km。已知球質量為 50 g，且揮拍擊球時，球與球拍接觸時間為 0.10 s，在球與球拍接觸的這段時間，球所受的平均作用力之量值約為多少牛頓？

   (A) 50　　(B) 40　　(C) 35　　(D) 30　　(E) 25

8. 某百貨公司的電動手扶梯以 0.40 m/s 的固定速度、30 度的仰角運
   送顧客上樓，使用 220 V 的電源驅動馬達帶動手扶梯運轉。假設
   運送此顧客上樓所需作的功，完全來自馬達，而顧客的質量為
   55 kg，且取重力加速度為 10 m/s²，則此位顧客靜立在手扶梯時，
   通過馬達的電流比該顧客未站上手扶梯時至少需增加多少安培？
   (A) 0.10　　　(B) 0.30　　　(C) 0.50　　　(D) 0.70　　　(E) 0.90

9. 有一質點在 x_1 與 x_2 間受到作用力 F，若此質
   點的總力學能守恆，而其位能 U 與位置 x 關
   係為拋物線如圖 2 所示，其中 x_0 處為拋物線
   最低點，則下列選項中，何圖可代表質點在
   x_1 與 x_2 之間所受作用力 F 與位置 x 的關係圖？

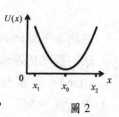

圖 2

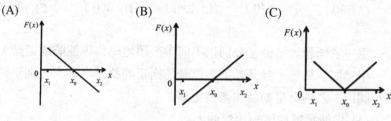

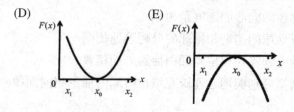

10. 如圖 3 所示的輪軸（左邊為側視圖，右邊為正視圖），外輪半徑
    R 為內軸半徑 r 的 2 倍。當施定力 F 於外輪上的細繩時，可使質
    量為 m 的物體以加速度 0.2 g 向上運動，g 為重力加速度。若空
    氣阻力、繩子的重量與摩擦力皆可忽略不計，則懸掛物體的繩子
    張力對軸心 O 點所產生的力矩之量值為下列何者？

(A) 0

(B) 0.6 *mgR*

(C) 1.2 *mgR*

(D) 1.6 *mgR*

(E) 2.0 *mgR*

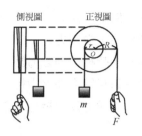

圖 3

11. 當氣溫為 0°C 時，在光滑水平石板地面上，一小雪球 30 m/s 的速度，水平撞擊靜止的冰球，碰撞後兩球黏在一起。碰撞前小雪球質量為 200 g，冰球質量為 300 g，碰撞前後兩球的溫度皆為 0°C。已知冰和雪的熔化熱皆為336 J / g，若此撞擊損失的動能全部轉變成冰和雪熔化所需的熱能，將使約多少公克的冰和雪熔化成 0°C 的水？

(A) 0.014　　(B) 0.16　　(C) 2.4　　(D) 4.2　　(E) 7.6

12. 如圖 4 所示，以三個相同的電阻分別組合成甲、乙、丙、丁四種不同的電阻器。比較此四種電阻器兩端點間的總電阻，下列的大小關係，何者正確？

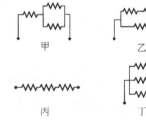

圖 4

(A) 丙 > 甲 > 乙 > 丁

(B) 丙 > 乙 > 甲 > 丁　　　(C) 甲 > 丙 > 乙 > 丁

(D) 甲 > 丙 > 丁 > 乙　　　(E) 丁 > 甲 > 乙 > 丙

13. 兩根位置固定的絕緣長直導線互相垂直，導線甲在上，導線乙在下，兩者緊臨但並不接觸且均與水平面（即紙面）平行，相對位置如圖 5 所示。若兩根導線都帶有相同的電流 *I*，方向如箭頭所示，則下列關於導線乙所受電磁力的敘述，何者正確？

(A) 受一向上之淨力
(B) 受一向下之淨力
(C) 受一逆時鐘方向之力矩
(D) 受一順時鐘方向之力矩
(E) 所受之淨力及力矩皆爲零

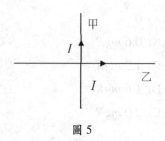

圖 5

第 14-15 題爲題組

如圖 6 所示，在水平面（即紙面）上，有兩條間距爲 l 的光滑平行長直金屬軌道，其電阻可忽略，靜置於鉛直向下（即穿入紙面）、量值爲 B 的均勻磁場中。以兩根電阻均爲 l 的導體棒甲與乙，垂直跨接於兩軌道上，形成長方形迴路。甲棒在 $t \geq 0$ 時恆以等速率 u 沿著軌道向左移動，乙棒在 $t = 0$ 時爲靜止，其後可沿著軌道自由滑動。假設甲、乙兩棒移動時恆位於磁場 B 中，且摩擦力、地磁及載流平行導線間的作用力均可忽略。

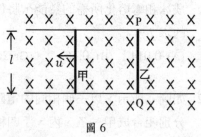

圖 6

14. 假設以 P、Q 分別代表乙棒與金屬軌道的兩接觸點，則下列有關迴路上電流與電位差的敘述，何者正確？
    (A) 在 $t = 0$ 時，長方形迴路上的電流爲零
    (B) 在 $t = 0$ 時，乙棒中的電流由 Q 流向 P，量值爲 $\dfrac{uBl}{3R}$
    (C) 在 $t = 0$ 時，乙棒中的電流由 P 流向 Q，量值爲 $\dfrac{uBl}{3R}$
    (D) 當 $t > 0$ 時，P、Q 間的電位差隨時間逐漸減小至零，然後又逐漸增加
    (E) 當 $t > 0$ 時，乙棒中的電流由 Q 流向 P，並隨時間逐漸減小，最後趨近於零

15. 當 $t > 0$ 時，下列有關乙棒運動的敘述，何者正確？
    (A) 乙棒向右加速移動，而後持續向右作等加速度移動
    (B) 乙棒向左加速移動，而後減速至靜止，並維持不動
    (C) 乙棒向右加速移動，速率由零持續增加，最後趨近於速率 u
    (D) 乙棒向左加速移動，速率由零持續增加，最後趨近於速率 u
    (E) 乙棒向左加速移動，接著減速至靜止，再反向以等速度朝右
       移動

16. 單色光從折射率為 n_1 的介質進入折射率為 n_2 的介質，若 $n_2 > n_1$，
    則下列敘述何者正確？
    (A) 光的波長變大　　　　　　(B) 光的頻率變大
    (C) 光的速率變大　　　　　　(D) 光的頻率及波長均變小
    (E) 光的速率及波長均變小

17. 如圖 7 所示，一個橫截面為半圓形的薄透明容器裝滿水（半圓形
    的灰色區域為水，其餘區域均為空氣），一道入射光線由 P 點從
    空氣中經圓心 O 點入射水中後再射入空氣中。甲、乙、丙、丁、
    戊五條路徑與入射光線皆在同一平面上，其中乙的路徑為光線 PO
    的延長線，而甲、乙、丁三路徑經水中
    射入空氣在界面處的方向並未改變，則
    何者為入射後唯一可能的路徑？
    (A) 甲　　　(B) 乙　　　(C) 丙
    (D) 丁　　　(E) 戊

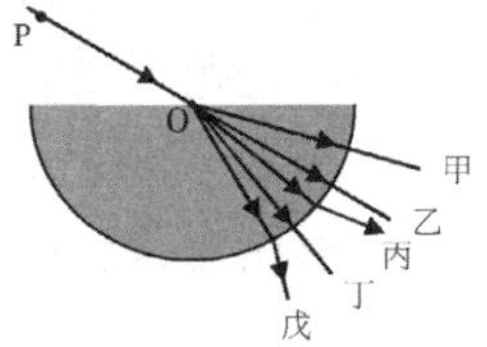

    圖 7

18. 在「狹縫干涉和繞射」的實驗中，先利用雙狹縫之干涉現象，測
    量單色雷射光的波長，接著利用單狹縫的繞射現象以測量單狹縫
    的寬度時，若僅將雙狹縫片改為單狹縫片而其餘實驗參數不變，
    測得單狹縫繞射圖形中央亮帶的寬度為雙狹縫亮帶寬度的 8 倍，
    則單狹縫片縫寬為雙狹縫片相鄰縫距的多少倍？
    (A) 8　　　(B) 4　　　(C) 2　　　(D) 1/2　　　(E) 1/4

第 19-20 題為題組

在實驗室中有一台可發出波長為 200 nm 的雷射光源，功率為 3.0 W。已知光速為 3.0×10^8 m/s，普朗克常數為 6.6×10^{-34} J·s。

19. 此光源發出的每個光子之能量約為下列何者？
    (A) 1.0×10^{-14} J
    (B) 1.0×10^{-16} J
    (C) 1.0×10^{-18} J
    (D) 1.0×10^{-20} J
    (E) 1.0×10^{-22} J

20. 當此光源發出的雷射光入射至一物體而被完全吸收時，該物體所受雷射光的平均作用力之量值約為多少牛頓？（光子動量 P、能量 E 與光速 c 的關係為 $E = Pc$。）
    (A) 1.0×10^{-8}
    (B) 1.0×10^{-6}
    (C) 1.0×10^{-4}
    (D) 1.0×10^{-2}
    (E) 1.0

二、多選題（占 20 分）

說明：第 21 題至第 24 題，每題有 5 個選項，其中至少有一個是正確的選項，請將正確選項畫記在答案卡之「選擇題答案區」。各題之選項獨立判定，所有選項均答對者，得 5 分；答錯 1 個選項者，得 3 分；答錯 2 個選項者，得 1 分；答錯多於 2 個選項或所有選項均未作答者，該題以零分計算。

21. 一個電中性的鋰原子在有兩個電子被游離後，成為只剩一個電子的鋰離子，圖 8 為其能階示意圖，圖中 n 為主量子數。令 $E_{nn'}$ 為能階 n 與能階 n' 的能階差，即 $E_{nn'} = E_n - E_{n'}$，當電子從能階 n 躍遷到能階 n' 時，若 $n > n'$，會輻射出波長為 $\lambda_{nn'}$ 的光子；若 $n < n'$，則需吸收波長為 $\lambda_{nn'}$ 的光子。已知普朗克常數 $h = 6.63 \times 10^{-34}$ J·s，1Ev $= 1.6 \times 10^{-19}$ J，光速 $c = 3.0 \times 10^8$ m/s，下列關於此鋰離子的敘述哪些正確？

(A) $\lambda_{21} + \lambda_{32} = \lambda_{31}$　　　　　(B) $E_{31} = E_{21} + E_{32}$

(C) 在能階 $n = 3$ 的電子無法直接躍遷
　　到能階 $n = 1$

(D) 在能階 $n = 2$ 的電子可吸收 λ_{23} 的
　　光子躍遷到能階 $n = 3$

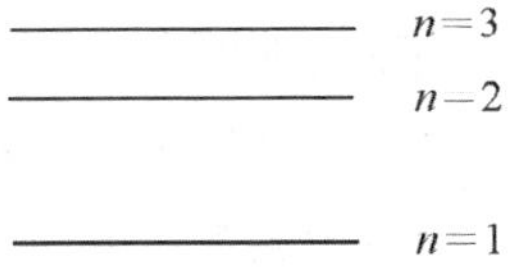

(E) 當電子在能階 $n = 1$ 時，以波長 9 nm 的光子可將其游離

$n=3$
$n=2$
$n=1$
圖8

22. 在光滑水平地面上，質量為 $3\,m$、速度為 v 的甲木塊，與質量為
　　m 的靜止乙木塊，發生一維的正面碰撞。若碰撞後乙木塊相對於
　　甲木塊的速度為 $0.6\,v$，則下列敘述哪些正確？

(A) 此碰撞為彈性碰撞

(B) 在碰撞過程中，甲、乙兩木塊的總動量守恆

(C) 碰撞後甲木塊的速率為 $0.6\,v$

(D) 碰撞後乙木塊的速率為 $1.0\,v$

(E) 碰撞後甲、乙兩木塊的總動能較碰撞前減少了 $0.24\,mv^2$

23. 當以壓力 P 為縱軸、體積 V 為橫
　　軸時，在一裝設有活塞的密閉容
　　器內 1 莫耳的理想氣體在 300 K
　　時的 PV 曲線如圖 9 中的曲線乙。
　　假設 X 為容器內充填該理想氣體
　　1 莫耳，溫度升高為 600 K 時的曲
　　線，而 Y 為容器內改充填該理想
　　氣體 2 莫耳、溫度為 300 K 時的曲
　　線，則下列敘述哪些正確？

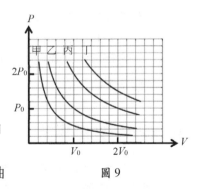

圖9

(A) X、Y 均為曲線丙　　　　(B) X 為曲線甲，Y 為曲線丁

(C) X 為曲線丁，Y 為曲線丙

(D) 曲線 X 與曲線 Y 的氣體分子方均根速率比為 $\sqrt{2}:1$

(E) 曲線 X 與曲線 Y 的氣體分子方均根速率比為 2:1

24. 如圖 10 所示，真空中有一組平行金屬板，長度為 *L*，板距為 *d*，開始時開關 S 是接通的，兩板之間為均勻電場（電場量值為 *E*），且平行金屬板右端與螢幕的距離為 *D*。今將電子以初速度 *v* 自平行板左端水平射入，電子在螢幕上所產生光點的垂直偏移量為 *y*，忽略重力的影響。假設在下列選項所述過程中，電子一定可以抵達螢幕，則下列敘述哪些是正確的？

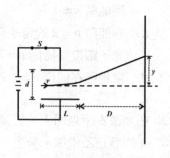

圖 10

(A) 若僅將初速度 *v* 減為原來的一半，則 *y* 變為原來的 4 倍

(B) 若僅將板距 *d* 增為原來的 2 倍，但電池的電壓不變，則 *E* 變為原來的 2 倍

(C) 若僅將板距 *d* 減為原來的一半，但電池的電壓不變，則 *E* 變為原來的 2 倍

(D) 若僅將板距 *d* 增為原來的 2 倍，但電池的電壓不變，則 *y* 變為原來的 2 倍

(E) 若僅將板距 *d* 減為原來的一半，但電池的電壓不變，則 *y* 變為原來的 2 倍

第貳部分：非選擇題（佔 20 分）

說明：本部分共有二大題，答案必須寫在「答案卷」上，並於題號欄標明大題號（一、二）與子題號（1、2、……）。作答時不必抄題，但必須寫出計算過程或理由，否則將酌予扣分。作答務必使用筆尖較粗之黑色墨水的筆書寫，且不得使用鉛筆。每一子題配分標於題末。

一、要驗證牛頓第二運動定律，可利用如圖 11 所示之水平桌面上的
滑車裝置。設滑車本身的質量為 M，每一帶有掛勾的槽碼（砝
碼）質量均為 m，重力加速度為 g，而細繩質量可以忽略不計，

細繩與定滑輪間、滑車與桌面間的
摩擦力經特別處理而均可忽略。滑
車移動過程中，滑車與滑車上的槽
碼之間無相對運動。實驗時滑車的
加速度可利用打點計時器來測量。

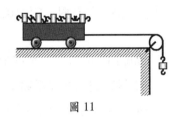

圖 11

1. 當滑車上靜置 5 個槽碼而細繩下端懸掛 1 個槽碼時（如圖
   11），求滑車的加速度。（3 分）

2. 某生欲驗證「受力不變下，物體的加速度與其質量成反比」。
   在實驗過程中該生讓繩下端只懸掛 1 個槽碼不變，而僅變動
   滑車上槽碼的個數，每次從滑車上移開 1 個槽碼，使系統總
   質量分別為 $M_t = M + 6m$、$M + 5m$、$M + 4m$、$M + 3m$、$M + 2m$、
   $M + m$，測得對應的加速度 a。其數據如表一所示：

   表一

   $M = 0.50 \text{ kg}$　　　$m = 0.10 \text{ kg}$

M_t (kg)	$M + 6m$ 1.10	$M + 5m$ 1.00	$M + 4m$ 0.90	$M + 3m$ 0.80	$M + 2m$ 0.70	$M + m$ 0.60
a (m/s^2)	0.89	0.98	1.09	1.22	1.40	1.63

   請利用表一中的數據在答案卷作圖區畫出適當的圖線，並簡
   要說明所作之圖線可以明確驗證物體的加速度 a 與質量 M_t
   成反比。（5 分）

3. 利用圖 11 的裝置欲進行實驗以驗證「在質量不變下，物體所
   受的作用力 F 與其加速度 a 成正比」，其主要步驟如下，試
   完成空格內的內容。（2 分）

(A) _____

_____。

測量不同作用力 F 與其對應的加速度 a。

(B) 作 F 對 a 的數據圖線，圖線應爲通過原點的直線。

二、 如圖 12 所示，一垂直架設且固定於地面的圓環，內側有一用絕
緣材料製成的光滑軌道，軌道半徑爲
R，圓心爲 O。設重力加速度爲 g，
若將質量爲 M 及帶正電荷電量爲 Q
的小球（視爲質點），從 P 點（高度
爲 R）以初速度 V 沿軌道向下射出，
試回答下列各問題：

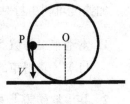

圖 12

1. 小球之初速度 V 至少需爲多少，方能作完整的圓周運動？
（3分）

2. 若於此圓形軌道區域內施加與地面垂直向下之均勻電場 E，
則小球之初速度 V 至少需爲多少，方能作完整的圓周運動？
（4分）

3. 將第 2 小題的電場改爲垂直射出紙面之均勻磁場 B，並於 P
點以初速 V_0 射出小球，則小球到達圓環底部的過程中，磁場
對小球所作的功爲若干？爲什麼？（3分）

105年度指定科目考試物理科試題詳解

第壹部分：選擇題

一、單選題

1. **D**

【解析】　設震源到觀測站距離為 *D* 公里

P 波波速為 9000 m/s = 9 km/s；

S 波波速為 5000 m/s = 5 km/s。

$$\frac{D}{5} - \frac{D}{9} = 12 \Rightarrow D = 135km$$

答案選 (D)。

2. **B**

【解析】　兩個波節之間距離為半波長，所以 *L* = 1.5 波長，

波長 = 2/3 *L*，答案選 (B)。

3. **A**

【解析】　質量 *m*：因次 *M*；距離 *d*：因次 *L*；

力常數 $k = \frac{F}{x} = \frac{ma}{x}$ ；因次 $= \frac{M(L/T^2)}{L} = MT^{-2}$

速度（長度/時間）：因次 $= LT^{-1}$

(A) $d\sqrt{k/m} = L\sqrt{MT^{-2}/M} = LT^{-1}$

(B) $d\sqrt{mk} = L\sqrt{M^2T^2} = LMT$

(C) $\sqrt{dm/k} = \sqrt{(LM/MT^{-2})} = LT$

(D) $dk/m = LMT^{-2}/M = LT^{-2}$

(E) $mk/d = MMT^{-2}/L = M^2L^{-1}T^{-2}$

答案選 (A)。

4. **C**

【解析】 平均速度 = 位移/時間；

v-t 圖曲線下面積 = 位移；

此題平均速度應為：梯形面積/T

$x/T = (\dfrac{T}{4}+T)\dfrac{v}{2}/T = \dfrac{5}{8}v$ ，選 (C)。

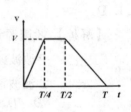

5. **B**

【解析】 高 100 公尺，速率 10 m/s $\Rightarrow$ 速率 40 m/s

$Mgh + \dfrac{1}{2}mv_0^2 - \dfrac{1}{2}mv^2 = 0.6\,(10 \times 100 + \dfrac{1}{2}10^2 - \dfrac{1}{2}40^2)$

$= 0.6 \times (1000 + 50 - 800) = 150$ ，選 (B)。

6. **D**

【解析】 $Fg = \dfrac{GMm}{R^2} = \dfrac{mv^2}{R} = ma_c = m\dfrac{4\pi^2 R}{T^2}$

$\Rightarrow v = \sqrt{\dfrac{GM}{R}} \cdot a_c = \dfrac{GM}{R^2} \cdot T = \sqrt{\dfrac{R^3}{GM}}$

(A) 衛星繞地公轉速度 $v = \sqrt{\dfrac{GM}{R}} \propto \sqrt{\dfrac{1}{R}}$

$R_甲 > R_乙$ ，所以 $V_甲 < V_乙$

(B) 向心加速度 $a_c = \dfrac{GM}{R^2} \propto \dfrac{1}{R^2}$

　　$R_甲 > R_乙$，所以 $a_甲 < a_乙$

(C) 同步衛星，周期和地球「自轉」週期相同

(D) (E) 面積速率 $= \dfrac{原面積}{T} = \dfrac{\pi R^2}{\sqrt{\dfrac{R^3}{GM}}} = \pi\sqrt{GMR} \propto \sqrt{R}$

　　$R_甲 > R_乙$，面積速率甲 > 乙，(D) 正確。

7. **E**

【解析】 $\Delta v = 100 - (-80) = \dfrac{100\text{km}}{\text{hr}} = 50$ m/s

$F = \dfrac{P}{t} = \dfrac{m\Delta v}{t} = \dfrac{0.05 \times 50}{0.1} = 25\ N$，選 (E)。

8. **C**

【解析】 手扶梯上的人每秒上升 0.2 m

　　　　增加位能 $55 \times 0.2 \times 10 = 110$ J

　　　　所以必須增加功率 110 瓦

　　　　而功率 $P = IV$，$V = 220$，

　　　　電流需增加 0.5 A，選 (C)。

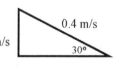

9. **A**

【解析】 力學能守恆，僅位能動能之間的

　　　　移動，表示此力為保守力。

　　　　$F \times d = W \Rightarrow F = W/d$；

　　　　故 $U(x)$-x 圖斜率表示力的量值（大小）

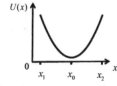

$U(x)$-x 圖，斜率絕對值先變小再變大，
故力的量值也是先變小再變大，選 (A)。

10. **B**

【解析】 質量 m 的物體以 $0.2\,g$ 加速度向上，
繩張力 $T - mg = 0.2\,mg \Rightarrow T = 1.2\,mg$ ；
力矩 = 力 × 力臂，力臂 = $r = 0.5\,R$，
故繩張力造成力矩 = $1.2\,mg \times 0.5\,R = 0.6\,mgR$，選 (B)。

11. **B**

【解析】 非彈性碰撞造成的熱能損失使 x 克的雪花冰塊融化：
$$\frac{1}{2} \times 0.2 \times 30^2 - \frac{1}{2} \times 0.5 \times 12^2 = 336x$$
$x = 0.16\,g$，選 (B)。

12. **A**

【解析】

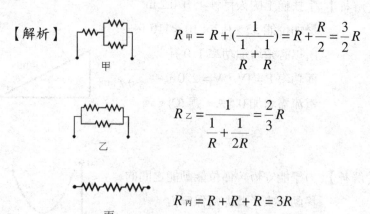

$$R_{\text{甲}} = R + \left(\cfrac{1}{\cfrac{1}{R} + \cfrac{1}{R}}\right) = R + \frac{R}{2} = \frac{3}{2}R$$

甲

$$R_{\text{乙}} = \cfrac{1}{\cfrac{1}{R} + \cfrac{1}{2R}} = \frac{2}{3}R$$

乙

$$R_{\text{丙}} = R + R + R = 3R$$

丙

$$R_T = \cfrac{1}{\cfrac{1}{R}+\cfrac{1}{R}+\cfrac{1}{R}} = \frac{1}{3}R$$

丁

所以電阻大小為丙 > 甲 > 乙 > 丁。

13. **C**

【解析】　在甲導線的右邊磁場方向為入紙面（打叉）；在甲導線的左邊磁場方向為出紙面（打圈）；根據右手開掌定則，以導線在右半部分的磁力應向上；左半部分的磁力應向下，兩個力為一對力偶，以原點為中心，使以導線逆時針旋轉，應選 (C)。

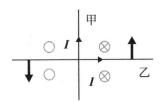

第 14-15 題為題組

14. **E**　15. **D**

【解析】　甲導線恆等速運動，乙一開始靜止。

甲開始移動時，甲導線會切割磁力線，

增加磁通量，產生動生電動勢 $\varepsilon = uBl$

感應電流 $I = \varepsilon/R = uBl/2R$　　由 Q $\Rightarrow$ P

（出紙面的磁場抵銷增加的磁通量）

隨著感應電流的出現，乙導線也會受到磁力作用慢慢向左加速；當乙導線速度追上甲導線時，磁通量便不再變化，感應電動勢及感應電流就停止，所以最後兩者皆以 u 等速移動。

16. **E**

【解析】 折射光頻率不變,波長及速度改變。

$n_2 > n_1 \Rightarrow$ 快介質進入慢介質 $(V = c/n,\ \lambda = \lambda_0/n)$

所以波長和速度均變小,選 (E)。

17. **D**

【解析】 第一次直射是由空氣到水(快到慢),折射光偏向法線 → 刪掉甲乙;第二次由圓心出發,故沿著法線射出,不會產生偏折 → 選 (D)。

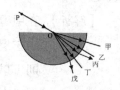

18. **E**

【解析】 雙狹縫中央亮紋寬度 $\Delta y = \dfrac{r\lambda}{d}$;

單狹縫中央亮紋寬度 $\Delta y = 2\dfrac{r\lambda}{b}$;

$8 \times \dfrac{r\lambda}{d} = 2\dfrac{r\lambda}{b} \Rightarrow b = \dfrac{1}{4}d$,選 (E)。

19. **C**

【解析】 $E = \dfrac{12400}{\lambda(10^{-10}m)} = \dfrac{12400}{2000} = 6.2\,eV = 6.2 \times 1.6 \times 10^{-19}$

$\approx 1.0 \times 10^{-18}\,J$,選 (C)。

20. **A**

【解析】 $F = \dfrac{P}{t} = \dfrac{E/c}{t} = \dfrac{\dfrac{3}{3 \times 10^8}}{1} = 1.0 \times 10^{-8}$,選 (A)。

二、多選題

21. **BDE**

【解析】(A)(B) 能量可相加，所以 $E_{31} = E_{21} + E_{32}$

又 $E = h\dfrac{c}{\lambda}$，$\therefore \dfrac{hc}{\lambda_{31}} = \dfrac{hc}{\lambda_{21}} + \dfrac{hc}{\lambda_{32}} \Rightarrow \dfrac{1}{\lambda_{31}} = \dfrac{1}{\lambda_{21}} + \dfrac{1}{\lambda_{32}}$

(C) 能階 n = 3 的電子只要放出 E_{31} 能量的光子就可以到能階 n = 1 上

(D) λ_{32} 的光子能量即為能階 n = 2 和 n = 3 的能量差，故電子吸收此光子後可從能階 n = 2 躍遷至 n = 3

(E) 在 n = 1 能階上每莫耳電子脫離到無窮遠處需要 1316 kJ 的能量，而一莫耳、波長 9nm 的光子，

其能量為 $E = \dfrac{12400}{90} \times 1.6 \times 10^{-16} \times 6.02 \times 10^{23} \times 10^{-3}$

~ 13227 kJ > 1316

$\therefore$ 波長 9 nm 的光子可游離能階 $n = 1$ 電子

22. **BCE**

【解析】假設碰後甲的速度為 v'，

$V_{乙甲} = V_Z - V_甲$，$V_Z = 0.6\,v + v'$

$3\,mv = 3\,mv' + m(0.6\,v + v') \rightarrow v' = 0.6\,v$

$\dfrac{1}{2}(3m)v^2 - \dfrac{1}{2}(3m)(0.6v)^2 - \dfrac{1}{2}m(1.2v)^2 = 0.24mv^2$

(A) 有能量損失，非彈性碰撞

(B) 碰撞永遠都動量守恆

(C) 碰後甲速度 $0.6\,v$

(D) 碰後乙速度 $1.2\,v$

(E) 如上述計算，動能減少 $0.24\,mv^2$

23. **AD**

【解析】(A)(B)(C) 曲線乙：1 莫耳，300 K

X 是 1 莫耳，600 K（溫度兩倍）：

相同體積，壓力應該兩倍 → 曲線丙

Y 是 2 莫耳，300 K（分子數兩倍）：

相同體積，壓力也應該兩倍 →曲線丙

(D)(E) 方均根速率 $v = \sqrt{\dfrac{3kT}{m}} \propto \sqrt{T}$，$V_X : V_Y = \sqrt{2} : 1$

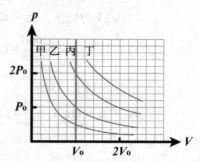

24. **ACE**

【解析】(B)(C) $Ed = V$，電壓不變下，

d 減半，E 加倍；d 加倍，E 減半。

假設電子電量 e，電子質量 m，

電子經過電力線分布位置所需時間 $t = \dfrac{L}{v}$；

$F_e = eE = ma \rightarrow a = \dfrac{eE}{m}$，$V_y = \dfrac{eE}{m} \times \dfrac{L}{v} = \dfrac{eEL}{mv}$

(A) $v \to \dfrac{1}{2}v$，$y \to 4y$，正確。

(D) (E) $y = D \times \dfrac{eEL}{mv^2} \propto E$；$d$ 減半，E 加倍，y 加倍；

d 加倍，E 減半，y 減半。

第貳部分：非選擇題

一、

1. 由牛頓第二定律 $F = ma$

$$mg = (M + 6m) \times a \to a = \dfrac{mg}{M + 6m}$$

2. 做 $a - 1/M$ 的圖，可發現會成一條斜直線（正比）。

M	1.10	1.00	0.90	0.80	0.70	0.60
a	0.89	0.98	1.09	1.22	1.40	1.63
$\dfrac{1}{M}$	0.91	1.00	1.11	1.25	1.43	1.66

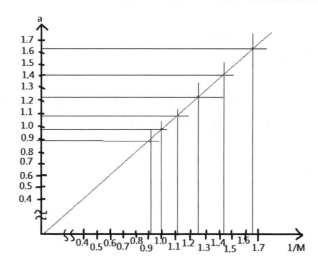

3. 固定滑車及砝碼的總質量，依序將車上的砝碼移到右側繩上，分別測量加速度的大小。

二、

1. 鉛直圓周運動的臨界速率，須由最高點開始算。最高點時，若向心力完全由重力提供，此時的速率即為臨界速率：

$$F_c = Mg + N = M \frac{v^2_0}{R}，N = 0 \rightarrow v_0 = \sqrt{gR}$$

再由力學能守恆換回最低點的速率：

$$MgR + \frac{1}{2} Mv^2_0 = \frac{1}{2} M (v_P)^2 \rightarrow v_P = \sqrt{3gR}$$

2. $F_c = Mg + N + QE = M \frac{v^2_0}{R}，N = 0 \rightarrow v_0 = \sqrt{\frac{(Mg + QE)R}{M}}$

再由功能原理（合力做功 = 動能變化）換回最低點的速率：

$$MgR + QER = \frac{1}{2} mv^2 - \frac{1}{2} m \left(\sqrt{\frac{(Mg+QE)R}{M}} \right)^2$$

$$\rightarrow v = \sqrt{\frac{3(Mg+QE)R}{M}}$$

3. 磁力方向必垂直速度方向（磁力 = 電量（速度 × 磁場））垂直不做功，所以磁力對小球做功是 0。

105 年大學入學指定科目考試試題
化學考科

說明：下列資料，可供回答問題之參考

一、 元素週期表（1～36 號元素）

1 H 1.0																	2 He 4.0
3 Li 6.9	4 Be 9.0											5 B 10.8	6 C 12.0	7 N 14.0	8 O 16.0	9 F 19.0	10 Ne 20.2
11 Na 23.0	12 Mg 24.3											13 Al 27.0	14 Si 28.1	15 P 31.0	16 S 32.1	17 Cl 35.5	18 Ar 40.0
19 K 39.1	20 Ca 40.1	21 Sc 45.0	22 Ti 47.9	23 V 50.9	24 Cr 52.0	25 Mn 54.9	26 Fe 55.8	27 Co 58.9	28 Ni 58.7	29 Cu 63.5	30 Zn 65.4	31 Ga 69.7	32 Ge 72.6	33 As 74.9	34 Se 79.0	35 Br 79.9	36 Kr 83.8

二、 理想氣體常數 $R = 0.08205$ L atm $K^{-1}mol^{-1} = 8.31$ J $K^{-1}mol^{-1}$

第壹部分：選擇題（占 80 分）

一、單選題（占 60 分）

說明：第 1 題至第 20 題，每題有 5 個選項，其中只有一個是正確或最適當的選項，請畫記在答案卡之「選擇題答案區」。各題答對者，得 3 分；答錯、未作答或畫記多於一個選項者，該題以零分計算。

1. 由 X 與 Y 兩種元素組成的化合物，若化合物中 X 與 Y 的質量比是 3:1，而 X 與 Y 的相對原子量比是 12:1，則下列何者是該化合物的化學式？
   (A) XY_4
   (B) XY_3
   (C) XY_2
   (D) X_2Y
   (E) X_3Y

2. 碘可以形成很多種氧化物，且可具有不同的氧化數。有一種很特殊的碘與氧的化合物稱為碘酸碘。已知其中碘的氧化數分別為 +3 與 +5，則下列何者是碘酸碘的化學式？
   (A) I_2O_3
   (B) I_3O_5
   (C) I_3O_6
   (D) I_4O_5
   (E) I_4O_9

3-5 為題組

圖 1 表示以乙炔為起始物合成一些簡單有機化合物的反應流程圖。圖中①～⑤表示氧化或還原反應等過程，甲～丁為有機化合物的代號。已知所有反應物以等莫耳數在其適當的反應條件下，均可往箭頭所示的方向進行。試依箭頭所示的方向，推出甲～丁的有機化合物後，回答 3-5 題。

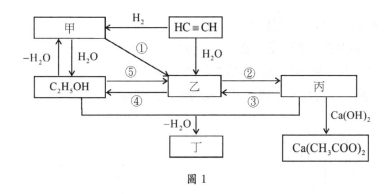

圖 1

3. 代號乙是什麼化合物？

(A) CH₃OH

(B) CH₃CHO

(C) CH₃COOH

(D) C₂H₅OC₂H₅

(E) CH₃COOC₂H₅

4. 代號丁是什麼化合物？

(A) CH₃OH

(B) CH₃CHO

(C) CH₃COOH

(D) C₂H₅OC₂H₅

(E) CH₃COOC₂H₅

5. 過程①～⑤中，哪些屬於氧化反應？

(A) ①②　　(B) ②③　　(C) ③⑤　　(D) ①②⑤　　(E) ②③⑤

6. 利用電子組態可以描述原子的特性。下列有關電子組態的敘述，
   何者正確？

（甲）C 原子的基態，其電子組態為 $1s^2\,2s^2\,2p^2$

（乙）Ne 原子的激發態，其電子組態**不可能**是 $1s^2\,2s^2\,2p^5\,3s^1$

（丙）Mn 原子的基態和 Mn²⁺ 離子的基態皆具有未成對電子

(A) 只有甲　(B) 只有乙　(C) 乙與丙　(D) 甲與丙　(E) 甲與乙

7. 某純物質具有下列特性：

(1) 沸點在高壓環境下會比一大氣壓時的高

(2) 三相點的溫度比正常熔點的溫度高

依據上述特性，下列何者為此物質的三相圖？

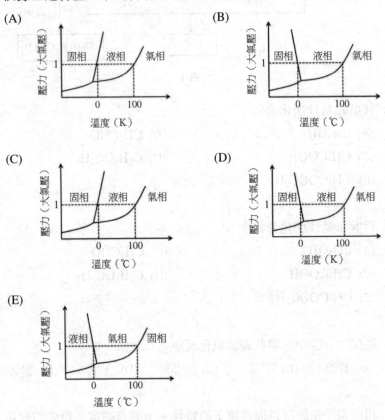

8. 甲、乙、丙、丁、戊為五種有機化合物的代號。已知甲可作為抗凍劑，乙可進行酯化反應，丙可還原生成二級醇，丁可做為麻醉劑，且其沸點高低的排列順序為甲＞乙＞丙＞丁＞戊。若五種化合物依甲、乙、丙、丁、戊順序排列，則下列哪一排列正確？

(A) 乙醇、乙酸、乙烷、乙醚、丙酮

(B) 乙烷、乙酸、乙醇、丙酮、乙醚

(C) 乙酸、乙二醇、丙酮、乙烷、乙醚

(D) 乙二醇、乙酸、丙酮、乙醚、乙烷

(E) 乙二醇、乙酸、乙醚、丙酮、乙烷

9. 有一單質子弱酸（HX）的鈉鹽 NaX，已知 0.20 M 的 NaX 溶液之
pH 值為 10。現擬以 HX 和 NaX 混合配製 pH 值為 6.0 的緩衝溶
液，則此緩衝溶液中 [X⁻]/[HX] 的比值最接近下列哪一數字？

(A) 0.20　　　　　　(B) 0.50　　　　　　(C) 1.0

(D) 2.0　　　　　　(E) 5.0

10. 以二鉻酸鉀滴定未知濃度的亞鐵離子酸性水溶液時，常以二苯胺
磺酸鈉作為指示劑。其中，二苯胺磺酸根離子作為指示劑的變色
原理如下式所示：

在此條件下，下列有關（甲）鉻離子、（乙）亞鐵離子與（丙）
二苯胺磺酸根離子之間還原力的比較，哪一項正確？

(A) 甲 ＞ 乙 ＞ 丙　　　　　　(B) 乙 ＞ 丙 ＞ 甲

(C) 丙 ＞ 甲 ＞ 乙　　　　　　(D) 丙 ＞ 乙 ＞ 甲

(E) 乙 ＞ 甲 ＞ 丙

11. 王同學在定溫下，進行氣體平衡反應的實驗，想利用實驗數據求得反應的平衡常數。所使用的氣體為 NO_2 與 N_2O_4，其初始的濃度及經過一段時間後，到達平衡時的濃度如表 1 所示。

表 1

實驗 \ 氣體	初始濃度（M）		平衡濃度（M）	
	$[NO_2]$	$[N_2O_4]$	$[NO_2]$	$[N_2O_4]$
1	0.00	0.67	0.055	0.64
2	0.05	0.45	0.046	0.45
3	0.03	0.50	0.048	0.49
4	0.20	0.00	0.02	0.09

試問下列哪一數字最接近 $N_2O_4(g) \rightleftharpoons 2\,NO_2(g)$ 反應的平衡常數？

(A) 11.7　　　　　　(B) 7.56　　　　　　(C) 9.7×10^{-1}

(D) 8.5×10^{-2}　　　(E) 4.7×10^{-3}

12. 圖 2 為一級反應 $A \rightarrow B$ 的反應物濃度與時間的關係圖。圖 3 為反應速率與反應物濃度的關係圖。

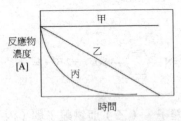
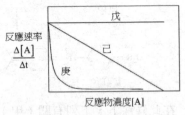

圖 2、反應物 A 的濃度隨時間變化　　圖 3、反應速率隨反應物濃度變化

試問哪兩條關係線能正確描述此一級反應？

(A) 甲與己　　　　　(B) 乙與庚　　　　　(C) 丙與戊

(D) 丙與己　　　　　(E) 甲與庚

13. 圖 4 中甲、乙、丙三條曲線，為
　　氣體分子的運動速率與相對分子
　　數目的分布關係。若根據圖 4，
　　則下列敘述，哪一項正確？

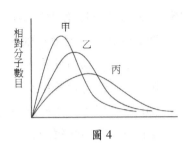

圖 4

(A) 若曲線代表三種不同氣體分
　　 子，在同溫下的分子運動速
　　 率分布，則丙的平均動能最大

(B) 若曲線代表三種不同氣體分子，在同溫下的分子運動速率分
　　 布，則甲一定是雙原子分子

(C) 若曲線代表三種不同氣體分子，在同溫下的分子運動速率分
　　 布，則平均速率的大小依序為甲 ＞ 乙 ＞ 丙

(D) 若曲線代表氮氣在三種不同溫度的分子運動速率分布，則甲
　　 的平均動能最高

(E) 若曲線代表氮氣在三種不同溫度的分子運動速率分布，則甲
　　 的溫度最低

14. 下列反應是製造氫氣的重要方法之一

$$CH_4(g) + H_2O(g) \xrightleftharpoons[\text{Ni, 700 K}]{} CO(g) + 3H_2(g) \quad \Delta H < 0$$

當反應達平衡後，若改變此反應的條件，則下列有關反應平衡位
置移動的敘述，哪一個正確？

(A) 增加壓力，平衡向產物方向移動

(B) 將溫度提高，平衡向反應物方向移動

(C) 加入鈍氣，平衡向反應物方向移動

(D) 增加 Ni 的量，平衡向反應物方向移動

(E) 將 H_2O(g) 完全移除，不會改變平衡位置

15. 下列有關三種化合物 CH_2O、$C_2H_4O_2$（乙酸）和 $C_6H_{12}O_6$（葡萄糖）的敘述，何者正確？

    (A) 三者互為同分異構物　　　　(B) 三者含碳的質量百分率相同

    (C) 三者皆可與鋅粉反應，產生氫氣

    (D) 三者皆可與斐林試劑反應，產生紅色沉澱

    (E) 三者與硝酸銀的氨水溶液反應，均產生銀鏡反應

16. 下列哪一個分子具 sp^3 混成軌域，且其鍵角最小？

    (A) $BeCl_2$　　(B) BCl_3　　(C) CH_4　　(D) H_2O　　(E) NH_3

17. 工業上利用電解氧化鋁的方式來製備鋁金屬，若要生產 54 克的鋁金屬約需要多少庫侖的電量？

    (A) 1.9×10^5　　　　　　(B) 2.9×10^5　　　　　　(C) 5.8×10^5

    (D) 1.2×10^6　　　　　　(E) 1.5×10^6

18. 假設原子序 119 的新元素 Q 為一穩定元素，則根據化學元素的週期性，可預測 Q 的性質。下列有關 Q 的敘述，哪一項正確？

    （提示：氙與氡的原子序分別為 54 與 86，氙、氡與氦同族）

    (A) Q 為非金屬元素　　　　　　(B) Q 與水反應形成 QOH

    (C) Q 與水反應產生氧氣

    (D) Q 所形成的碳酸鹽，其化學式為 QCO_3

    (E) Q 形成 Q^- 陰離子的電子組態與惰性元素相同

19. 將固態碳與氣態二氧化碳在 1.0 升的密閉容器中加熱至 1160 K，可形成一氧化碳。在反應過程中每兩小時測量系統總壓力，如圖 5。反應式如下：

$$C(s) + CO_2(g) \rightleftharpoons 2CO(g)$$

當反應達成平衡時，仍有固態碳殘留於容器中。

假設 CO_2 及 CO 均為理想
氣體，根據上述資料，則
下列敘述何者正確？

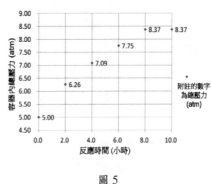

圖 5

(A) 反應達成平衡時，CO_2
　　與 CO 的莫耳數比為
　　1:2

(B) 反應達成平衡時，CO_2
　　與 CO 的總莫耳數為
　　0.053 莫耳

(C) 反應達成平衡時，CO 的分壓為 3.37 atm

(D) 此反應的平衡常數 K_p 約為 27.9

(E) 若在相同容器中，改注入各 0.0263 莫耳的 CO_2 及 CO 的氣
　　體，當反應達成平衡時，CO_2 氣體的莫耳數將增加

20. 下列哪一個現象或事實與分子間作用力的大小**無關**？

(A) 水滴在玻片上呈現半球形

(B) Br_2 與 ICl 兩者分子量相近，但 ICl 沸點較高

(C) 銀飾在空氣中會慢慢失去光澤

(D) 碘的沸點高於氯的沸點　　(E) 正戊烷的沸點比新戊烷高

二、多選題（占 20 分）

說明：第 21 題至第 25 題，每題有 5 個選項，其中至少有一個是正確
　　　的選項，請將正確選項畫記在答案卡之「選擇題答案區」。各
　　　題之選項獨立判定，所有選項均答對者，得 4 分；答錯 1 個選
　　　項者，得 2.4 分；答錯 2 個選項者，得 0.8 分；答錯多於 2 個選
　　　項或所有選項均未作答者，該題以零分計算。

21. 下列哪些選項中的兩組操作，產生相同的氣體？
    (A) 消毒傷口塗上雙氧水；加熱氯酸鉀與二氧化錳
    (B) 檸檬汁加小蘇打；鹽酸滴入大理石
    (C) 浴廁清潔劑（鹽酸）加漂白水；金屬鈉加水
    (D) 鹽酸滴入鋅粉；電解濃食鹽水陽極產生的氣體
    (E) 汽水加食鹽；水滴入電石

22. 在高中化學實驗室，進行滴定或合成等實驗時，下列哪些是安全且正確的實驗操作？
    (A) 進行滴定前，先用去離子水清洗滴定管後，即可將待滴定物倒入管內開始滴定
    (B) 在玻璃管上套橡皮管時，可先用水濕潤玻璃管
    (C) 氫氧化鈉溶液配製後，可將其置於玻璃瓶中長期存放
    (D) 高溫的反應產物，應等其冷卻後，再測量產物質量
    (E) 具高揮發性的溶液加熱時，使用水浴法以避免直接加熱造成危險

23. 將瘦肉精添加於豬隻等動物飼料中，可以促進蛋白質合成，增加動物的瘦肉量，少長脂肪。瘦肉精之一的萊克多巴胺的結構式，如圖6，分子量為 301g mol^{-1}，對於水的溶解度為 4100 mgL^{-1}。萊克多巴胺原先是研發作為氣喘用藥，但未通過美國食品藥物管理局（FDA）的人體實驗。但允許在飼料中添加，瘦肉精的安全殘留量，則常參考 FDA 標準。下列與瘦肉精相關的敘述，哪些正確？

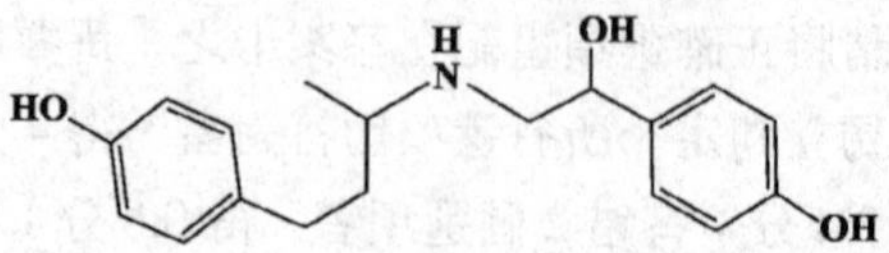

圖6

(A) 萊克多巴胺的分子式為 $C_{18}H_{22}NO_3$

(B) 萊克多巴胺的結構具有酚基與胺基

(C) 萊克多巴胺在美國可以少量用於治療氣喘病

(D) 萊克多巴胺對於水的溶解度，比食鹽易溶約 10 倍

(E) 添加 18.5 克的萊克多巴胺於每噸飼料中，其量等於 18.5ppm

24. 在某實驗中，先於燒杯內倒入 4 毫升的 0.1 M $[Ni(H_2O_6)]^{2+}$ 水溶液後，緩緩加入 16 毫升的 0.05 M 的乙二胺（en）水溶液。假設完全反應後，$[Ni(H_2O_6)]^{2+}$ 與乙二胺皆無剩餘，則產生化合物甲與水。下列有關化合物甲與相關的敘述，哪些正確？（已知乙二胺為雙牙基）

(A) 含有一個 en 配位基

(B) 含有兩個 H_2O 配位基

(C) 鎳的氧化數為 +2

(D) 鎳離子的配位數為 4

(E) 反應物 $[Ni(H_2O_6)]^{2+}$ 具有顏色

25. 在氧化還原滴定實驗中，先用草酸鈉標定過錳酸鉀溶液的濃度，再以標定後的過錳酸鉀溶液測定未知試樣中亞鐵離子的含量。下列有關該實驗的敘述，哪些正確？

(A) 須精稱乾燥草酸鈉的質量，以得知其準確的莫耳數

(B) 標定後的過錳酸鉀溶液，必須儲存於褐色瓶中，且避免光照

(C) 標定過程中，過錳酸鉀為還原劑，草酸鈉為氧化劑

(D) 在標定過錳酸鉀溶液時，標定一次即可精確求得其濃度，無須進行多次再求平均的方式

(E) 以標定後的過錳酸鉀溶液滴定待測樣品中的亞鐵離子，至溶液淡紫色不消失，即為滴定終點

第貳部分：非選擇題（占 20 分）

說明： 本部分共有三大題，答案必須寫在「答案卷」上，並於題號欄
標明大題號（一、二、三）與子題號（1、2、……），作答時
不必抄題。計算題必須寫出計算過程，最後答案應連同單位劃
線標出。作答務必使用筆尖較粗之黑色墨水的筆書寫，且不得
使用鉛筆。每一子題配分標於題末。

一、 張老師給了學生五種水溶液：H_2SO_4、$NaOH$、$CaCl_2$、$Cu(NO_3)_2$、
Na_2CO_3 與一小瓶金屬粉末，請學生以實驗結果表示這些物質之
間的關係。學生交了一份報告：如圖 7。圖中的每一連線兩端的
物質兩兩相加，均會有明顯的化學反應，其中：

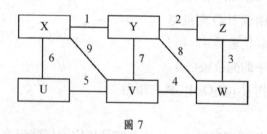

圖 7

(1) 連線 1 與連線 9 均會產生氫氣。

(2) 連線 2 會產生二氧化碳。

(3) 除了連線 1,2,7,9 以外，其他連線均會產生沉澱。

(4) 另外，張老師說 X 原子具有 d^{10} 的電子組態，若將 X 溶於稀
硝酸後，與硫化鈉溶液作用，亦即 X 離子與硫離子會產生白
色沉澱：$X^{2+}(aq) + S^{2-}(aq) \rightarrow XS(s)$

試回答下列問題（每一子題 2 分，共 8 分）：

1. 寫出 X 的元素符號。

2. 寫出 Y 的中文名稱。

3. 寫出連線 3 反應的<u>離子反應式</u>，並註明各物質的狀態。

4. 寫出連線 6 反應的<u>離子反應式</u>，並註明各物質的狀態。

二、在 500 mL 的平底燒瓶內，倒入濃度均為 2% 的葡萄糖與氫氧化鈉的水溶液各 150 mL，然後滴入亞甲藍液（氧化還原指示劑）數滴，亦即燒瓶並沒裝滿溶液。蓋緊瓶蓋後搖一搖燒瓶，溶液立即呈現藍色，如圖 8 的 (a)。然後操作下列實驗：

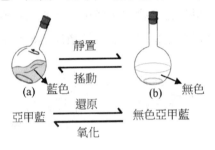

圖 8

(1) 將藍色溶液的燒瓶靜置於桌上，數分鐘後溶液變為無色透明，如圖 8 的 (b) 所示。這是「亞甲藍」還原為「無色亞甲藍」。

(2) 搖動燒瓶 (b) 無色亞甲藍溶液數次後，溶液立即變回藍色，在此過程中，不見有任何氣泡。

如此上述實驗 (1) 與 (2)，可輪流操作，溶液會由藍色變為無色，再由無色變為藍色。

1. 寫出實驗 (1) 還原反應的還原劑。（2 分）

2. 寫出實驗 (2)，當搖動燒瓶，使無色亞甲藍氧化為藍色亞甲藍反應的氧化劑。（2 分）

三、 本題為化學在醫藥上偉大貢獻的實例。2015 年諾貝爾生醫獎頒
給青蒿素的研究，因其是現今抗瘧疾最佳的藥物。化學家自傳
統的中藥材黃花蒿中提取出青蒿素，並以其為起始物製成一系
列衍生物，以獲得更高藥效。青蒿素的化學構造如圖 9 之 A 化
合物，其具有藥效的主因是含有一種罕見於天然物的官能基。
將青蒿素 A 在特定的條件下進行加氫還原，可得到二氫青蒿素
B。若將化合物 B 與試劑甲在適當條件下進行酯化反應，可得
到化合物 C。另一方面，若將化合物 B 與試劑乙在適當條件下
進行反應，可得到化合物 D。使用青蒿素及這些衍生物的聯合
療法，就成為現今全世界治療惡性瘧原蟲瘧疾的標準方法。

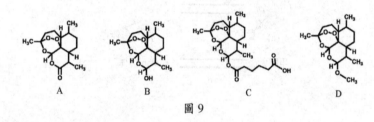
圖 9

根據這些敘述，回答下列問題（每一子題 2 分，共 8 分）：

1. 畫出青蒿素構造中的一個罕見於天然物，且較不穩定的化學
   鍵。

2. 寫出由青蒿素 A 製備二氫青蒿素 B，青蒿素 A 中被還原的官
   能基名稱。

3. 寫出由化合物 B 製備得到化合物 C，所加入試劑甲的化學名
   稱。

4. 化合物 D 的分子中，具有多少個三級碳。

105年度指定科目考試化學科試題詳解

第壹部分：選擇題

一、單選題

1. **A**

【解析】 ∵莫耳數 = 質量/分子量。所以莫耳數比 = (質量比/

原子量比)

∴ X：Y = (3/12)：(1/1) = 1/4：1 = 1：4

2. **E**

【解析】 ∵分子氧化數總和 = 0

∴碘（I）氧化數總和 + 氧（O）的氧化數總和 = 0

O = –2，I = +3 或 +5

若 I 的總個數為 Y，設其中 +5 的 I 個數為 X，

則 I 的氧化數總和 = 3Y + 2X（每多一個 +5 會多 2）

(A) I = 2 × 3 = 6 + 2X，X = 0（不可能，I 至少有一個）

(B) I = 10 = 9 + 2X，X = 0.5（不可能，原子數為整數）

(C) I = 12 = +12 = 9 + 2X，X = 1.5（不可能，同上）

(D) I = 10 + 12 + 2X，X = –1（不可能）

(E) I = 18 = 12 + 2X，X = 6（可以，正確答案）

3-5 為題組

3. **B**

【解析】 乙：與水產生「加成反應」

$HC \equiv CH + H_2O \rightarrow CH_2 + CHOH$（乙烯醇），

然而乙烯醇與乙醛可互變，稱爲「乙醛的烯醇異構化」

產生「乙醛」，選 (B)。

完整反應：

$$\underset{\text{乙炔}}{HC \equiv CH} + H_2O \xrightarrow[H^+]{HgSO_4} \underset{\text{不安定的中間產物}}{[H-\overset{H}{\overset{|}{C}}=\overset{H}{\overset{|}{C}}-OH]} \longrightarrow \underset{\text{乙醛}}{CH_3CHO}$$

4. **E**

【解析】 丁 = C_2H_5OH + 丙，但既不知道丙，如何求丁？

可從碳數反推。

∵ 丙 + $Ca(OH)_2$ + $Ca(CH_3COO)_2$，

所以丙必定有兩個碳，

並有 CH_3COO – 丁 + C_2H_5OH + 丙 – H_2O，

可知爲「酯化反應」（乙酸 + 乙醇，形成乙酸乙酯），

選 (E)。

5. **D**

【解析】 「氧化反應」的定義有：得到氧、氧化數增加（失去電子）等。

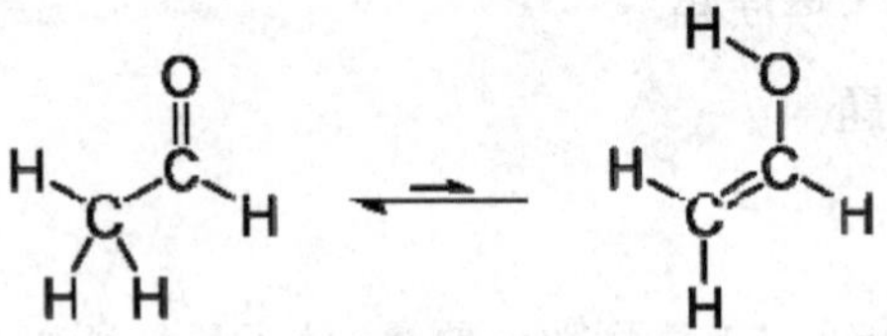

而正反應與逆反應，必然不可能同時為「氧化」，

故知②③只有其一，(B) (E) 不可能。

又 HC ≡ CH 與 H₂ 加成：CH ≡ CH + H₂ → CH₂ = CH₂

故知道甲為 CH₂ = CH₂（乙烯）

反應①：甲 → 乙（乙烯變成乙烯醇），氧增加，所以
　　　　　為氧化反應。

反應②：乙 → 丙（乙烯醇變成乙酸），氧增加，所以
　　　　　為氧化反應。

反應⑤：乙醇 → 乙（乙醇變成乙烯醇），氫減少，碳
　　　　　氧化數增加，所以為氧化反應。

6. **D**

【解析】（甲）正確（參考附圖週期表）。

　　　　（乙）電子組態 Ne：$1s^2 2s^2 2p^6$，被激發一顆電子有機
　　　　　　　會變成 $1s^2 2s^2 2p^5 3s^1$

　　　　（丙）Mn：$[Ar]4s^2 3d^5$，Mn^{2+}：$[Ar]3d^5$，（少兩個電子
　　　　　　　應從最外層 4s 先扣）都有未成對電子。

　　　　所以（甲）（丙）正確，選 (D)。

7. **B**

【解析】沸點定義：「液態」轉「氣態」的溫度，

　　　　熔點定義：「固態」轉「液態」的溫度。

　　　　三相點：三條線的交點（三相共存的壓力與溫度）。

　　　　因此根據題目提供的線索可知道：

　　　　(1) 沸點線（「液」與「氣」交界線）：左下往右上。

(2) 三相點在熔點右邊：(「固」與「液」交界線，右下往左上。)

符合 (1)：(A) (B) (C) (D)，符合 (2)：(B) (D)。但 (D) 的橫軸為絕對溫度 K，不可能有低於 0°K 的溫度，所以 (D) 錯。答案為 (B)。

8. **D**

【解析】 丁：麻醉劑 → 必為「醚」。

甲：抗凍劑 →「醇類」。

乙：酯化反應 → 必為「酸」或「醇」。

丙：丙酮可被還原為二級醇。

綜合以上，選答案 (D)。

9. **A**

【解析】 $[OH^-] = \sqrt{\dfrac{Kw \times [X^-]}{Ka}} \Rightarrow 10^{-4} = \sqrt{\dfrac{10^{-4} \times 0.2}{Ka}}$

$\Rightarrow 10^{-8} = 10^{-14} \times 0.1/Ka$

$\Rightarrow Ka = 10^{-6} \times 0.2$

$[H^+] = Ka \times \dfrac{[HX]}{[X^-]} \Rightarrow 10^{-6} = (10^{-6} \times 0.2) \times \dfrac{[HX]}{[X^-]}$

$\Rightarrow \dfrac{[X^-]}{[HX]} = 0.2$

故選 (A)。

10. **B**

【解析】 $6Fe^{2+} + Cr_2O_7^{2-} + 14H^+ \rightarrow 6Fe^{2+} + 2Cr^{3+} + 7H_2O$

上列反應中，亞鐵離子爲還原劑，鉻離子被還原。

可知還原力：亞鐵離子 > 鉻離子。

而 Cr^{3+} 又會與指示劑發生還原反應

故選 (B)。

11. **E**

【解析】 對於反應 $aA + bB \leftrightarrow cC + dD$

- $K_P = \dfrac{(P_C)^c (P_D)^d}{(P_A)^a (P_B)^b}$

所以 $N_2O_4(g) \rightleftharpoons 2NO_2$ 反應的平衡常數

$K_p = [NO_2]^2/[N_2O_4] = (0.02)^2/(0.09) = 0.0044$

　　$= 4.4 \times 10^{-3}$（選第四次實驗數據代入，

　　　　　　　因爲數字最好算）

最接近 (E) 4.7×10^{-3}

12. **D**

【解析】 一級反應是反應速率與反應物 A 的濃度的一次方成

正比，

$r = \dfrac{d[A]}{dt} = k[A]$

半衰期爲固定值，固定時間濃度減半，所以

相同時間內，濃度會以「等比級數遞減」→ 曲線丙

反應速率 → 曲線己。

13. **E**

【解析】 根據「氣體動力論」：

氣體分子的速率，與「絕對溫度」平方根成正比；與「分子量平方根」成反比。又，氣體分子的動能，與「絕對溫度」成正比。

(A) 錯：同溫下，平均動能相同。

(B) 錯：甲的平均速率最慢，只能確定它的分子量最大，不一定是雙原子。

(C) 錯：應為丙 > 乙 > 甲。

(D) 錯：甲的平均動能最低。

(E) 正確。

14. **B**

【解析】 勒沙特列原理：平衡會朝減弱該改變的方向移動。

(A) 錯：增加壓力，反應會朝向氣體莫耳數之和較小的方向進行，（左：1 + 1，右：1 + 3）往左，反應物方向。

(B) 正確：放熱反應；如果提高溫度，平衡將會左移。

(C) 錯：加入鈍氣，不影響分壓，平衡不變。

(D) 錯：催化劑不影響平衡。

(E) 錯：減少反應物，平衡將會往左移動。

15. **B**

【解析】 CH_2O（甲醛）、$C_2H_4O_2$（乙酸）和 $C_6H_{12}O_6$（葡萄糖）

(A) 錯：不是同分異構物（分子內各元素子總數並不同）。

(B) 正確：三者的 C：H：O 皆為 1：2：1。

(C) 錯：只有乙酸能和鋅粉產生氫氣。

(D) 錯：只有醛類可與斐林試劑反應，產生紅色沉澱。

　　（可鑑別醛與酮）

(E) 錯：只有醛類可產生銀鏡反應。

16. **D**

【解析】 (A) $BeCl_2$：sp 軌域，鍵角 180 度。

(B) BCl_3：sp^2 軌域，鍵角 120 度。

(C) CH_4：sp^3 軌域，鍵角 109.5 度。

(D) H_2O：sp^3 軌域，鍵角 104.5 度

(E) NH_3：sp^3 軌域，鍵角 107 度。

17. **C**

【解析】 已知 1 莫耳電量 = 96500 庫侖。

電解氧化鋁（Al_2O_3）：$Al^{3+} \rightarrow Al^0$，

每產生 1 莫耳鋁需要 3 莫耳電子。

原子量 Al = 27（根據附圖週期表）

54g Al = 2 莫耳 Al → 6 莫耳電子。

$96500 \times 6 = 579000 = 5.79 \times 10^5$ 庫侖，故選答案 (C)。

18. **B**

【解析】 目前人工合成出原子序最大的元素是 118 號的 Uuo，

位置是 VIIIA 族（惰氣）的第七週期。

所以原子序 119 會進入新的週期，佔用 S 軌域，

為 IA 族，與鈉、鉀等元素，具有類似的化學性質。

答案討論如下：

(A) 錯：IA 族為金屬元素。

(B) 正確：類似 NaOH 或 KOH。

(C) 錯：與水反應產生氫氣。

(D) 錯：IA 族形成的離子為 Q^{1+}，所以化學式 Q_2CO_3。

(E) 錯：若增加一個電子形成陰離子，會是 $[Rn]7s^2$，比惰氣多兩個電子。

19. **D**

【解析】 本題關鍵在圖表

初壓 5.00 atm 代表 CO_2 未消耗前的總壓

平衡後的 8.37 atm 代表 $CO_2 + CO$ 的總壓

	CO_2	CO	總和
平衡前	5.00	0	5.00
平衡後	5.00 – x	2x	5.00 + x

所以 $5.00 + x = 8.37$　→ $x = 3.37$

$PCO = 3.37 \times 2 = 6.74$

$PCO_2 = 5 - 3.37 = 1.63$

總莫耳數可由理想氣體方程式求出

$PV = nRT(P = 8.37, V = 1, R = 0.082, T = 1160)$

所以莫耳數 $n = (8.37 \times 1)/(0.082 \times 1160)$

$= 0.087(mole)$

答案討論

(A) 錯：莫耳數比 = 氣體分壓比。

$PCO_2 : PCO = 1.63 : 6.74 = 1 : 4$

(B) 錯：應該是 0.087(mole)。

(C) 錯：PCO = 3.37 × 2 = 6.74 atm。

(D) 正確：Kp = (PCO ×PCO)/PCO$_2$

　　= (6.74 × 6.74)/1.63 = 27.86

(E) 錯：由前述計算可知道，若左右莫耳數相同，

　　反應會往右移動，達到平衡，CO 會增加比較多。

20. **C**

【解析】 (A) 有關：表面張力，分子間作用力。

(B) 有關：分子間引力越大，沸點越高。

(C) 無關：銀氧化變黑，因為形成硫化銀。

(D) 鹵素分子間的凡得瓦力隨分子量（原子序）的增

　　加而增大，所以鹵素的熔點沸點也因分子量增大

　　而增大。

(E) 烷類的沸點隨著分子量增大和碳鏈增長而升高；

　　同碳數的烷烴，支鏈越多沸點越低。

　　正戊烷與新戊烷為「同分異構物」，都是 C$_5$H$_{12}$。

　　正戊烷為直鏈，但是新戊烷有兩個支鏈，

　　所以新戊烷沸點比較低。

二、多選題

21. **AB**

【解析】 (A) 相同

　　　　消毒傷口塗上雙氧水：氧氣

　　　　加熱氯酸鉀與二氧錳：氧氣

(B) 相同

檸檬汁加小蘇打：二氧化碳

鹽酸滴入大理石：二氧化碳

(C) 不同

浴廁清潔劑（鹽酸）加漂白水：氯氣

金屬鈉加水：氫氣

(D) 不同

鹽酸滴入鋅粉：氫氣

電解濃食鹽水陽極產生的氣體：陽極氧化反應，

氯氣。

(E) 不同

汽水加食鹽：二氧化碳（溶解度被降低）

水滴入電石：乙炔

本題答案為 (A) (B)。

22. **BDE**

【解析】(A) 錯：正式添加前，滴定管應以待填充的滴定液沖

洗兩次，避免附著在管壁的液體污染滴定液。

(B) 可。

(C) 錯：氫氧化鈉溶液會與空氣中的二氧化碳作用而

變質；也可能與玻璃瓶蓋的二氧化矽成分作用。

(D) 冷卻使充分反應達到平衡，並可避免燙傷。

(E) 高揮發性直接加熱，可能導致蒸汽爆炸的危險。

23. **BE**

【解析】 (A) 錯：分子式可以從圖中慢慢數，但是太慢了又可能

出錯。題目已提供分子量 301，若分子式為

$C_{18}H_{22}NO_3$，分子量 $= 12 \times 18 + 1 \times 22 + 14 + 16 \times 3$

$= 300$。不符合，錯誤。

(B) 正確：酚基（-OH），胺基（$-NH_2$、$-NHR$、

$-NR_2$），兩者都有。

(C) 錯：未通過人體實驗（題目中），當然不可以用在

人身上。

(D) 錯：對水溶解度 $4100 mgL^{-1}$，等於每一公升水只能

溶解 4.1g，非常少。（食鹽對每一公升水，大約能

溶解 360g）

(E) 正確：ppm 等於「百萬分之一」，

1 公噸 = 1000 公斤 = 1000000 公克。

18.5/1000000 = 18.5 ppm。

24. **BCE**

【解析】 先計算莫耳數比例：

$[Ni(H_2O)_6]$：乙二胺 $= (0.1 \times 4)$：$(0.05 \times 16) = 1 : 2$

可知：每一個 $[Ni(H_2O)_6]$ 會用到兩個乙二胺

Ni 原本被 6 個 H_2O 包圍，代表其有 6 個空位可配對。

又已知乙二胺為雙牙基（題目內文），故兩個乙二胺會

佔去 4 個空位。剩下兩個空位是 H_2O。

答案討論：

(A) 錯：有兩個 en（就是乙二胺）。

(B) 正確。

(C) 正確。(H_2O 本身氧化數和，視為零。)

(D) 錯：配位數為 6。

(E) 正確：綠色。

25. **ABE**

【解析】 以草酸鈉標定過錳酸鉀溶液之濃度，

$2MnO_4^-(aq) + 5C_2O_4^{2-}(aq) + 16H^+(aq)$

$\rightarrow 2Mn_2^+(aq) + 10CO_2(g) + 8H_2O(l)$

(A) 正確：須知道莫耳數才能計算過錳酸鉀的濃度。

(B) 正確：過錳酸根離子之還原電位很大，是一個強氧化劑。因此，很易與溶液中的其他物質發生反應。例如，會和水分子發生反應；此反應會受到光、熱、酸、鹼等等的催化，所以放在褐色瓶中。

(C) 錯：Mn 的氧化數減少，自身還原，將別人氧化，所以是氧化劑；草酸鈉為還原劑。

(D) 錯：為求準確度，應進行多次實驗。

(E) 正確：

亞鐵離子與過錳酸根的反應：

總反應：$5Fe^{2+} + MnO_4^- + 8H^+$

$\rightarrow 5Fe^{3+} + Mn^{2+} + 4H_2O$

MnO_4^- 本身為「紫色」，Mn^{2+} 為「淡粉紅」；

當滴定終點時，已無亞鐵離子可與過錳酸根反應，因此溶液會呈現紫色。

第貳部分：非選擇題

一、 (1) Zn（鋅）

(2) 硫酸（H_2SO_4）

(3) 連線 3 離子反應式：$Ca^{2+}(aq) + CO_3^{2-}(aq) \rightarrow CaCO_3(s)$

(4) 連線 6 離子反應式：$Cu^{2+}(aq) + Zn(s) \rightarrow Zn^{2+}(aq) + Cu(s)$

【解析】 (1) 提示很明顯：X 原子具有 d^{10} 的電子組態，必定爲
鋅（Zn）。「請參考週期表」。（不可能是鎘 (Cd)，
因爲硫化鎘是黃色，但題目說 XS 是白色。）

(2) 連線 9 會產生氫氣，所以溶液 Y 必然有 H 原子，
必然是 H_2SO_4 或 NaOH；Zn 與這兩者都會產生氫
氣，還是無法決定。

另外的線索：連線 2 會產生二氧化碳，Z 只可能是
Na_2CO_3。如果 Y 是 NaOH，不會產生二氧化碳，
所以 Y 答案是「硫酸」（H_2SO_4）。

(3) 連線 2 會產生二氧化碳，所以 Z 必然是 Na_2CO_3。
另外 V 爲 NaOH（因爲 Y 是硫酸）；所以 W 必然是
$CaCl_2$ 或 $Cu(NO_3)_2$。但是 W 與 Y（硫酸）會產生沈
澱，（題目說除了連線 1,2,7,9 以外，其他連線均會
產生沉澱），如果 W 是 $Cu(NO_3)_2$，只會產生硝酸與
硫酸銅，皆不沈澱，不符合。所以 W 是 $CaCl_2$。
Z + W 的反應式：$CaCl + Na_2CO_3 \rightarrow CaCO_3\downarrow + 2NaCl$
離子反應式：$Ca^{2+}(aq) + CO_3^{2-}(aq) \rightarrow CaCO_3(s)$

(4) 連線 6：X + W
X 爲鋅（Zn），W 爲硝酸銅（$Cu(NO_3)_2$），
離子反應式：$Cu^{2+}(aq) + Zn(s) \rightarrow Zn^{2+}(aq) + Cu(s)$

二、(1) 還原劑：葡萄糖

　　(2) 氧化劑：空氣中的氧氣

【解析】 本題為「藍瓶實驗」，亞甲藍的氧化態為藍色，還原態
為無色。

　氧化態
　(藍色)

　還原態
　(無色)

振盪溶液時，亞甲藍被空氣中的氧氣氧化，溶液呈藍
色。靜置時，氧化態亞甲藍逐漸被葡萄糖還原，轉為
無色。

(1) 還原劑：葡萄糖。

(2) 氧化劑：空氣中的氧氣。

三、(1)

(2) 羧基

(3) 1,6-己二酸

(4) 五個

【解析】 (1) 過氧橋鍵：給予青蒿素許多特性，例如水煮後失效。

(2)

此為「羧基」

(3)

由 B 變成 C 多了圈起處

此反應由 B 下方的 -OH 作用（酯化反應）

所以加入的試劑甲是酸，其結構如下

共有六個碳（包含兩個羧基）

根據命名原則：1,6-己二酸

(4) 三級碳：三個碳原子直接相連的碳原子。

D

共五個三級碳。

105 年大學入學指定科目考試試題
生物考科

第壹部分：選擇題（占 72 分）

一、單選題（占 20 分）

說明：第 1 題至第 20 題，每題有 4 個選項，其中只有一個是正確或
　　　最適當的選項，請畫記在答案卡之「選擇題答案區」。各題
　　　答對者，得 1 分；答錯、未作答或畫記多於一個選項者，該
　　　題以零分計算。

1. 下列何種類群可最先生活在火山爆發後冷卻的熔岩上？
   (A) 蕨類　　　(B) 地衣　　　(C) 苔蘚植物　　　(D) 針葉樹

2. 下列何種方法可用來催熟提早採收的芒果？
   (A) 將芒果放置黑暗處　　　　(B) 與成熟香蕉一起保存
   (C) 降低保存溫度　　　　　　(D) 降低保存時的氧含量

3. 下列與動物體內物質運輸相關的敘述，何者正確？
   (A) 擴散作用不足以因應大型動物體內養分的有效運送
   (B) 蝦類為開放式循環系統，因此不具有血管
   (C) 脊椎動物的循環系統有閉鎖式及開放式
   (D) 動物體都以血紅素為媒介輸送氧

4. 耐冷植物的細胞膜在低溫下仍能保持流體性質的原因為何？
   (A) 細胞膜含有較多的疏水性蛋白質
   (B) 細胞膜含有較高比例的膽固醇
   (C) 細胞膜含有較高比例的不飽和脂肪酸
   (D) 細胞膜含有較多的水分通道蛋白

5. 下列有關物種與生命樹的概念，何者正確？
   (A) 測試兩族群樣本，若可交配產生子代即屬於同物種
   (B) 梅爾（Mayr）以形態上之相似性爲準，提出生物種的概念
   (C) 生物種的概念應用於細菌界亦相當適合
   (D) 物種是分類系統中位於屬之下的一個基本階層

6. 圖 1 爲細胞膜主動運輸 H^+ 示意圖。下列消化器官中，何者的上皮細胞含有相對多量的氫離子幫浦？
   (A) 胃　　　　　(B) 小腸
   (C) 胰臟　　　　(D) 大腸

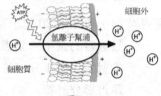

圖 1

7. 下列有關於小腸消化與吸收的敘述，何者正確？
   (A) 小腸內壁簡單且平滑，可提高養分吸收效率
   (B) 小腸具有調節胃液分泌的功能
   (C) 小腸消化液中的膽汁含有分解脂質的酵素
   (D) 脂肪酸被小腸吸收到微血管後，可直接進入淋巴循環系統

8. 下列有關物質進入細胞的方法，何者<u>錯誤</u>？
   (A) 鉀離子可藉通道蛋白進出保衛細胞
   (B) 蔗糖可經由主動運輸而進入篩管細胞
   (C) 二氧化碳可經由簡易擴散進入葉肉細胞
   (D) 海帶（昆布）可利用滲透作用吸取海水中的碘

9. 多數人在參加比賽時容易心情緊張及心跳加速，這是因爲部分自律神經興奮所導致的現象。下列有關該自律神經的敘述，何者正確？
   (A) 可受意識控制
   (B) 屬副交感神經

(C) 該神經的節後神經纖維會釋放正（去甲基）腎上腺素

(D) 該神經的節前神經元位於腦幹中

10-11 題為題組

　　某生利用基因工程改變具有①～⑤功能性區域的酵素甲基因，剔除部分區域後，獲得酵素乙～丁。取等量的酵素甲～丁進行酵素活性分析。試依圖 2 結果回答第 10-11 題。

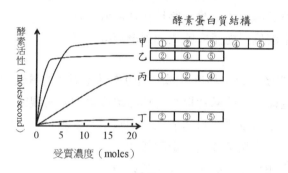

圖 2

10. 下列推論何者正確？

(A) 酵素甲活性不因酸鹼度變化而有影響

(B) 酵素乙可與受質相結合

(C) 提供酵素丙更高濃度的受質，其活性可持續上升

(D) 酵素丁具有最高活性

11. 對於酵素活性而言，最重要的功能性區域為何？

(A) ①　　　　(B) ②　　　　(C) ③　　　　(D) ④

12. 若在一基因的表現序列（外顯子）插入了一個腺嘌呤（A），則由此基因所表現之蛋白質可能會發生何種變化？

(A) 於 A 插入處之下游造成連續胺基酸的改變

(B) 只有對應於 A 插入處發生單一胺基酸的改變

(C) 只在對應於 A 插入處增加一個胺基酸

(D) 於 A 插入處上游的胺基酸都發生改變

13. 某生測量正常實驗白鼠的血漿、鮑氏囊（腔）過濾液與尿液的成分，以進行腎臟功能的研究。下列結果何者最有可能因實驗操作**錯誤**所造成？

(A) 蛋白質濃度：血漿＞鮑氏囊過濾液＝尿液

(B) 葡萄糖濃度：血漿＝鮑氏囊過濾液＞尿液

(C) 鈉離子濃度：血漿＝鮑氏囊過濾液＞尿液

(D) 尿素濃度：血漿＜鮑氏囊過濾液＝尿液

14. 下列有關激素對吳郭魚魚鱗上黑色素細胞影響的實驗，何者正確？

(A) 本實驗需先將鱗片以福馬林固定後再加激素觀察

(B) 促腎上腺皮質素可造成色素細胞中色素顆粒分散

(C) 腎上腺素可造成色素細胞增加

(D) 色素顆粒聚集時，魚鱗顏色變深

15-16 題為題組

一對親兄妹在進行 ABO 血型鑑定的探討活動時，哥哥的血液只在抗 A 血清中有凝集反應，妹妹的血液則是在抗 A 血清與抗 B 血清都有凝集反應。

15. 此兄妹的父母也進行同樣血型鑑定時，下列何種結果**不可能**發生？

(A) 在抗 A 及抗 B 血清中皆不凝集

(B) 在抗 A 及抗 B 血清皆凝集

(C) 在抗 A 血清中凝集，在抗 B 血清中不凝集

(D) 在抗 A 血清中不凝集，在抗 B 血清中凝集

16. 妹妹的血型的表現型呈現何種遺傳模式？
    (A) 完全顯性 　　　　　　　(B) 不完全顯性（中間型）
    (C) 共（等）顯性 　　　　　(D) 多基因

17. 在光反應中，光系統 II（PSII）受光激發所失去的電子，需由下列何種分子重新提供？
    (A) NADH　　　(B) H_2O　　　(C) DCPIPH　　　(D) $FADH_2$

18. 下列何者是植物激素與動物激素的相同點？
    (A) 其組成成分皆相同
    (B) 只作用在特定的目標細胞（標的細胞）
    (C) 其運輸具有方向性
    (D) 激素彼此間不會相互調控

19. 下列與循環系統相關的敘述，何者正確？
    (A) 動脈平滑肌收縮所造成的血管阻力大小與血壓高低呈現正相關性
    (B) 心電圖係紀錄自律神經系統調節心臟跳動之電訊號
    (C) 副交感神經釋出乙醯膽鹼作用在心房與心室肌肉上，使心跳變慢
    (D) 血壓降低時，抗利尿激素分泌量也隨之降低，以維持血壓的恆定

20. 下列有關蛋白質的敘述，何者正確？
    (A) 目前已知只有蛋白質具有酵素功能
    (B) 人體激素皆由蛋白質所組成
    (C) 細菌與人類的密碼子可對應相同胺基酸
    (D) 在聚合酶連鎖反應中所使用的引子是蛋白質

二、多選題（占 30 分）

說明： 第 21 題至第 35 題，每題有 5 個選項，其中至少有一個是正確的選項，請將正確選項畫記在答案卡之「選擇題答案區」。各題之選項獨立判定，所有選項均答對者，得 2 分；答錯 1 個選項者，得 1.2 分；答錯 2 個選項者，得 0.4 分；答錯多於 2 個選項或所有選項均未作答者，該題以零分計算。

21. 下列哪些為基因工程的產物？
    (A) 桃莉羊（Dolly）　　　　(B) 含蘇力菌抗蟲毒素的玉米植株
    (C) 會製造胰島素的酵母菌
    (D) 利用雜交挑選的優良水稻品種
    (E) 防治植物病蟲害時所用的天敵

22. 下列有關基因的敘述，哪些正確？
    (A) 真核生物在細胞質中將初始 mRNA 的內含子（內插子）切除
    (B) 真核生物 mRNA 的 5' 端具有多腺核苷酸尾（poly-A tail）
    (C) 許多核糖體可同時在一條 mRNA 上進行轉譯作用
    (D) DNA 聚合酶以 DNA 為模板合成 mRNA
    (E) 一條 mRNA 可具有兩個以上的 AUG 密碼子

23. 下列有關染色體與演化的敘述，哪些正確？
    (A) 發生倒位的染色體導致配對困難，天擇不會加以保留
    (B) 天擇的結果使動物界中不存在單倍體的生物體
    (C) 染色體缺失一段不是遺傳變異
    (D) 染色體多倍體化可造成同域種化
    (E) 染色體數目的改變可由人為的方式產生

24. 下列有關於免疫反應的敘述，哪些正確？
    (A) 參與專一性及非專一免疫反應的細胞只存在於血液中

(B) 干擾素可協助細胞抵抗病毒感染

(C) 在發炎反應時，微血管的通透性會降低以避免血漿滲出

(D) 過敏反應是後天性免疫系統失調所造成

(E) 胞毒 T 細胞的主要作用是殺死病原體

25. 下列感覺接受器中，哪些是由特化的神經細胞或末梢所構成？

(A) 聽覺受器　　　　　　　(B) 嗅覺受器

(C) 視覺光受器　　　　　　(D) 溫（冷熱）覺受器

(E) 味覺受器

26. 下列哪些物質可以被一般植物細胞合成？

(A) 固氮酶　　　　　　　　(B) 去氧核糖核酸聚合酶

(C) 三酸甘油酯　　　　　　(D) 維生素

(E) 磷酸鹽

27. 下列有關精子的敘述，哪些正確？

(A) 精子形成後進入副睪內發育成熟

(B) 儲精囊可儲存發育成熟的精子

(C) 細精管內的支持細胞分泌睪固酮，以支持精細胞發育成精子

(D) 攝護腺分泌弱鹼性的黏液，提供精子所需養分

(E) 精子經過陰莖中的輸精管排出體外

28. 下列哪些測量值之間最後可呈現如圖 3 所示之相對關係？

(A) 植物生長素調節莖的生長速率

(B) 受質濃度影響酵素之反應速率

(C) 族群進入新環境後之成長曲線

(D) 注射疫苗後體內抗體產量的變化

(E) 神經衝動時之動作電位變化

圖 3

29. 2015 年 12 月在法國巴黎舉行的聯合國氣候變遷高峰會議通過巴黎協定，旨在阻止全球暖化，下列哪些符合本協定精神？
    (A) 提高資源回收效率
    (B) 善用太陽能作為家庭用電來源
    (C) 綠能源科技太昂貴，不適合開發
    (D) 增加進口糧食的食用比例，以減少在地生產量
    (E) 在貧瘠土壤上增加植物栽植面積

30. 下列有關動物上皮（皮膜）組織的敘述，哪些正確？
    (A) 由單層或多層排列緊密的細胞組成
    (B) 具有豐富的細胞間質，其成分與組織的功能密切相關
    (C) 是構成汗腺的主要成員
    (D) 其功能是將組成器官中的不同組織緊密的連結在一起
    (E) 小腸的上皮組織具有消化、吸收的功能

31. 下列對於病原體的敘述，哪些正確？
    (A) 狂牛症是由構造簡單的病毒所引起
    (B) 有些病毒可將其基因片段插入宿主染色體中
    (C) 造成白喉的病原體，是由其粒線體提供複製時所需能量
    (D) 引起登革熱的病原體是一種病毒
    (E) 愛滋病毒（人類免疫缺失症病毒）的套膜含有宿主細胞膜成分

32. 在夏天日正當中時，有些植物的葉子常有下垂現象，顯示該植物可能有哪些功能發生短暫的不足或受損？
    (A) 篩管輸送
    (B) 乙烯合成
    (C) K 離子的主動輸送
    (D) 葉枕細胞
    (E) 導管輸送

33. 產檢時，可利用羊水中的胎兒細胞培養後，進行染色體核型分析。下列相關敘述哪些正確？

(A) 培養所得之細胞具單套染色體

(B) 可觀察到染色體構造是否正常

(C) 此方法可檢測出罹患唐氏症的胎兒

(D) 可分辨出胎兒的性別　　　(E) 可鑑別親子血緣關係

34. 抗體是屬於分泌型醣蛋白。下列抗體相關的敘述哪些正確？

(A) 抗原可直接改變抗體結合部位的胺基酸序列，進而產生專一性結合

(B) 正在進行抗體基因轉譯的核糖體附著於內質網上

(C) 在漿細胞中的高基氏體可發現未修飾完成的抗體分子

(D) 施打疫苗是為了使身體經由被動免疫產生抗體

(E) 轉譯抗體所用的 tRNA 也可用來配對其它 mRNA 上的密碼子

35. 在觀察豬心臟的外表形態及其內部構造時，下列哪些正確？

(A) 上腔（大）靜脈由心臟腹面觀察較易看到

(B) 冠狀動脈是由主動脈基部分支而來

(C) 由外觀看心室有扁平如耳朵形狀的突起

(D) 用手輕壓心室時，感覺壁較薄的是左心室

(E) 將主動脈切開（或剪開）往心室方向可觀察到半月瓣

三、閱讀題（占 22 分）

說明：第 36 題至第 44 題，包含單選題與多選題，單選題有 4 個選項，多選題有 5 個選項，每題選出最適當的選項，標示在答案卡之「選擇題答案區」。單選題各題答對得 2 分，答錯、未作答或畫記多於 1 個選項者，該題以零分計算。多選題所有選項均答對者，得 3 分；答錯 1 個選項者，得 1.8 分；答錯 2 個選項者，得 0.6 分；答錯多於 2 個選項或所有選項均未作答者，該題以零分計算。

閱讀一

　　基因突變的成因可分為自發型（先天性遺傳）及誘導型（後天環境影響）。已知癌症的發生與某些基因突變後所導致的不正常表現，或是基因突變導致後續轉譯出的蛋白質之活性異常有所關聯，因此致癌基因的大量表現或其蛋白質活性增加，或抑癌基因的表現量降低或其蛋白質活性下降，都可能引發正常細胞轉型成癌細胞。基因表現的調控與其轉錄因子的活性或 mRNA 的穩定度等息息相關。前述這些致癌或抑癌基因的不正常表現或突變，有些是導因於基因體 DNA 受到某些外來化學致癌物質的嵌入、病毒 DNA 的插入、或是因為環境因子（如：生長因子、發炎因子或病原菌感染的刺激），因而引發細胞持續性快速分裂，造成複製錯誤的機率增加及突變基因被正確修復的機率下降，進而累積突變基因的數目。根據上文及所習得的知識，回答第 36-38 題：

36. 下列敘述哪些正確？
　　(A) 基因的突變只會發生在致癌基因上
　　(B) 轉錄作用可能造成致癌基因的表現增加
　　(C) 轉錄作用可能造成抑癌基因的表現下降
　　(D) 致癌基因或抑癌基因的突變可能引起癌症
　　(E) 癌症的形成僅與基因的突變有關

37. 下列有關基因突變的形成與累積的敘述，哪些正確？
　　(A) 某些化學致癌物嵌入基因體 DNA
　　(B) DNA 修復的能力上升
　　(C) DNA 持續地快速複製
　　(D) DNA 複製過程中錯誤率的減少
　　(E) 病毒的 DNA 插入基因體 DNA

38. 細胞中基因表現量的增加與下列何者有關？
    (A) 外來刺激物活化 DNA 複製作用
    (B) mRNA 的穩定度降低
    (C) DNA 修復能力的增加
    (D) 啟動該基因的轉錄因子活性增加

閱讀二

　　近年來因環境變遷造成異常淹水逆境，已嚴重衝擊全球糧食作物的生產。淹水會造成植物根部缺氧、能量生成過少且產生酒精毒害而造成植物死亡。然而在所有的穀類作物中，水稻卻是唯一可耐淹水的重要糧食作物。淹水可增加水稻中植物激素的合成：一方面促進細胞分裂及延長，讓莖的莖節向上伸長，使植株高於水面以進行空氣交換；另一方面，促進根部皮層細胞部分老化死亡，進一步特化成具有較大細胞間隙的通氣組織，以利於儲存氧氣使根部維持活性。臺灣的學者經多年研究更進一步解開水稻耐淹水的分子調控機制。該研究團隊發現當水稻種子在淹水缺氧時，會誘導兩種蛋白激酶（CIPK15 及 SnRK1A）、轉錄因子 MYBS1 及可將澱粉轉化成糖的 α－澱粉水解酶（α-amylase）等基因的大量表現。先前研究已發現MYBS1可結合在 α－澱粉水解酶基因的啟動子序列，增加 α－澱粉水解酶基因的表現。而當植物細胞缺糖時，則會促成 SnRK1A 活化 MYBS1 的活性。進一步的分析則發現當水稻CIPK15 基因產生突變時，SnRK1A 的蛋白質則無法累積，同時也觀察到 CIPK15 突變種子無法在同時淹水及缺糖的情況下發芽而死亡。這些研究成果得知植物中耐淹水的機制為透過缺糖訊息傳遞途徑，促進碳水化合物的分解，使種子有足夠的能量在水中發芽。此篇論文的關鍵發現將可協助育出各種耐淹水作物，減少淹水農損。根據上文及所習得的知識，回答第 39-41 題：

39. 水稻在淹水時可合成哪些激素以增加生存能力？
    (A) 吉貝素及離層酸
    (B) 吉貝素及乙烯
    (C) 生長素及離層酸
    (D) 細胞分裂素及乙烯

40. 水稻淹水時所產生的分子訊息的次序下列何者正確？
    (A) CIPK15 → SnRK1A → MYBS1 → α−澱粉水解酶 → 檸檬酸循環
    (B) SnRK1A → MYBS1 → CIPK15 → α−澱粉水解酶 → 檸檬酸循環
    (C) 檸檬酸循環 → CIPK15 → SnRK1A → MYBS1 → α−澱粉水解酶
    (D) MYBS1 → α−澱粉水解酶 → 檸檬酸循環 → CIPK15 → SnRK1A

41. 下列哪些結果符合本文的研究成果？
    (A) MYBS1 基因突變的種子可在長時間淹水時發芽
    (B) 在同時淹水及缺糖時，在 CIPK15 突變種子中發酵作用活性降低
    (C) 缺糖時種子中 α−澱粉水解酶的量沒有變化
    (D) 提高 α−澱粉水解酶活性可幫助 CIPK15 突變種子在淹水時發芽
    (E) 在淹水的 CIPK15 突變種子中，α−澱粉水解酶基因的表現上升

閱讀三

　　自閉症類疾患（Autism Spectrum Disorder，ASD，簡稱自閉症）屬於神經系統發育異常疾病，除常伴隨著如社交、溝通及刻板重複動作等能力與行為異常外，亦有胃腸相關的症狀。近年研究者發現腸道菌相似乎與 ASD 患病歷程呈現明顯相關性。腸道菌相即為腸道細菌總組成，在維持腸道健康、消化營養及刺激免疫發展等扮演重要功能。

　　2013 年科學家證實數個與 ASD 相關的行為異常，可因改變腸道菌相而有所改善，以下是此研究的重點摘述。本研究為觀測腸道菌相對 ASD 異常行為調控的影響力，而研究的 ASD 動物模式乃利用母體免疫系統過度活化（MIA; maternal immune activation）方式，將病毒類似物注射到懷孕母鼠中，過度刺激其免疫系統，發現其子代會有類似 ASD 的異常行為。相同於人類 ASD 患者，這群 MIA 子代同樣也有胃腸症狀，如小腸通透性的異常增加及大腸中發炎指標物 IL-6 的過度活化。相較於正常小鼠，MIA 子代腸道菌相中，歸屬於梭菌綱（Clostridia）及類桿菌綱（Bacteroidia）的細菌相對數量沒有明顯差異，但菌種種類已明顯改變。當研究團隊利用人類腸道共生菌的鬆脆類桿菌（*Bacteroides fragilis*）處理 MIA 子代，除可緩和胃腸症狀及改變腸道菌相外，亦可減低刻板重複行為，並提高對溝通聲音的敏感度，但仍無法改善社交行為和社交偏好行為的缺失。此外 MIA 子代的血清中，由腸道菌所產生之代謝物 4EPS（4-ethylphenylsulphate）可增加約 46 倍。當正常小鼠給予 4EPS 時，即會引起類似 MIA 子代的異常行為。以上實驗結果顯示了腸道菌相可能在 ASD 異常行為的產生扮演重要角色。依本文所述及相關知識，回答 42-44 題：

42. 下列有關 MIA 的敘述，何者正確？

　　(A) 是一種病毒類似物，可用來刺激小鼠免疫反應

(B) 是一種發炎指標物，可產生與 ASD 相似的腸道菌相

(C) 透過 MIA 可知，ASD 形成與免疫反應可能具有相關性

(D) 血清中 4EPS 是 MIA 子代的細胞所產生

43. 下列有關 ASD 小鼠的敘述，哪些正確？

(A) ASD 小鼠的胃腸症狀可能是腸道菌相改變所造成

(B) ASD 小鼠的類桿菌綱的細菌組成與正常小鼠無明顯差異

(C) ASD 小鼠行為模式可被腸道菌相代謝物影響

(D) 改變腸道菌相可改善 ASD 小鼠所有的異常行為

(E) ASD 小鼠對於溝通聲音的敏感度比正常小鼠高

44. 圖 4 為小鼠社交行為測試實驗之示意圖，其兩側分別放入以網子罩住的球體（左）及正常小鼠（右），中間放入一隻可自由活動的小鼠，當活動小鼠花較多時間停留在有固定小鼠的隔間時，顯示此鼠有較佳社交行為。當置入的實驗小鼠為正常小鼠（S 組）、ASD 小鼠（P 組）、鬆脆類桿菌處理後的 ASD 小鼠（P＋BF 組），則下列何種結果符合該研究團隊的觀測？

圖 4

(A)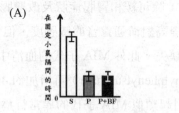

(B)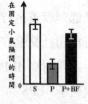

(C)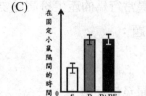

(D)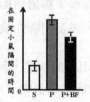

第貳部分：非選擇題（占 28 分）

說明：本部分共有四大題，答案必須寫在「答案卷」上，並於題號
欄標明大題號（一、二、……）與子題號（1、2、……），
作答時不必抄題。作答務必使用筆尖較粗之黑色墨水的筆書
寫，且不得使用鉛筆。每一子題配分標於題末。

一、 圖5 為卵細胞在女性卵巢內不同發育時期的示意圖。

1. 當卵細胞進入丙期時，血漿中哪一
種卵巢激素會增加？（2分）

2. 丙到丁期時，哪兩種腦垂腺激素會
增加？（2分）

3. 戊細胞所含的染色體套數為何？（2分）　圖5

4. 丁至庚期間，哪兩種激素會使子宮內膜增厚？（2分）

二、 某生欲觀測果蠅基因 X 對於細菌 A 的反應，因此將果蠅分成二
組，其中一組注射磷酸緩衝生理食鹽水（PBS），另一組則注射
PBS 加上細菌 A。在適當時間點採取樣本進行基因 X 的表現量
分析，結果如圖 6 甲所示。該生又在第二次的實驗中，利用一
群野生型及基因 X 缺陷型的果蠅，分析感染細菌 A 後 1 至 6 天
期間所造成的死亡率，結果如圖 6 乙所示。試回答下列問題：

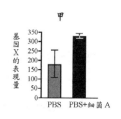
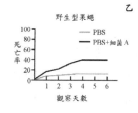
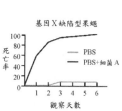

圖6

1. 該生在所有實驗中皆包含只注射 PBS 的組別，其原因為何？
（2 分）

2. 依據圖甲結果，說明細菌 A 對於基因 X 表現的影響為何？
（2 分）如何判斷？（2 分）

3. 依據圖乙結果，基因 X 的可能功能為何？（2 分）

三、 圖 7 為植物莖部某部分橫切面之細胞分布的示意
圖，試依圖 7 回答下列問題：

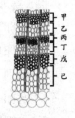

1. 此植物至少生長幾年，及其理由為何？（2 分）

2. 請寫出此莖之甲、乙、丙、丁、戊、己部位生
長的先後順序。（2 分）

3. 哪些部分是最冷的一年所形成？（2 分）

圖 7

四、 某生為讓一種不知名的植株開花，因此在光週期為 24 小時的情
況下，利用黑箱子及檯燈分別進行甲到丁的四種處理，以分析
其形成花苞的光照需求。試依圖 8 所示結果，回答下列問題：

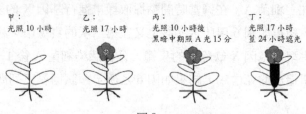

甲：光照 10 小時 　 乙：光照 17 小時 　 丙：光照 10 小時後黑暗中期照 A 光 15 分 　 丁：光照 17 小時莖 24 小時遮光

圖 8

1. 依植株開花對光週期的需求，可歸類為何種植物？（2 分）

2. 在丙處理中，哪一種色光可抑制 A 光產生的效果呢？（2 分）

3. 整株植物只遮光一片葉子，再給予一次 17 小時光照、7 小時
黑暗處理，則此植株是否會開花？原因為何？（2 分）

105年度指定科目考試生物科試題詳解

第壹部分：選擇題

一、單選題

1. **B**

【解析】 地衣被稱為地球的先驅物種，可以生存在一些在地球上最極端的環境中。

2. **B**

【解析】 水果在成熟的過程中會釋放出乙烯，使得其他未成熟的水果與之放在一起也會跟著成熟。因此與成熟的水果放在一起是最佳的催熟方法。

3. **A**

【解析】 (B) 開放式循環也有開放式的血管。

(C) 脊椎動物只有閉鎖式循環。

(D) 血紅素是哺乳動物等等的高等生物才擁有的運送氧氣的媒介。

4. **C**

【解析】 不飽和脂肪酸的凝固點較低，因此細胞膜中的不飽和脂肪酸含量越多，就越不容易凝固而保持流體性質。

5. **D**

【解析】 (A) 異種生物彼此間通常都不互相交配，即使有些能進行交配，其後代往往是不孕的，例如獅虎、騾。

(B) 以構造及生理上相似的生物。

(C) 細菌無有性生殖，不適用生物種的概念。

6. **A**

【解析】 胃中的胃酸 pH 值大約為 2，因此需要最多的氫離子幫浦才能製造如此酸性的消化液。

7. **B**

【解析】 (A) 小腸壁有很多皺摺及絨毛，以增加吸收面積。

(C) 膽汁只能乳化脂質，沒有酵素分解脂質。

(D) 脂肪酸被小腸吸收到乳糜管後，進入淋巴循環系統。

8. **D**

【解析】 海帶是利用主動運輸來吸收海水中的碘離子。

9. **C**

【解析】 (A) 自律神經屬於自主神經，無法隨意識控制。

(B) 引起心跳加快的自律神經是交感神經。

(D) 交感神經的節前神經元細胞體位於脊髓中，節後神經元細胞體位於交感神經節中。

10. **B**

【解析】 (A) 只要叫做酵素的東西都為蛋白質，皆會受酸鹼值影響。

(C) 當酵素活性已達飽和後，提供更高濃度的受質，酵素活性不會上升，只是圖的橫軸受質濃度只有畫到 20，當畫到無限長之後一定會看到因飽和而趨緩的酵素活性。

(D) 丁的活性看起來最低。

11. **D**

【解析】 活性大幅降低的丁與甲乙丙相較就是缺少了 4，可以判斷 4 是最重要的區段。

12. **A**

【解析】 基因序列插入一個核醣核酸後，會造成後面所有胺基酸連續性的改變。

13. **D**

【解析】 尿液會將尿素濃縮，因此尿液中的尿素濃度會遠大於過濾液濃度。

14. **B**

【解析】 (A) 魚鱗置於載玻片上，滴加一滴生理食鹽水維持其活性。

(C) 腎上腺素可造成色素細胞中色素顆粒聚集。

(D) 色素顆粒聚集時，魚鱗顏色變淺；色素顆粒擴散時，魚鱗顏色變深。

15. **A**

【解析】 哥哥是 A 型，妹妹是 AB 型，所以父母不可能有人是 O 型。

16. **C**

【解析】 AB 型的血球會同時表現 A 抗原及 B 抗原，因此是共顯性。

17. **B**

【解析】 光系統 II（PSII）受光激發所失去的電子，需由水分子重新提供。

18. **B**

【解析】 激素都需要被細胞上相對應的受體接收到才會有作用，只有目標細胞才會有特定的受體。

19. **A**

【解析】 血管阻力越大，血壓會越高。

(B) 心電圖係紀錄節律點調節心臟跳動之電訊號。

(C) 副交感神經釋出乙醯膽鹼作用在節律點，使心跳變慢。

(D) 血壓降低時，抗利尿激素分泌量會增加，使血壓上升，以維持血壓的恆定。

20. **C**

【解析】 (A) 有些 RNA 也具有酵素功能。

(B) 人體激素的組成包括胺基酸的衍生物、肽類、蛋白質、或類固醇。

(D) 引子是 DNA 片段。

二、多選題

21. **BC**

【解析】 (A) 桃莉羊是動物複製的技術。

(C)(D) 雜交及利用天敵生物防治皆不牽涉基因工程。

22. **CE**

【解析】(A) 真核細胞在細胞核中進行轉錄與修飾 RNA，將初始 mRNA 的內含子（內插子）切除。

(B) 多腺核苷酸尾（poly-A tail）出現在 3' 端。

(D) DNA 聚合酶以 DNA 為模板合成 DNA。

23. **DE**

【解析】(A) 發生倒位的染色體導致配對困難，不易產生配子，但與天擇無關。

(B) 動物界中存在有單倍體的生物體，例如雄蜂和雄蟻。

(C) 染色體缺失屬於遺傳變異。

24. **BD**

【解析】(A) 淋巴結中也有參與免疫反應的淋巴球。

(C) 微血管的通透性會增加以利白血球進出。

(E) 胞毒 T 細胞的主要作用是攻擊並破壞癌細胞或被病毒感染的自體細胞。

25. **BCD**

【解析】(A) 聽覺受器由毛細胞所構成。

(E) 味覺受器為味細胞，是一種特化的上皮細胞。

26. **BCD**

【解析】(A) 固氮酶只有根瘤菌跟藍綠菌才有。

(E) 植物所需的磷酸鹽只能由土壤吸收，無法自行合成。

27. **AD**

   【解析】 (B) 成熟的精子儲藏於副睪內。

   (C) 各細精管之間的管間細胞（間質細胞）才可分泌睪固酮。

   (E) 經陰莖中的尿道排出體外。

28. **BC**

   【解析】 植物生長素調節莖的生長速率、注射疫苗後體內抗體產量的變化與神經衝動時之動作電位變化皆不會呈現飽和狀態。

29. **ABE**

   【解析】 (C) 應增加綠能源科技。

   (D) 增加在地糧食的利用，可以減少進口所需的運輸成本及汙染。

30. **ACE**

   【解析】 (B) (D) 皆為結締組織之特徵。

31. **BDE**

   【解析】 (A) 狂牛症是由普恩蛋白所引起。

   (C) 白喉的病原體是白喉桿菌，白喉桿菌不具有粒線體。

32. **CDE**

   【解析】 K 離子的主動運輸受阻，使得 K 離子擴散離開保衛細胞，葉枕細胞膨壓降低，植物體內水分減少，導致氣孔關閉。氣孔關閉，木質部導管輸水能力就會受阻。

33. **BCD**

【解析】 (A) 羊水中的胎兒細胞皆與正常人類一樣是雙套染色
　　　　體。

　　　　(E) 染色體核型分析無法進行親子血緣鑑定。

34. **BCE**

【解析】 (A) 抗原不能直接改變抗體結合部位的胺基酸序列。

　　　　(D) 施打疫苗是利用主動免疫產生抗體。

35. **BE**

【解析】 (A) 心臟後側面才較容易觀察得到。

　　　　(C) 心房才有扁平如耳朵形狀的突起。

　　　　(D) 左心室提供體循環的血液運輸的動力，壁較厚。

三、閱讀題

36. **BCD**

【解析】 (A) 基因的突變也可能發生在抑癌基因上，使得抑癌基
　　　　因表現量較少，使正常細胞轉變為癌細胞。

　　　　(E) 細胞持續性快速分裂，造成複製錯誤的機率增加及
　　　　突變基因被正確修復的機率下降，亦可能與癌症的
　　　　形成有關。

37. **ACE**

【解析】 (B) 修復的能力下降。

　　　　(D) DNA 複製過程中錯誤率的增加。

38. **D**

【解析】 基因的轉錄因子活性增加，會促使細胞中基因表現量
　　　　的增加。

39. **B**

【解析】 吉貝素促進細胞分裂及延長，讓莖的莖節向上伸長，使植株高於水面以進行空氣交換。乙烯可以促進根部皮層細胞部分老化死亡，進一步特化成具有較大細胞間隙的通氣組織，以利於儲存氧氣使根部維持活性。

40. **A**

【解析】 水稻淹水時：CIPK15 基因活化 → SnRK1A 蛋白質累積 → 活化 MYBS1 轉錄因子 → 合成 α–澱粉水解酶 → 澱粉分解為糖 → 進行有氧呼吸（檸檬酸循環）維持能量供給。

41. **BD**

【解析】 (A) MYBS1 基因突變，SnRK1A 的蛋白質則無法累積，種子無法在同時淹水及缺糖的情況下發芽而死亡。

(C) 缺糖時，會促成 SnRK1A 活化 MYBS1 的活性，α–澱粉水解酶的量會增加。

(E) CIPK15 基因突變，α–澱粉水解酶基因的表現量下降。

42. **C**

【解析】 文中提到：「利用母體免疫系統過度活化（MIA）方式，將病毒類似物注射到懷孕母鼠中，過度刺激其免疫系統，發現其子代會有類似 ASD 的異常行為。」，表示 ASD 形成與免疫反應可能具有相關性。

43. **AC**

【解析】 (B) 菌種種類已明顯改變。

(D) 只能改變某些行爲，但仍無法改善社交行爲和社交偏好行爲的缺失。

(E) 改變腸道菌相，可提高對溝通聲音的敏感度，但並非高於正常小鼠。

44. **A**

【解析】　文中有提到改變腸道菌相仍無法改善社交行爲和社交偏好行爲的缺失，所以經過鬆脆類桿菌處理後的 ASD 小鼠，在有固定小鼠隔間的時間也不會比較高。

第貳部分：非選擇題

一、【解答】　1. 動情素

　　　　【解析】　甲至丙爲濾泡期，丙時期的濾泡可分泌動情素，使血漿中動情素濃度增加。

　　　　2. LH、FSH

　　　　【解析】　丙到丁爲排卵期，此時 LH、FSH 的濃度最高。

　　　　3. 1N

　　　　【解析】　戊是卵子，染色體套數只有單套。

　　　　4. 動情素、黃體素

　　　　【解析】　排卵後，動情素及黃體素皆會上升，促使子宮內膜增厚，以利受精卵著床。

二、【解答】　1. 做爲對照組（控制組）

　　　　2. 促進 X 基因的表現，依據圖甲，在有細菌 A 時，X 基因的表現量會增加。

3. 產生可以對抗細菌 A 的物質。

　　【解析】　根據圖乙，X 基因缺陷的果蠅較不能抵抗
　　　　　　　細菌 A 而大量死亡，因此可以推測 X 基因
　　　　　　　可以幫助果蠅抵抗細菌 A。

三、【解答】　1. 3 年，因爲有 3 套早材（淺色處）和晚材（深色處）

　　　　　　【解析】　深色處就是我們俗稱的年輪，有三條就表
　　　　　　　　　　　示這植物至少有三歲。

　　　　　　2. 甲乙丙丁戊己

　　　　　　【解析】　己以下的地方看起來是形成層，木質部是
　　　　　　　　　　　由型成層向內形成，因此距離形成層越遠
　　　　　　　　　　　的區域是越早生長的地方。

　　　　　　3. 丙丁

　　　　　　【解析】　丙丁的細胞最小，是最冷的一年所形成。

四、【解答】　1. 長日照植物或短夜植物

　　　　　　【解析】　本植物光照時間越長，越會開花。

　　　　　　2. 遠紅光

　　　　　　【解析】　A 光應爲紅光，因爲紅光中段黑暗期，可
　　　　　　　　　　　促使長日照植物開花，而遠紅光可以抵消
　　　　　　　　　　　紅光的效果。

　　　　　　3. 會，因爲其他葉片仍可感光

　　　　　　【解析】　其他葉片仍可感光，一樣可以分泌開花激
　　　　　　　　　　　素使植物開花。

105 年大學入學指定科目考試試題
國文考科

第壹部分：選擇題（占 55 分）

一、單選題（占 34 分）

說明：第 1 題至第 17 題，每題有 4 個選項，其中只有一個是正確或最適當的選項，請畫記在答案卡之「選擇題答案區」。各題答對者，得 2 分；答錯、未作答或畫記多於一個選項者，該題以零分計算。

1. 下列文句，完全**沒有**錯別字的選項是：
   (A) 李大仁做事一向腳踏實地，不會文過拭非，將來應有令人拭目以待的成就
   (B) 自從工業革命以後，許多傳統的手工藝漸趨勢微，加速產業轉型勢在必行
   (C) 眼見對手步步進逼，太宇不甘示弱地予以反擊，昭示堅持奮戰到底的決心
   (D) 眾多親友的見證下，非凡與敏敏含情脈脈相視，立下視死不渝的愛情宣言

2. 閱讀下文，選出依序最適合填入□內的選項：
   甲、讓我帶一筐星子回家／□一壺斑斕的夜送你／請在無星的時節／注入你寂寞的杯裡（黃用〈靜夜〉）
   乙、醒來。窗外護欄上／模糊的站名正逐一倒退／還來不及從深陷中坐起／列車已節節□入黑夜的咽喉（溫奇〈夜過花東縱谷〉）
   丙、永不疲倦的海浪／以□著鹽味的濤聲／提早把我們喚醒／三百六十五個黑夜累積在後面／要一次翻身，慢慢翻轉（詹澈〈等待千禧曙光〉）

(A) 灑／噬／抹　　　　　　(B) 灑／舐／滲

(C) 釀／舐／抹　　　　　　(D) 釀／噬／滲

3. 下列是《西遊記》中的一段文字，請依文意選出排列順序最恰當的選項：

真個光陰迅速，甲、老君的火候俱全，乙、只聽得爐頭聲響，丙、猛睜睛看見光明，丁、忽一日，開爐取丹，戊、不覺七七四十九日，己、那大聖雙手侮著眼，正自揉搓流涕，他就忍不住，將身一縱，跳出丹爐。

> 侮：同「捂」。

(A) 丁戊丙甲乙己

(B) 丁己丙乙甲戊　　　　　(C) 戊甲丁己乙丙

(D) 戊乙丙己丁甲

4. 關於下列散曲的敘寫主題，說明正確的選項是：

天機織罷月梭閒，石壁高垂雪練寒，冰絲帶雨懸霄漢。幾千年曬未乾，露華涼人怯衣單。似白虹飲澗，玉龍下山，晴雪飛灘。(喬吉〈水仙子〉)

(A) 七夕牛女之會　　　　　(B) 山中雪夜之境

(C) 飛瀑奔騰之景　　　　　(D) 漂泊無依之情

5. 盧摯〈沉醉東風〉：「恰離了綠水青山那搭，早來到竹籬茅舍人家」，就事件發生先後而言，「來到竹籬茅舍」實際上晚於「離了綠水青山」，卻加上「早」字把時間刻意提前，使文意靈動有味。下列文句，「早」字具有相同作用的選項是：

(A) 小荷才露尖尖角，早有蜻蜓立上頭

(B) 午夢任隨鳩喚覺，早朝又聽鹿催班

(C) 回羨耕夫閒勝我，早收雞犬閉柴扉

(D) 定有奸謀陰禍起，早須排備莫惶驚

6. 閱讀下文，選出敘述正確的選項：

　　閱讀古文，尤其是先秦時期的古文，如果完全不依靠古代傳注的幫助，而想讀懂它，那幾乎是不可能的。由語言發展和社會變化造成的隔閡，不同程度地阻礙了後人對古書的理解。周秦時代的作品，西漢人讀起來就已感到困難。漢文帝時，訪求一個能講解《尚書》的，都很不容易。秦丞相李斯編的兒童識字課本〈倉頡篇〉，至漢宣帝時，竟使「俗師失其讀」。漢人閱讀古書，主要依靠師傳，爲了適應越來越多的人讀經的需要，就有人開始把前人傳授的古訓記錄下來，或加上自己對經文的理解，寫成專書。這就是最早的古書傳注。(鮑善淳《怎樣閱讀古文》)

(A) 周秦時《尚書》的傳注已亡佚殆盡，漢代僅能口耳相傳解說其義

(B) 〈倉頡篇〉爲兒童解說六書的造字原則，在漢代須倚賴師傳才能閱讀

(C) 《左傳》採紀傳體，可讓原採編年紀事的《春秋》經減少理解上的隔閡

(D) 後人的《詩經》傳注不僅保存前賢的訓解，也呈現作者個人對義理的體會

7. 閱讀下列二詩，選出敘述正確的選項：

甲、僵臥孤村不自哀，尚思爲國戍輪臺。夜闌臥聽風吹雨，鐵馬冰河入夢來。(陸游〈十一月四日風雨大作〉其二)

乙、數間茅屋鏡湖濱，萬卷藏書不救貧。燕去燕來還過日，花開花落即經春。開編喜見平生友，照水驚非曩歲人。自笑滅胡心尚在，憑高慷慨欲忘身。(陸游〈暮春〉)

(A) 甲詩「不自哀」暗示老驥伏櫪，乙詩「自笑」暗示豪情未減

(B) 甲詩「臥聽」形容置身事外，乙詩「忘身」形容不知老之將至

(C) 甲詩「尚思」表達仍願效力疆場，乙詩「驚非」表達遇見昔
　　日戰友的哀嘆

(E) 甲詩「風吹雨」暗喻國家風雨飄搖，乙詩「燕去燕來」暗喻
　　國運否極泰來

8. 閱讀下文，選出最符合文中所闡述道理的選項：

　　　惟是道理自有厚薄。比如身是一體，把手足捍頭目，豈是偏
要薄手足？其道理合如此。禽獸與草木同是愛的，把草木去養禽
獸，又忍得。人與禽獸同是愛的，宰禽獸以養親，與供祭祀，燕
賓客，心又忍得。至親與路人同是愛的，如簞食豆羹，得則生，
不得則死。不能兩全，寧救至親，不救路人，心又忍得。這是道
理合該如此。(王陽明《傳習錄》)

(A) 親親有術，尊賢有等

(B) 人君之道，清淨無為，務在博愛

(C) 弟子，入則孝，出則悌，謹而信，汎愛眾

(D) 聖王之政，普覆兼愛，不私近密，不忽疏遠

9. 根據下列三幅對聯的內容，依序選出相應的題辭，最恰當的選項
是：

甲、春暖杏林花吐錦，泉流橘井水生香

乙、擊之有聲乃成器用，薄其所厚不惜工夫

丙、隨地可安身莫訝乾坤為逆旅，當前堪適意且邀風月作良朋

(A) 桃李馥郁／開物成務／里仁為美

(B) 桃李馥郁／大筆如椽／近悅遠來

(C) 術精岐黃／大筆如椽／里仁為美

(D) 術精岐黃／開物成務／近悅遠來

<u>10-11 為題組</u>

閱讀下文，回答 10-11 題。

　　社會上所發生的事件，古今是有其絕相類似之處的。生活經驗豐富，瞭解當代社會最深的史學家，是最能瞭解過去社會的史學家。社會上有些事件是可能發生的，有些事件是必不可能發生的。可能發生的事件，史學家在文獻足徵的情況下，可以確定其可信。必不可能發生的事件，史學家可以不顧前人言之鑿鑿，而斷然予以否認。所以鬼神怪誕之事，在原則上講，不入於史。現實生活經驗中所見不到的鬼神，如何能相信其出現於千百年以前呢？詩人詞客所幻想的離奇故事，如西王母住在為日月隱藏之所的崑崙山上，如何能是實錄呢？史學家一般認為「妖異止於怪誕，談諧止於取笑」，可以直刪不妨；而對於誦經獲報、符咒靈驗等等，不可盡以為誣妄，採取將信將疑的態度則差可，深信之不疑則必不可。（改寫自杜維運〈歷史想像與歷史真理〉）

10. 下列敘述，**不符合**上文意旨的選項是：
    (A) 以合乎情理與否來評斷往事是否可信，是從事歷史研究的重要原則
    (B) 古今社會有所差異，史學家不能以當代社會為依據去瞭解古代社會
    (C) 史學家對里俗間流傳的果報與符咒等記載，不能不抱持存疑的態度
    (D) 即使有文獻記載，史學家仍可對不符現實生活經驗的內容予以否認

11. 下列文句，最符合上文「直刪不妨」的選項是：
    (A) 又一客曰：「今宵最樂，然不勝酒力矣。其餞我於月宮可乎？」三人移席，漸入月中。眾視三人，坐月中飲，鬚眉畢見，如影之在鏡中

(B) 更進半里，草木不生，地熱如炙。左右兩山多巨石，爲硫氣
所觸，剝蝕如粉。白氣五十餘道，皆從地底騰激而出，沸珠
噴濺，出地尺許

(C) 村中聞有此人，咸來問訊。自云：「先世避秦時亂，率妻子邑
人來此絕境，不復出焉，遂與外人間隔。」問今是何世？乃
不知有漢，無論魏、晉

(D) （張陵）其書多有禁祕，非其徒也，不得輒觀。至於化金銷玉，
行符敕水，奇方妙術，萬等千條，上云羽化飛天，次稱消災
滅禍。故好異者往往而尊事之

12-13 爲題組

閱讀下文，回答 12-13 題。

　　一老儒訓蒙鄉塾，塾側有積柴，狐所居也。鄉人莫敢犯，而
學徒頑劣，乃時穢污之。一日，老儒往會葬，約明日返。諸兒因
累几爲臺，塗朱墨演劇。老儒突返，各撻之流血，恨恨復去。眾
以爲諸兒大者十一、二，小者七、八歲耳，皆怪師太嚴。次日，
老儒返，云昨實未歸，乃知狐報怨也。有欲訟諸土神者，有議除
積柴者，有欲往詬詈者。中一人曰：「諸兒實無禮，撻不爲過，但
太毒耳。吾聞勝妖當以德，以力相角，終無勝理。冤冤相報，吾
慮禍不止此也。」眾乃已。此人可謂平心，亦可謂遠慮矣。（紀昀
《閱微草堂筆記・狐化老儒》）

12. 下列文句的解釋，正確的選項是：

(A) 「乃時穢污之」指學童無理取鬧，常出惡言污辱老儒

(B) 「塗朱墨演劇」指學童趁老師不在時，粉墨登場演戲

(C) 「有欲往詬詈者」指有人責怪老儒太嚴厲，想前去痛罵他

(D) 「諸兒實無禮，撻不爲過」指學童過於無禮，笞打也沒用

13. 下列說明，最符合上文主旨的選項是：

(A) 對於頑劣的學童，適當的處罰仍有其必要性

(B) 老儒以巧計教育學童不可頑劣，不愧為良師

(C) 人狐相爭恐生禍害，因此以力爭勝並非良方

(D) 狐的行為看似報怨，實乃對世人之教育方式

14-15 為題組

閱讀下文，回答 14-15 題。

　　越甲至齊，雍門子狄請死之。齊王曰：「鼓鐸之聲未聞，矢石未交，長兵未接，子何務死之？為人臣之禮邪？」雍門子狄對曰：「臣聞之：昔者王田於圃，左轂鳴，車右請死之，而王曰：『子何為死？』車右對曰：『為其鳴吾君也。』王曰：『左轂鳴者，工師之罪也，子何事之有焉？』車右曰：『臣不見工師之乘，而見其鳴吾君也。』遂刎頸而死。知有之乎？」齊王曰：「有之。」雍門子狄曰：「今越甲至，其鳴吾君也，豈左轂之下哉？車右可以死左轂，而臣獨不可以死越甲也？」遂刎頸而死。是日，越人引甲而退七十里，曰：「齊王有臣鈞如雍門子狄，擬使越社稷不血食。」遂引甲而歸。(《說苑‧立節》)

> 越甲：越國軍隊。
> 車右：駕者右邊的武士。
> 鈞：同「均」。
> 血食：殺牲取血以祭天地祖先。保有政權方能血食祭祀。

14. 依據上文，敘述正確的選項是：

(A) 齊王指責雍門子狄臨陣脫逃，未善盡人臣之責

(B) 雍門子狄認為使君王陷於危殆，實為臣子之罪

(C) 齊王對於雍門子狄有所誤解，致使他自刎明志

(D) 車右為無力督導工匠製車而自責，故刎頸而死

15. 關於越人「引甲而歸」的原因，敘述正確的選項是：

(A) 見齊國兵車眾多、軍容盛大，自忖無法與之為敵

(B) 車右預知越甲將至，以死勸告齊王務必提前戒備

(C) 認為齊人忠君愛國，若執意攻伐將招致亡國之禍

(D) 敬佩雍門子狄敢為死士，畏懼其不惜犧牲的氣勢

16-17 為題組

閱讀下文，回答 16-17 題。

　　　家常話固然親切，聽多了卻讓人生膩。詩人正是意識到這點，因而對習慣的語言形式進行改造。首先是省略，副詞、介詞等在詩中消失，使詩句的結構關係變得鬆散；其次是錯綜，使詩句中的詞彙可以相互易位。詞語的省略與錯綜改變了人們的閱讀習慣，原來直線呈現的詩境轉變為平行疊加，而疊加、組合的方式，全可憑讀者的審美經驗。例如杜甫的「細草微風岸，危檣獨夜舟」，詩人的所思所見，也許是「微風（吹動）岸（上）細草，舟（上的）危檣（在）夜（中）獨（自矗立）」，或者是「微風（吹動著）細草（之）岸，獨（立）夜（中的）危檣（之）舟」，或者是「岸（上的）細草（在）微風（中擺動），舟（上的）危檣（在）夜（中）獨（立）」。它們省略了「的、在、上、中、吹動、矗立……」，詩境於是「還原」為物象平列雜陳的視覺印象，並由此產生理解的歧義，為讀者留下想像的「空白」。然而，倒也不用擔心讀者誤解詩的意脈，歐陽脩《六一詩話》引梅聖俞評「雞鳴茅店月，人跡板橋霜」云：「作者得於心，覽者會以意，殆難指陳以言也。」既然能「會以意」，就不至於誤解；縱然誤解，也是在那幅既定的視境中誤解；視境既有範圍，意義也就有所限制。那麼，能在這個範圍中多出若干理解與體會，恰恰是詩歌所追求的藝術效果。（改寫自葛兆光《漢字的魔方》）

16. 上文引用杜甫詩的目的，主要是爲了說明：
(A) 省略和錯綜的靈活運用，使杜詩能別樹一幟
(B) 杜詩長於經營視覺意象，豐富讀者審美經驗
(C) 儘管讀者嘗試多種想像，仍難理解詩人原意
(D) 詩人刻意改造語言形式，提供詩境疊加空間

17. 依據上文，詩歌語言的省略與錯綜，對讀者的主要影響是：
(A) 透過簡易直白的文句，感悟詩人的情懷
(B) 在平列錯雜的詩境中，觸發不同的理解
(C) 替換作品原有的視境，開啓無窮的想像
(D) 限制閱讀歧義的蔓衍，掌握明確的意脈

二、多選題（占 21 分）

說明：第 18 題至第 24 題，每題有 5 個選項，其中至少有一個是正確的選項，請將正確選項畫記在答案卡之「選擇題答案區」。各題之選項獨立判定，所有選項均答對者，得 3 分；答錯 1 個選項者，得 1.8 分；答錯 2 個選項者，得 0.6 分；答錯多於 2 個選項或所有選項均未作答者，該題以零分計算。

18. 依據右表，下列「」內的字義，符合甲骨文「涉」的字形本義的選項是：

楷書字形	甲骨文字形	字形本義
止		腳板
水		流水
涉		？

(A) 園日「涉」以成趣，門雖設而常關
(B) 約行二三里，渡兩小溪，皆履而「涉」
(C) 杭有賣果者，善藏柑，「涉」寒暑不潰
(D) 追懷先德，眷顧前途，若「涉」深淵，彌自儆惕
(E) 僕自到九江，已「涉」三載，形骸且健，方寸甚安

19. 下列各組文句「 」內的字，前後意義相同的選項是：
    (A) 之推不得已而仕「於」亂世／以其無禮「於」晉，且貳於楚
    (B) 於是飲酒樂甚，「扣」舷而歌之／娘以指「扣」門扉曰：兒寒乎
    (C) 則漢「室」之隆，可計日而待也／或取諸懷抱，晤言一「室」之內
    (D) 大行不「顧」細謹，大禮不辭小讓／乘驪而去，其行若飛，回「顧」已遠
    (E) 惑之不解，「或」師焉，或不焉／「或」勸以少休，公曰：吾上恐負朝廷，下恐愧吾師也

20. 關於右圖，敘述正確的選項是：
    (A) ＿＿＿＿ 內應填：紀弦
    (B) 由「縱」與「繼承」可大略推知，藍星詩社認為新詩應吸收古典傳統
    (C) 相對於「縱」的時間概念，「橫的移植」應是指學習外國的詩學思潮

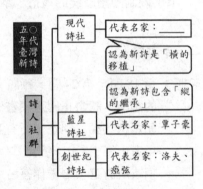

    (D) 余光中〈橄欖核舟〉：「擊空明，泝流光，無論怎樣／那夜的月色是永不褪色的了」甚具「橫的移植」風格
    (E) 「橫的移植」和「縱的繼承」雖然觀點互異，但皆對新詩的風格有所反思，影響日後臺灣新詩的發展

21. 下列文句畫底線處的詞語，運用恰當的選項是：
    (A) 這份文件<u>纖芥不遺</u>地記錄當天所有人的進出時間，從中必能找出線索
    (B) 雖然案情一度陷入<u>膠柱鼓瑟</u>，但在偵探柯南的努力下，終於出現曙光

(C) 格雷操作雷射切割加工已<u>游刃有餘</u>，但仍不斷在精密技術上尋求突破

(D) 土壤液化潛勢區公布後，不少人<u>安土重遷</u>，打算搬遷到較安全的地區

(E) 服務人員因路上塞車而延誤時程，但客戶<u>不以為然</u>，仍願意繼續等候

22. 曹丕〈典論論文〉中「常人貴遠賤近」的「貴」，是「以……為貴」的意思。下列文句「」內的字，與「貴」字用法相同的選項是：

(A) 君子之學也以「美」其身

(B) 孟嘗君「怪」之，曰：此誰也

(C) 諸侯恐懼，會盟而謀「弱」秦

(D) 「甘」其食，美其服，安其居，樂其俗

(E) 人知從太守遊而樂，而不知太守之「樂」其樂也

23. 琦君〈髻〉：「她剪去了稀疏的短髮，又何嘗剪去滿懷的愁緒呢」，以「剪」的動作將「愁緒」具象化。下列文句，具有此種表現手法的選項是：

(A) 就這麼淡淡啜飲伊的心事，且佐以唐人小說

(B) 那一陣的快樂，便是環遊世界一圈，恐怕也撿不回來了

(C) 那個流浪漢以愈來愈瘦長的影子，在沒有盡頭的街上拋售寂寞

(D) 不由得想起以前教戲給她時的威嚴自信的臉色，兩相對照之下，使她內心悸動不已

(E) 我記憶裡的白芒花，愛的見證，信念，和毅力——一種無窮盡的象徵，永不止息的啟示

24. 閱讀下文，選出正確的選項：

　　左慈字元放，廬江人也。少有神道。嘗在司空曹操坐，操從容顧眾賓曰：「今日高會，珍羞略備，所少吳松江鱸魚耳。」慈於下坐應曰：「此可得也。」因求銅盤貯水，以竹竿餌鉤於盤中，須臾引一鱸魚出。操拊掌大笑，會者皆驚。操曰：「一魚不周坐席，可更得乎？」慈乃更餌鉤沉之，須臾復引出，皆長三寸餘，生鮮可愛。操使目前鱠之，周浹會者。操又謂曰：「既已得魚，恨無蜀中生薑耳。」慈曰：「亦可得也。」操恐其近即所取，因曰：「吾前遣人到蜀買錦，可過勅使者，增市二端。」語頃，即得薑還，并獲操使報命。後操使自蜀反，驗問增錦之狀及時日早晚，若符契焉。（《後漢書‧方術列傳》）

> 端：古代量詞，帛類的長度單位。

(A) 「操拊掌大笑，會者皆驚」是說左慈的表現讓曹操拍案叫絕，讓與會者相當訝異

(B) 「一魚不周坐席」是指魚的分量太少，不夠在場的賓主食用

(C) 「操使目前鱠之」是要求左慈當下變出魚羹，以防他作弊

(D) 「語頃，即得薑還，并獲操使報命」是指話講完不久，曹操的使者已經買回生薑

(E) 「若符契焉」是指曹操派去蜀地的使者，好像被施過符咒一般

第貳部分：非選擇題（共二大題，占 45 分）

說明：本部分共有二題，請依各題指示作答，答案必須寫在「答案卷」上，並標明題號一、二。作答務必使用筆尖較粗之黑色墨水的筆書寫，且不得使用鉛筆。

一、 文章解讀（占 18 分）

　　閱讀框線內的文字，回答問題。答案請標明（一）、（二）書寫，（一）、（二）合計文長約 200 — 250 字（約 9 — 11 行）。

（一）甲文為何認為老莊和孟子不夠幽默？

（二）依據甲文的觀點，為何乙文「吾與點也」可以呈現孔子的幽默？

> 甲　　幽默本是人生之一部分，是一種從容不迫的達觀態度。人之智慧已啟，對付各種問題之外，尚有餘力，從容出之，遂有幽默，一或者一旦聰明起來，對人之智慧本身發生疑惑，處處發現人類的愚笨、矛盾、偏執、自大，幽默也就跟著出現。
>
> 　　我們讀老莊之文，想見其為人，總感其酸辣有餘，溫潤不足。老子多苦笑，莊生多狂笑。老子的笑聲是尖銳的，莊生的笑聲是豪放的，容易流於憤世嫉俗，失了幽默溫厚之旨。
>
> 　　幽默是溫厚的，超脫而同時加入悲天憫人之念。孔子溫而厲，恭而安，無適，無必，無可無不可，近於真正幽默態度。我所愛的是失敗時幽默的孔子，是吾與點也幽默自適的孔子。
>
> 　　孔子既歿，孟子猶能詼諧百出。齊人一妻一妾之喻，大有諷刺意味，然孟子機警犀利，理智多而情感少，所以不近於幽默。中國人往往未明幽默之義，認為幽默必是諷刺，其實幽默非輕快自然不可，所以特別標明閒適的幽默。（改寫自林語堂〈論幽默〉）

乙

　　子路、曾皙、冉有、公西華侍坐。子曰：「以吾一日長乎爾，毋吾以也！居則曰：『不吾知也！』如或知爾，則何以哉？」子路率爾而對曰：「千乘之國，攝乎大國之間，加之以師旅，因之以饑饉，由也為之，比及三年，可使有勇，且知方也。」夫子哂之。……（曾皙）曰：「莫春者，春服既成，冠者五、六人，童子六、七人，浴乎沂，風乎舞雩，詠而歸。」夫子喟然嘆曰：「吾與點也！」三子者出，……（曾皙）曰：「夫子何哂由也？」曰：「為國以禮，其言不讓，是故哂之。」（《論語‧先進》）

> 子路：仲由。
> 曾皙：曾點。
> 不吾知：不了解我。
> 莫：同「暮」。
> 三子：即子路、冉有、公西華。
> 舞雩：祭天求雨的場所，曾皙乘涼之處。

二、作文（占 27 分）

　　「舉重若輕」是一種應世的態度。人生中遇到重要的事或面對困難時，可以用審慎但泰然、輕鬆的態度處之；或者凡事善用智慧，便能輕而易舉，勝任愉快。

　　請根據自身經驗或見聞，以「**舉重若輕**」為題，寫一篇文章，論說、記敘、抒情皆可，文長不限。

105年度指定科目考試國文科試題詳解

第壹部分：選擇題

一、單選題

1. **C**

【解析】 (A) 文過「拭」非 → 飾。文過飾非：掩飾過失、錯誤。

(B) 漸趨「勢」微 → 式。「式微」：衰落、衰微。

(D) 「視」死不渝 → 誓。「誓死不渝」：比喻立誓至死不變。

2. **D**

【解析】 甲、由「注入你寂寞的杯裡」可判斷前處動詞不宜用灑。故答案可以刪去 (A)、(B)。

乙、「列車已節節□入黑夜的咽喉」,「舐」為「舌舔」,「噬」則有「侵吞」之意,由「咽喉」一詞來看,後者與詩意較為相符。

丙、「海浪／以□著鹽味的濤聲」,鹽味應是「滲」入海浪而非「抹」入海浪。故答案為 (D)。

3. **C**

【解析】 題幹中「真個光陰迅速」描述時間飛逝,可知接戊「不覺七七四十九日」較為恰當。故答案可以先刪去 (A)、(B)。又根據文義判讀,可推知乙「聽得爐頭聲響」丙「猛睜眼看見光明」主詞都為大聖,與末句的「將身一縱」主詞一致,所以最後一個不可能為甲,故答案為 (C)。

4. **C**

【語譯】 天上的織機已停止編織，月梭閒掛一旁。這瀑布像是天上織女織成的一幅白練，從陡峭的石壁垂下。那白練的縷縷經緯線，濕漉漉的，帶著濛濛的水氣閃著寒光，絲絲的細雨直從空中飄下，像是冰絲帶著雨水懸掛在天空。數千年曝曬也未將這冰絲曬乾。晶瑩露珠冰涼令人感到寒氣逼人覺得身上的衣衫太過單薄。這瀑布如白虹吞飲於澗水，也像玉龍撲下山岡，濺起的水花又像晴天的雪花飛落河灘。

5. **A**

【解析】 題幹「早」字有「已經」之意。

語譯：才離開那邊綠水青山的野外風景，轉眼間已來到這兒竹籬茅舍的村居人家。

(A) 已經。出自楊萬里〈小池〉。

語譯：鮮嫩的荷葉那尖尖的角剛露出水面，早已有蜻蜓停立在它的上頭。

(B) 早晨。出自蘇軾〈失題二首〉。

語譯：悠閒的午夢隨著鳩鳥叫喚而甦醒，早晨又聽聞鹿鳴聲催人起身。

(C) 提早。出自賀鑄〈烏江東鄉往還馬上作二首〉其二。

語譯：回過頭反而羨慕農夫的清閒遠遠勝過我，時辰尚早，便提前把雞犬收回巢籠，關閉柴門休憩。

(D) 提早。出自易靜《兵要望江南・占鳥第二十二》。

語譯：這當中一定有陰謀災禍，必須提早準備且不用感到驚慌。

6. **D**

【解析】(A) 由「漢文帝時，訪求一個能講解《尚書》的，都很
不容易。」、「漢人閱讀古書，……把前人傳授的古
訓記錄下來，或加上自己對經文的理解，寫成專
書。這就是最早的古書傳注」可知，漢代已出現用
文字記載的傳注，並非僅能口耳相傳解說其義。

(B)〈倉頡篇〉原是兒童識字課本，但是在漢代，「俗
師失其讀」表示：淺薄平庸的教師無法讀懂。

(C)《左傳》採編年紀事，且文中未提到史書體例是否
能幫助解讀古書。

7. **A**

【解析】(A) 老驥伏櫪：好馬雖老了，伏在馬槽邊，仍想奔跑千
里的路程。比喻年雖老而仍懷雄心壯志。

(B) 甲詩「臥聽」形容自己聽到風雨聲，心中更加渴盼
馳騁沙場報效國家，乙詩「忘身」形容盡忠於國
家，而不顧一己的得失或生死的慷慨心情。

(C) 乙詩「驚非曩歲人」乃指驚嘆自己已非昔日年輕樣
貌。

(D) 乙詩「燕去燕來」形容時光流逝，並無指國運否極
泰來之意。

【語譯】甲詩：我直挺挺躺在孤寂荒涼的鄉村裏，沒有為自己
的處境而感到悲哀，心中還想著替國家防衛邊疆。夜
將盡了，我躺在床上聽到那風雨的聲音，迷迷糊糊地
夢見，自己騎著披著鐵甲的戰馬跨過冰封的河流出征
北方疆場。

乙詩：我住在鏡湖湖畔的數間茅屋中，藏書萬卷卻無法拯救貧困的生活。眼看燕子年年飛來又離去，春天的花朵綻放又凋零。打開書本讓我像見到老友般的欣喜，猛然驚覺湖面映照的自己，已非從前那個年輕人了。獨自苦笑滅胡的雄心仍遠在，登高眺，那份激昂慷慨讓人忘卻生死。

8. **A**

【解析】　題幹由「惟是道理自有厚薄」點出愛有等差的道理，並舉草木與禽獸、人與禽獸、至親與路人，三組之間若一視同仁是不合世情的，凸顯主旨。

(A)　「術」，差別。意指愛親人應有差別，尊敬賢人也有差別。出自《墨子・非儒》。

(B)　出自《說苑・君道》。
語譯：做君王的應該心底潔淨，不受外界紛擾，也不紛擾別人，一定要對大眾有廣泛的憐愛同情之心。

(C)　出自《論語・學而》。
語譯：為人子弟年幼時，在家中對父母要盡孝，對兄弟姊妹要盡到友愛的悌道，辦理一切事都應謹慎並且講求信用，以平等的心普遍愛護大眾，並且親近有仁德的君子。

(D)　出自《潛夫論・救邊》。
語譯：聖明君王的政治是這樣的，對天下普遍平等的愛護，不偏愛親近密切的，不輕忽疏遠的。

9. **D**

【解析】　甲、由「杏林」、「橘井」可知乃用於醫療行業之對聯。

乙、由「擊之」、「成器」、「工夫」可推測是用於機械業之對聯。丙、由「逆旅」可推測是用於旅店之對聯。

(A)「桃李馥郁」形容培育人才極多。桃李用以比喻所栽培的門生後輩/「開物成務」指開發物資，建立各種制度/「里仁為美」指選擇住處應挑有仁風的地方。

(B)「大筆如椽」用以稱揚著名作品、作家或寫作才能極高/「近悅遠來」指德澤廣被，使境內的人心悅誠服，遠方境外的人也都紛紛前來歸附，今多用於形容商店信譽甚佳，顧客日多。

(C)「術精岐黃」形容醫術嫻熟高超。岐黃是岐伯和黃帝的合稱。相傳黃帝曾使岐伯嘗百草，行醫治病，故以岐黃為醫家之宗祖，後亦用以比喻醫道。

10-11 為題組

10. **B**

【解析】(B) 由「社會上所發生的事件，古今是有其絕相類似之處的」、「瞭解當代社會最深的史學家，是最能瞭解過去社會的史學家」可知此敘述為非。

11. **A**

【解析】由文中「史學家一般認為『妖異止於怪誕，諧諧止於取笑』，可以直刪不妨」推知可以「直刪不妨」的是妖異怪誕、談諧取笑之類的內容。

(A) 由「三人移席至月中飲酒」，可知屬於妖異怪誕之流。出自蒲松齡《聊齋志異·勞山道士》。

(B) 平實地記錄接近硫穴所見景象，乃實錄之事。出自郁永河〈北投硫穴記〉。

(C) 描寫桃花源中人長久與世隔絕，不知外界朝代的興替，並非「妖異止於怪誕」之事。出自陶淵明〈桃花源記〉。

(D) 記載道教符咒靈驗之事，應採將信將疑的態度，不可盡刪。出自《魏書·釋老志》。

12-13 為題組

【語譯】 一位老儒在鄉下地方教書。村塾旁有堆積的柴薪，是狐精所居住的地方。村中人都不敢靠近草堆深怕冒犯了狐精，但學生頑皮不得了，常常把柴草堆弄得亂七八糟，汙穢不堪。有一天，老儒外出參加葬禮，說好隔日便回來。學生們趁機將桌子拼成戲臺，臉上塗上朱墨演起戲來。老儒突然返回，打了孩子們一頓，打到都流血了，才憤怒地離去。這些孩子大的約十一、二歲，小的才七、八歲，眾人都責怪老師太過嚴厲。第二天，老儒回來了，說他昨日並未回來。眾人這才知道是狐精報復作怪。有人提議要向土地神控訴，有人提議把那堆柴去除掉，有人要去那裡嚴厲痛罵。其中有一個人說：「這些孩子確實無禮，打一頓也不為過，只是下手太狠了。我聽說要想制服妖精必須用德行，以蠻力相博，最終是毫無機會制伏妖精的。若是冤冤相報，我擔心災禍將不止是今日這樣。」眾人聽了才作罷。這人可說是有公平之心，也可說是深謀遠慮啊。

12. **B**

13. **C**

【解析】 由「勝妖當以德，以力相角，終無勝理。冤冤相報，
　　　　吾慮禍不止此也」可知應選 (C)。

14-15 為題組

【語譯】 越國軍隊進攻到齊國邊境，齊大夫雍門子狄請求為國家殉
　　　　死。齊王說：「軍隊進擊的鼓聲尚未鳴響，弓箭石頭尚未互
　　　　相射擲，雙方的長槍刀戟還未交接，你為什麼請求殉死呢？
　　　　這是為人臣子該有的禮節嗎？」雍門子狄道：「我聽說，從
　　　　前大王到苑囿打獵，車子左軸發出聲響，車右武士請求一
　　　　死，大王問：『你為什麼要請死呢？』車右武士說：『因為
　　　　車子的響聲驚嚇了君王。』大王說：『那是造車工匠的罪
　　　　過，你又有什麼責任呢？』車右武士道：『我沒看見工匠造
　　　　車，只知道車子驚嚇了君王。』於是拔劍自刎而死。有這
　　　　回事吧？」齊王說：「有的。」雍門子狄說：「現在越軍來
　　　　攻，此事對君王的驚嚇，難道比不上車子左軸發出的聲響
　　　　嗎？車右武士可以因為左軸有聲響而死，我卻不能因為越
　　　　軍入侵而死嗎？」於是拔劍自刎而死。當天，越國軍隊撤
　　　　退了七十里，說道：「齊王所有臣子若都像雍門子狄那樣，
　　　　同他們打仗，恐怕會使得越國失去政權。」於是，率軍回
　　　　國了。

14. **B**

15. **C**

<u>16-17 爲題組</u>

16. **D**

【解析】 由「詞語的省略與錯綜改變了人們的閱讀習慣，原來直線呈現的詩境轉變爲平行疊加，……例如杜甫的『細草微風岸，危檣獨夜舟』」可知，作者引用杜詩是爲了說明詩人省略、錯綜了詞語，使得詩境變得平行疊加，故選 (D)。

17. **B**

【解析】 (A) 由文中「家常話固然親切，聽多了卻讓人生膩。詩人正是意識到這點，因而對習慣的語言形式進行改造」可見詩人省略、錯綜詩歌語言，就是爲了不使文句簡易直白而讓讀者生膩。

(B) 由「它們省略了『的、在、上、中、吹動、矗立……』，詩境於是『還原』爲物象平列雜陳的視覺印象，並由此產生理解的歧義，爲讀者留下想像的『空白』」可知。

(C) 由文中「縱然誤解，也是在那幅既定的視境中誤解」可見作品原有的視境並未替換。

(D) 文中並無提及。

二、多選題

18. **BD**

【解析】 由題幹圖表中的甲骨字形可知：「涉」字爲「止＋水＋止」，即「步（兩個「止」，代表兩腳一前一後移動）＋水」。「涉」字本義爲：徒步渡河。

(A) 進入。出自陶淵明〈歸去來兮辭〉。

(B) 徒步渡水。出自郁永河〈北投硫穴記〉。

(C) 經歷。出自劉基〈賣柑者言〉。

(D) 徒步渡水。出自連橫〈臺灣通史序〉。

(E) 經歷。出自白居易〈與微之書〉。

19. **BE**

【解析】 (A) 在。出自顧炎武〈廉恥〉／對於。出自《左傳・燭
之武退秦師》。

(B) 敲、擊。前者出自蘇軾〈赤壁賦〉，後者出自歸有
光〈項脊軒志〉。

(C) 朝廷。出自諸葛亮〈出師表〉／房間。出自王羲之
〈蘭亭集序〉。

(D) 關注。出自司馬遷〈鴻門宴〉／回頭看。出自杜光
庭〈虬髯客傳〉。

(E) 有的人。前者出自韓愈〈師說〉，後者出自方苞
〈左忠毅公軼事〉。

20. **ABCE**

【解析】 (D) 余光中先生化用蘇軾〈赤壁賦〉：「擊空明，泝流
光，無論怎樣／那夜的月色是永不褪色的了」文
句，乃屬「縱的繼承」的風格。

21. **AC**

【解析】 (A) 纖芥不遺：形容非常詳盡，連最微小的部分都沒有
遺漏。

(B) 膠柱鼓瑟：比喻頑固而不知變通。乃用以形容人，
不宜用來形容案情。此處宜用「膠著狀態」。

(C) 游刃有餘：比喻對於事情能勝任愉快，從容不迫。

(D) 安土重遷：久居故土，滋生情感不肯輕易遷徙。與
句中「打算搬遷」的文意不合。

(E) 不以為然：表示不同意。與句中「仍願意繼續等
候」的文意不合，應改用「不以為意」。

22. **BDE**

【解析】 (A) 使……美。出自荀子〈勸學〉。

(B) 以……為怪，覺得奇怪。出自《戰國策・馮諼客孟
嘗君》。

(C) 使……弱。出自賈誼〈過秦論〉。

(D) 以……為甘。出自《老子》「小國寡民」。

(E) 以……為樂。出自歐陽脩〈醉翁亭記〉。

23. **ABC**

【解析】 (A) 用「啜飲」的動作，使「心事」具象化。出自馮青
〈雨後就這麼想〉。

(B) 用「撿」的動作，使抽象的「快樂」具象化。

(C) 用「拋售」的動作，使抽象的「寂寞」具象化。

(D) 沒有具象用法。出自洪醒夫〈散戲〉。

(E) 沒有具象用法。出自楊牧〈十一月的白芒花〉。

24. **AB**

【語譯】　左慈字元放，廬江人。他年少時便通曉神通道術。曾經參加司空曹操的宴會，曹操悠閒地環顧眾賓客說：「今日盛會，我略備了一些美味佳餚，就是少了吳松江的鱸魚。」左慈在座中應聲道：「這我可以辦到。」於是要了一個貯裝了水的銅盤，以竹掛上餌食垂入盤中釣魚，一會兒便釣出了一條鱸魚。曹操拍掌而笑，在場之人都很驚訝。曹操又說：「一條魚無法供應在座眾人，可以再弄些魚嗎？」左慈就再放上釣餌沉入銅盤中，一會兒又釣引出鱸魚，都有三寸多長，鮮活可愛。曹操令他當場烹調鱸魚，供給與會眾人享用。曹操又說：「既然有了魚，卻遺憾沒有蜀中所產生的薑來做搭配。」左慈說：「這我也可以辦到」。曹操怕左慈從近旁取得，便說：「我前些時曾派人到蜀地買錦緞，你可幫我順便通知使者，再多買兩匹錦緞。」話才剛說完不久，左慈便帶了生薑返回，並帶回曹操所派使者的彙報。後來曹操派去蜀地的使者回來了，問他多買錦緞的情況和時間，與左慈所言非常吻合。

第貳部分：選擇題

一、文章解讀

（一）甲文認為，幽默，除了展現在從容不迫的達觀態度之外，還應是溫潤、超脫，且帶有悲憫情懷的。《老子》五千言中，我們依稀可窺見其犀利尖銳；《莊子》以豪放的狂傲盡情的嘲諷人間；孟子機警好辯，雖語多詼諧卻多屬諷刺。老、莊皆因過於酸辣的為人而失去了幽默應有的的溫和敦厚；孟子則是理智太過失去幽默應有的從容不迫。

（二） 文中，孔子讓弟子們各言其志，子路大言而失禮，孔子因為了解子路，故只是「哂之」而無責備，符合了甲文中幽默須有的「溫潤悲憫」。而曾皙所述的「浴沂，風雩，詠歸」，描繪出一幅太平盛世時人民安穩閒適的畫面，孔子以「吾與點也」輕輕點出自我那份「閒適達觀」的幽默。

一、作文

【範文】

「妳的嘴巴很臭！」我倔強又不客氣的回應，睥睨眼神與傲倨姿態彷彿高聳山巔令人寒毛豎立。那時天氣與此時相同——艷陽高照蟬響蛙鳴，一轉身，汗淚竟無分的滾滾而下。

「欸！妳很奇怪耶，關妳什麼事啊！」眼前女同學義憤填膺指著我的鼻子說，窗外的光漸漸消逝而闃黑深幽的勢力緩緩將我包圍。我瞪大的雙眼與絲毫說不出辯解的話鯁在喉間，似是剛毅的臉不屈服的昂著，我心中暗自決定將「被誤會」深藏在長髮耳際之後，「妳們儘管排擠我好了，我決不屈服。」，竊竊小語像是傳染病般迅速在四周不斷擴散，像浪上攤進了又退卻帶不走深陷的印記。「真愛打小報告……」、「真的愛管閒事耶！這個小老師也管太多了吧！」、「小老師了不起啊?!兇什麼兇」，書桌前我一筆一畫寫下他們的控訴，一點一滴掉落受傷的情緒，星光熠熠明月朗朗正照在通往學校那崎嶇的路上。

　　「要不要和我說說，發生了什麼事？」數學老師帶著溫柔且關心的問候三日來我的陰鬱不語，我緊閉著脣，眉頭不解，卻再也忍不住的抽噎起來，轟隆轟隆的雷聲不停，我心中的堅持、挫敗如滂沱雨勢打響每一扇窗，老師的一番話卻是我從來沒有想到過的，原來，面對人生，竟可以用不一樣的從容態度。雨勢漸微，洗淨了窗外的微塵與碎粒，再次還給夏日一抹艷陽天。「咦，小老師變得不一樣了耶！」、「還好有她提醒，不然可能又要被班導罵了！」，我開始學會用「接納」的態度面對他人不同的想法，就像老師帶著溫柔面對著學生；我開始學會用「耐心」給予他人建議與方法，就像媽媽帶著孩子第一次做飯；我開始學會用「關懷」的語氣問候同學們對於課業的疑問，而那張泛黃的青澀笑容正漾在驪歌悠悠的那天。

　　「舉重，若輕」我輕輕念著心中卻盪起陣陣波瀾，一往一返交織出世間細密之羅網，我更加明白所謂能者是對人以和；對事以真，不驚亦不喜，不憂亦不懼，方能穿越種種險峻與激浪，看見一片「心」天地。

大考中心公佈 105 學年度指定科目考試
國文、英文及數學甲、乙選擇（填）題答案

國文 題號	答案	英文 題號	答案	題號	答案	數學甲	題號	答案	數學乙	題號	答案
1	C	1	C	27	B		1	5		1	4
2	D	2	D	28	H		2	3		2	4
3	C	3	B	29	A		3	4		3	1
4	C	4	C	30	D		4	1		4	4,5
5	A	5	A	31	F		5	2,3		5	2,5
6	D	6	B	32	E		6	2,3,5		6	1,3,4
7	A	7	C	33	C		7	1,4		7	1,2,5
8	A	8	A	34	B	A	8	3		8	1,2,5
9	D	9	D	35	D		9	1	A	9	7
10	B	10	A	36	B		10	6		10	2
11	A	11	A	37	D		11	1		11	0
12	B	12	C	38	D	B	12	–		12	3
13	C	13	C	39	B		13	2	B	13	1
14	B	14	B	40	A		14	1		14	1
15	C	15	A	41	B		15	1		15	3
16	D	16	D	42	D	C	16	9		16	–
17	B	17	D	43	B		17	2	C	17	7
18	BD	18	A	44	D		18	2		18	2
19	BE	19	B	45	B	D	19	1			
20	ABCE	20	C	46	B		20	1			
21	AC	21	K	47	C		21	6			
22	BDE	22	E	48	C						
23	ABC	23	J	49	B						
24	AB	24	F	50	C						
		25	G	51	A						
		26	I								

大考中心公佈 105 學年度指定科目考試
歷史、地理、公民與社會選擇（填）題答案

歷 史				地 理				公 民 與 社 會			
題號	答案	題號	答案	題號	答案	題號	答案	題號	答案	題號	答案
1	B	27	C	1	C	27	C	1	D	27	C
2	D	28	B	2	B	28	A	2	B	28	C
3	C	29	C	3	B	29	C	3	C	29	C
4	B	30	D	4	C	30	A	4	A	30	A
5	D	31	C	5	D	31	D	5	B	31	D
6	C	32	C	6	D	32	A	6	B	32	C
7	D	33	A	7	B	33	B	7	B	33	A
8	D	34	C	8	A	34	C	8	D	34	D
9	B	35	ABD	9	C	35	A	9	B	35	B
10	A	36	AE	10	C	36	D	10	A	36	C
11	A	37	ABCE	11	B	37	A	11	B	37	D
12	D	38	BCD	12	B	38	D	12	C	38	C
13	D			13	C			13	D	39	A
14	C			14	B			14	D	40	B
15	A			15	D			15	B	41	BCD
16	A			16	C			16	C	42	ADE
17	D			17	A			17	C	43	ACE
18	C			18	D			18	A	44	ACE
19	B			19	A			19	D	45	DE
20	B			20	D			20	C	46	BD
21	B			21	A			21	D	47	AC
22	A			22	D			22	B	48	BE
23	B			23	C			23	A	49	CD
24	D			24	A			24	A	50	CDE
25	A			25	B			25	C		
26	A			26	B			26	D		

大考中心公佈 105 學年度指定科目考試
物理、化學、生物選擇題答案

物 理		化 學		生	物		
題號	答案	題號	答案	題號	答案	題號	答案
1	D	1	A	1	B	27	AD
2	B	2	E	2	B	28	BC
3	A	3	B	3	A	29	ABE
4	C	4	E	4	C	30	ACE
5	B	5	D	5	D	31	BDE
6	D	6	D	6	A	32	CDE
7	E	7	B	7	B	33	BCD
8	C	8	D	8	D	34	BCE
9	A	9	A	9	C	35	BE
10	B	10	B	10	B	36	BCD
11	B	11	E	11	D	37	ACE
12	A	12	D	12	A	38	D
13	C	13	E	13	D	39	B
14	E	14	B	14	B	40	A
15	D	15	B	15	A	41	BD
16	E	16	D	16	C	42	C
17	D	17	C	17	B	43	AC
18	E	18	B	18	B	44	A
19	C	19	D	19	A	45	
20	A	20	C	20	C	46	
21	BDE	21	AB	21	BC		
22	BCE	22	BDE	22	CE		
23	AD	23	BE	23	DE		
24	ACE	24	BCE	24	BD		
		25	ABE	25	BCD		
				26	BCD